[illegible]DIRES

PARIS
CHARPENTIER, ÉDITEUR
13, RUE DE GRENELLE-SAINT-GERMAIN, 13
1877

MÉMOIRES

TOME DEUXIÈME

OUVRAGES DU MÊME AUTEUR

PUBLIÉS DANS LA BIBLIOTHÈQUE-CHARPENTIER

à 3 fr. 50 le volume

Psychologie sociale des nouveaux peuples .... 1 vol.

L'Antiquité .... 1 vol.

Le Moyen Age .... 1 vol.

Études sur le XVIe siècle en France .... 1 vol.

La France, l'Italie et l'Espagne au XVIIe siècle .... 1 vol.

L'Angleterre littéraire. Voyages d'un critique à travers la vie et les livres .... 1 vol.

Mémoires, tome premier .... 1 vol.

1217-76. — Corbeil. Typ. et stér. de Crété.

ŒUVRES

DE

PHILARÈTE CHASLES

MÉMOIRES

TOME DEUXIÈME

PARIS
G. CHARPENTIER, ÉDITEUR
13, RUE DE GRENELLE-SAINT-GERMAIN, 13

1877

A

M. FRANCIS MAGNARD

Marivaux n'est pas plus subtil en soulevant feuille à feuille les corolles délicates du cœur féminin, que M. Magnard en fouillant, avec le scalpel psychologique, ce que la tourbe parisienne peut couvrir de menées ambitieuses et tyranniques. M. Magnard a compris et comprend qu'il y a malheur aux races quand *la masse injuste* est plus forte *que l'individu juste !*

PHILARÈTE CHASLES.

Rome, 29 mars 1869.

PRÉFACE

Vous êtes plaisants de tuer un homme et de l'étouffer sous les matelas, en lui défendant de les repousser et de respirer. Vous êtes stupides de vouloir empêcher Saint-Simon de faire son devoir, de montrer Louvois tel qu'il l'a connu, et Louis XIV tel qu'il l'a compris.

Les mémoires particuliers sont égoïstes, dites-vous? Est-ce que vous prétendez effacer l'homme? Est-ce que le *moi* n'est pas la loi de la nature? Est-ce que, sans le *moi*, il y aurait un *vous?* Est-ce que le *moi* de Socrate ne doit pas se défendre contre l'autre *moi* d'Anytus? Est-ce que, sans la puissance de la conscience, il peut y avoir une sympathie et une force morale? Et vous croyez que l'homme sans conscience, sans force morale, et *sans moi*, peut concourir à la force sociale! Sots, qui prenez l'homme pour un chiffre, vous prendrez bientôt un chiffre pour un homme. En dépit de vous Saint-Simon sera écouté, tous les autobiographes, comme moi, comme d'Aubigné, comme Xénophon, seront écoutés : qu'on les réfute, soit ; qu'on les contredise, c'est le droit. mais les coquins auraient trop beau jeu, si, ayant pour eux la force physique, ils accaparaient la force morale par l'étouffement des bons et le silence des moralement victimes! Allonc donc ! la société française m'a traité comme la magistrature a traité Lesurques, et ce qu'on a nommé l'affaire Lesurques a confirmé et bien prouvé l'immoralité publique. Un meurtre est commis et l'on n'en découvre pas tout de suite les auteurs. Un pauvre homme, qui ressemble un peu à l'un d'eux, est indiqué comme coupable par des femmes du peuple qui se trompent, le voyant dans un café. L'hypothèse une fois acceptée, on consulte les voisins de l'homme, les gens du pays. Cet homme qui n'est ni actif, ni gênant, n'a point d'ennemis ; il n'a pas d'amis non plus, ne se mêlant de rien, et ne voulant que vivre en paix. Il a réalisé quelque argent en achetant bon marché du patrimoine des nobles, qu'il a revendu plus cher. Il est donc un oisif, et quelque jalousie a pu s'élever contre lui. Ensuite on ne sait pas comment il s'amuse à Paris; il n'est pas bavard; ce qu'on ne sait pas, ce qui fait mystère déplaît fort aux Français; ils ont l'esprit vif et veulent comprendre. Le prévenu, qui n'est pas coupable, se défend à peine, il se croit sûr de son affaire. On consulte là-dessus le commissaire officiel du pays, lequel à son tour consulte ses entours : les cancans renforcent les hypothèses, les apparences servent les cancans, quelques circonstances appuient les apparences ; il a un éperon d'argent que l'on a vu chez l'innocent et un autre qui appartenait au criminel : cet éperon a été rattaché par un fil, ce fil était de soie, les commentateurs poursuivent le fil et l'éperon, la paisible bonhomie du prévenu taquine les commentateurs ; on suppose qu'il doit être criminel puisqu'on ne se rend pas compte d'une manière d'être si unie ; la rhétorique vient en aide à l'hypothèse, la légèreté à la rhétorique, l'indifférence à la légèreté, l'habitude de tolérer le mal à l'indifférence ; et, bref, le bonhomme stupide qui aurait dû crier comme un aigle et ébranler les quatre coins du palais contre les commérages meurtriers, s'en va tout doucement à l'échafaud, en bêlant comme un brave mouton, et répétant qu'il n'est pas coupable. Un des criminels, qui va mourir aussi, se prend de pitié pour ce pauvre innocent ; il est, lui, un avide et un féroce, qui au milieu des fautes et des fureurs universelles est monté à cheval comme un bandit qu'il est, a massacré des gens qui conduisaient l'or de l'État et se l'est approprié. Ce bandit a du cœur, et s'oubliant lui-même, il joint sa réclamation ardente aux faibles cris de la victime.

On les tue tous les deux ; et le panier fatal

réunit la tête du drôle généreux et celle du timide innocent. Six ans plus tard le vrai criminel se découvre. On demande à la justice de reconnaître que le faible bonhomme n'avait tué personne. La justice répond qu'elle ne reconnaît QUE SA PROPRE VOLONTÉ INFAILLIBLE; que si l'homme guillotiné n'est pas celui qu'il fallait punir cette fois, il doit néanmoins avoir mérité la guillotine ; que tout condamné enfin est bien condamné. *Ce que le commérage a fait, la formule le consacre.* Le commérage est social. La formule est sociale. Jugez la moralité d'un tel peuple, d'un tel pays et d'une telle justice.

Meudon, août 1872.

PHILARÈTE CHASLES.

MÉMOIRES

DE

PHILARÈTE CHASLES

INTRODUCTION

LES GROUPES DE 1830 A 1840

1830 était encore une espérance. Même avec de la sagacité et de l'esprit, on pouvait croire alors qu'une régénération du sang moral, une reconstruction de la France lui permettraient de vivre en dehors de la servilité monarchique de 1780 et de l'anarchie sanglante de Marat et de 93 ; car telle était l'alternative, tels étaient les deux pôles entre lesquels se balançait le pays. Je n'avais connu dans ma vie qu'un ou deux hommes capables de supporter le régime républicain ou même de se faire à la vie constitutionnelle : Lanjuinais, le petit Breton têtu, Népomucène Lemercier, le probe et vigoureux poëte ; le professeur Desgranges, créateur avant Burnouf et après Anquetil des études sanscrites en France. Ces hommes indépendants passaient pour des originaux; et les plus sensés d'entre eux, comme Ducis, allaient vivre dans la solitude, cultivant leur carré de choux, refusant le titre de sénateur ou le grand cordon; et résignés à ce milieu qui les pressait et qu'ils ne pouvaient vaincre, milieu tout monarchique créé par dix siècles et sans analogie avec le mouvement présent des choses comme avec l'avenir des races. Néanmoins, l'intelligence française se détachait du passé; les Béranger, les Royer-Collard. les Benjamin Constant, les de Broglie se rapprochaient de l'Angleterre et de l'Amérique du Nord par les doctrines. C'étaient eux qui sonnaient la trompette et donnaient l'éveil. J'avais vécu au milieu d'eux, vu le petit Marseillais Thiers arriver à Paris sans fortune, la *Minerve* et la *Renommée* se fonder, et les meilleurs esprits et les meilleurs salons graviter vers le régime constitutionnel. Quand l'idiot Charles X essaya, par les ordonnances, d'effacer l'idée d'enquête, de refouler la vie morale des peuples modernes et de rétablir en leur lieu l'idée monarchique et l'unité absolue du pouvoir, on put donc hardiment prédire la chute de son trône. Jamais l'intelligence unie à l'avenir n'eut le dessous. Toujours la matière lutte, toujours l'esprit l'emporte. Le passé, n'ayant plus la vie, est la matière; l'avenir, n'existant que par le développement de la vie, est l'esprit.

Je vis grandir le mouvement qui détruisait Charles X, et l'absolu amena l'avenir. J'étais, sur le même canapé, souvent à côté de Béranger, que les banquières et les femmes des généraux de l'Empire caressaient de leur mieux, malgré sa laideur ébouriffée et son costume sale. J'envoyais des *articles* au *Miroir*, qui était le *Figaro* du temps; je dînais avec Dupaty, neveu du président Dupaty, cousin d'Élie de Beaumont. C'étaient tous des esprits vifs, épicuriens, aimables, quelques-uns charmants, presque tous spirituels, honnêtes souvent, vaniteux d'ailleurs et aussi monarchiques que possible. Un parfum du Directoire s'exhalait de tous ces salons et de ces bureaux de journal que je visitais. Les napoléoniens, comme Norvins, le préfet de Rome, comme le jeune Lebrun, le poëte devenu académicien, avaient quelque chose de plus gourmé, de plus impératif, de moins *évaltonné*. Mais tous, sans exception, étaient aussi peu faits pour le régime auquel ils aspiraient, qu'un nègre africain serait apte à devenir Platon ou Raphaël. Coquets, bavards, légers, courtisans; ou bien pédants, hargneux, exclusifs, voilà pour la majorité. Rivalités, intrigues, petites haines; mais finesse, grâce, élégance, courage. Ils ressemblaient à ces femmes qui se mettent dans la tête d'être viriles, et qui en effet arrivent à une virilité empruntée. Le régime représentatif voulait autre chose. Il lui faut des réalités, l'analyse, l'enquête; il lui faut surtout la force morale. Elle manquait. Le parti de la bourgeoisie se suicida comme tous les autres en France par ses vices. Je l'ai vu à l'œuvre depuis mon retour d'Angleterre. Un peu d'humanité l'eût sauvé! Moins de vanité et d'égoïsme eussent prolongé, grossi et utilisé son autorité. Il avait certes moins d'élévation et de grâce que le parti noble, moins de générosité, de fougue et d'audace que le parti populaire.

Ce qui dirigea le parti de la bourgoisie d'abord et le tint par les lisières, ce fut la fraction genevoise anglaise, la plus ferme, la plus noble, la plus subtile, la plus sensée, mais pédante, méticuleuse, peu française et qui n'aurait pas eu grand succès, sans l'accession de quelques hommes du midi de la France, qui ébranlèrent la machine, séduisirent les Gaulois, amusèrent les salons, firent du tapage, posèrent des doctrines, échafaudèrent des théories et conduisirent la bourgeoisie au combat.

Le groupe anglo-genevois se composait de Benjamin Constant, Dumont, Bonstetten, qui resta en Suisse, Simonde de Sismondi, et surtout de la Génevoise germanique Mademoiselle Necker-Curchod, mariée au Danois M. de Staël. Le second groupe gallo-provençal avait à sa tête un minois très-agréable et attractif sous des formes sévères ou au moins rigides, M. Guizot ; pour second capitaine un petit brûlot marseillais qui a fait et qui fera toujours beaucoup de bruit, Thiers, et pour comparse muet un académicien de province, Mignet, habitué à tisser des mots sonores sur des idées métaphysiques et à les balancer avec un rhythme monotone qu'il donnait pour une douce et harmonieuse vibration de l'écho hellénique. Le groupe que j'appellerai le gaulois pur avait moins de ressources d'intrigue et de manœuvres habiles que les Provençaux et Gascons, moins d'habitude politique et de prudence sociale que le camp genevois et anglais ; mais il compensait ces lacunes par de l'ardeur, de la générosité, de la pétulance, de l'obstination et de la verve ; beaucoup de logique inutile et de trait satirique, c'est-à-dire par les qualités et les dons, plus utiles dans la société et dans la chaire professorale, que dans les affaires. Aussi occupa-t-il la dernière place.

Je n'étais d'aucun camp ! Ils vivaient juxtaposés, polis et hostiles, selon les vieilles coutumes de la nation, se criblant d'épigrammes réciproques, se jouant tous les tours possibles, au demeurant vivant bien ensemble, menant les femmes, se les volant les uns les autres, médisant en maître et calomniant le voisin : un penseur remarquable, Royer-Collard, de la race janséniste âpre et puissante des Arnault et des Nicole, homme droit et profond ; le Breton jacobin, élève de Jean-Jacques Rousseau et noble de race, Châteaubriand ; le dernier fils des Jésuites, le brillant joueur de mots, singulier Ésope de notre temps, VILLEMAIN, spirituel et pétulant, esprit ouvert à tout, ayant sur tout des lumières sans conviction, de l'éloquence, de l'activité, du courage et du goût sans élévation. Ces hommes venaient de divers côtés, pour défendre la cause de la bourgeoisie. Ils se rallièrent sans s'aimer, sans même s'entendre sur les principes, avec une seule idée, qui leur fut commune et les poussa à la guerre ; ne permettre ni au clergé, ni au trône, ni aux familles titrées, de reprendre et d'absorber le pouvoir. A qui le pouvoir ? C'était la seule question. De tous ces hommes, un seul, le plus orgueilleux et le plus humble, Béranger, avait d'autres visées. Il était réellement un politique parmi des rhéteurs, il avait compris ce qu'il y avait de plus important en France, la camaraderie. Elle m'a toujours manqué, ou plutôt je l'ai méprisée et haïe. Le commerce de haines familières et d'animosités intimes, avec gens que l'on aime peu, et que le hasard vous impose comme compagnons de route dans la vie, est une profanation de l'amitié.

Dans la société, il y a deux sentiments contraires à cultiver, celui de l'individualité qui a conscience d'elle-même, et celui de la sympathie qui se relie à la conscience des autres.

Céder aux milieux, c'est la bassesse de l'âme et souvent le succès. Résister aux milieux qui me pressaient a été l'effort, la douleur, l'honneur, le lot de ma vie. La résistance à tous, à chacun, à une race, à un siècle! à un siècle entier! Cela exige une dépense de force effroyable; et dans notre temps, le bûcher de Vanini ne pouvant plus s'élever sur la place publique, ni la potence de Dolet, ni même l'échafaud de Servet pour les philosophes, il faut bien que la société se venge. Elle n'y manque pas. Quand la protestation contre une société est constante, modérée et ne donne point prise au procureur *impérial*, attaquée par dessous, elle se venge de même. J'ai successivement et modérément, mais très-résolûment protesté contre toutes les métamorphoses grotesques et vicieuses de notre monde: — contre Faublas, de Sade et le faux classique; — contre Hugo, Sainte-Beuve et le faux romantisme; — contre Guizot, Thiers, Molé et le faux constitutionnalisme. J'ai doucement, courageusement dit à ces groupes belliqueux et haineux leur mensonge et leur fragilité. Ils sont tous morts; Ponsard sur Hugo; Legouvé sur Sainte-Beuve; Molé sur Thiers.

J'avais raison, trop raison. Pouvaient-ils m'aimer? Ne pas me perdre était encore généreux de leur part. Dès que l'on a pu, on m'a intenté un procès vraiment burlesque; et malgré l'issue de ce procès, issue favorable pour moi, ils ont essayé de m'y ensevelir. Ils n'ont pas pu. Mais les menées sourdes ont continué; elles justifiaient ma prévision et mon coup d'œil qui les avait tous, à quelques exceptions près, jugés très-méchants ou très-sots.

C'était plutôt les courants qu'il fallait condamner

que les hommes. Il y en avait deux en littérature ou plutôt deux influences également ridicules. Celle que j'appellerai monarchique, amie des ornements, de la périphrase, du convenu, généralisant les faits, éliminant les détails, affectant la régularité et la grâce monumentale, sage, mais creuse, allait s'affaissant chaque jour. C'était le reliquat du vieux monde, toute l'école universitaire en était l'organe. Les uns se cramponnaient au bon goût, comme Patin; les autres se donnaient un petit air de nonchalance égayée comme Saint-Marc Girardin. La finesse par excellence était celle de S..., qui avait pris le double masque de bonhomme naïf et de dévot aux anciens. « Je ne comprends rien à ce monde moderne, répète-t-il incessamment dans ses œuvres. Je suis un pauvre père de famille qui lit le catéchisme et relit madame de Sévigné. » Et le personnage physique correspondait à la comédie littéraire. Il ressemblait à Régnier, l'acteur jouant Géronte; la voûte du dos, l'exhaussement des épaules, le bleu des lunettes, les mains jointes, souvent froissées et crispées par la passion secrète, le bonnet noir sur les sourcils, les souliers à cordons, l'air volontairement ignoble et tortu, une crasse ambitieuse et une sordide pauvreté affectée et étalée pour dérouter la jalousie, complétaient le personnage. Lorsqu'un but était atteint, une place, une pension, une sinécure, l'Académie, le Sénat; quand le singe avait escaladé sa branche, le front se relevait, le bonnet noir s'abattait sur la nuque, les deux paumes victorieuses se frottaient, les lunettes rentraient dans le gousset, l'échine devenait ferme, on se dilatait un moment; on était fier, on respirait un peu. Je l'abordai un soir au bal de Bertin après une de ces escalades réussies et je dis à l'homme rayonnant : « Sixte Quint a jeté sa béquille ! — Pour un moment ! » me répondit-il. En effet, bientôt le dos se recourba, l'œil se ferma ; la paupière clignota, le travail recommença, les tortillages pour le succès reprirent ; il y avait le Sénat à prendre d'assaut ; on se fit hisser par madame W..., et l'on réussit.

MÉMOIRES

LES GROUPES DE 1830.

M. GUIZOT

Froid, servitude, obscurité;
La mort est là !
Chaleur, lumière et liberté;
La vie est là !

On prend trop un professeur pour un virtuose : selon la vieille coutume française on ne se contente pas du bon sens ; on altère, on transforme, on métamorphose la mission de l'homme qui enseigne, en apostolat qui guerroye. Il s'opère dans les esprits français des changements d'acception étranges. De même qu'un homme de lettres semble avoir un métier ; de même que le journalisme devient une profession ; de même que le moraliste semble un diffamateur ; de même que sous Bonaparte général, tout prêtre passait pour infâme calotin ; de même aussi entre 1815 et 1830, il a fallu qu'un professeur arborât une cocarde presque militaire, ou qu'il amusât son monde ; qu'il le menât à la guerre ou à la danse.

Comme si le professeur était tenu à autre chose qu'à donner l'instruction ! mais pour ces intelligences légères et qui ne vont au fond de rien, tout se mêle, tout s'altère, tout se fond et se confond, sous la flamme des engouements éphémères. De là le bizarre règne des Doctrinaires de 1825, qui a fait tant de mal au pays des dogmes ! Cela est nécessaire ! Alors il se met en rang et marche : comme il ne sait pas se faire une opinion personnelle, il l'emprunte. Tantôt c'est le prédicateur, tantôt le pédant, ou le colonel, ou le journaliste. Il faut à ces masses brutes, qui se croient civilisées, un coup de trique pour les mener, un coup de tambour pour les avertir.

Entre 1820 et 1830 trois hommes ont profité de cette servilité de l'esprit français ; ils ont occupé la chaire professorale avec un éclat extraordinaire. Ce sont Villemain, Cousin et Guizot. Trois sophistes. S'ils s'étaient contentés de faire leur métier, nul n'aurait parlé d'eux. La vie littéraire pure les aurait laissés dans l'ombre. Quelque admirables que leurs livres eussent pu être, qui aurait pensé à eux ? Personne. C'est une amère potion à boire que celle de l'oubli ou du mépris universels pour un homme qui sent sa force. Tous les trois, petits roturiers sans distinction sociale, Guizot de race protestante persécutée en Provence depuis longtemps, fils de parias sociaux ; Cousin, fils d'un bijoutier du Palais-Royal, enrichi dans le commerce ; Villemain, fils d'une cuisinière en retraite et d'un professeur de collége, n'avaient aucune affinité avec les salons et la vie élégante. Ils commencèrent par y entrer après des pièces d'école ; on les admit près des dames, malgré leurs attitudes négligées, ce qui est le premier pas et l'inévitable introduction pour tout homme qui veut en France le succès. Les deux cuistres, Villemain et Cousin, ne s'y glissèrent que par le collége et la camaraderie, l'un, camarade de M. Narbonne, l'autre protégé de M. La Romiguière. Quant à M. Guizot, à titre de protestant, il pénétra bien plus vite et glissa bien plus aisément dans la rainure de cette sociabilité des salons, hors de laquelle il n'y a plus de salut ; madame de Rumfort, dont la société touchait à celles de madame Garat, de madame Récamier, de madame de Staël et des autres contemporains à la mode, accueillit le jeune protestant.

C'était un petit homme droit, sec, anguleux, les ongles arrondis, doux comme un boulet de calibre et vif comme la poudre dirigée par l'ingénieur ; le désir de plaire, le besoin du combat ; l'amour de la lutte pour la lutte, et l'orgueil du triomphe avant d'avoir vaincu ; l'expression brève, directe, acérée, luisante, polie ; une attitude de jeune athlète ; une raideur plus gymnastique et voulue que doctrinale et essentielle, voilà M. Guizot. Jonc peint en fer, mais jonc ferme, c'est une baguette de fusil qui peut au besoin tenir lieu de férule. Il n'y a pas dans notre temps de produit plus complexe. On l'a cru inflexible ; il est très-souple. Il s'est cru calviniste ; son génie est le catholicisme même. Fils de Genève en apparence, il est en réalité l'homme de l'autorité, le fils du pape. Homme de doctrine, à ce qu'il croit, il n'est, au fait et au fond, qu'homme de guerre. On l'accuse de pédantisme. C'est très-faux. Le plus raffiné des raffinés de salon, il a compris qu'après le Directoire, la sévérité était de rigueur. Il s'est donc fait rigide par sa volonté. C'est le moins pédant des hommes ; mais, après

Barras et Mme Tallien, le moyen d'être frivole et de le paraître ! La rudesse, après Bonaparte, n'aurait pas réussi davantage. Il restait donc un rôle à jouer. Le moral, le doux, le strict, l'imperturbable, le gourmé, l'inaccessible, formaient un enduit merveilleux, un stuc poli, brillant et glacé, sous lesquels on pouvait cacher toutes sortes de visées, d'intérêts et de petites manœuvres. M. Guizot, cet homme de gracieuse finesse et de sagacité pénétrante, comprit la situation, et, partant du salon de Mme de Rumfort, dont il était le favori, il devint cet homme de stuc.

Entendons-nous. M. Guizot, avec sa finesse, sa souplesse, sa ductibilité, sa séduction naturelle, n'était pas intrigant ou hypocrite. Il était sincère. — Ayant vu périr sous la hache ses parents royalistes, il était sincère dans sa haine des excès sanglants ; élevé au milieu de la calviniste Genève, il fut sincère aussi dans son protestantisme sévère ; fils du Midi et de Nîmes, où la violence presque arabe des passions se cache sous une rigidité romaine et s'arme de toutes les ressources de la ruse, il restait fidèle à son pays et à sa race, quant au maniement aimable des hommes et au jeu des influences mises en œuvre, souvent sans moralité ni vergogne.

Voilà tous les éléments qu'une jeunesse sévère, une mère admirable, la pauvreté primitive et le mouvement de l'époque fondirent dans un ensemble infiniment curieux ; métal de Corinthe qui ne se reproduira jamais. L'austérité dans le protestantisme, la probité dans la corruption, le dédain dans l'amabilité, la souplesse dans la morgue, l'entêtement dans la flexibilité, le désintéressement dans l'ambition. Il commença par être philosophe, appliqua sa philosophie à la politique, et tourna le tout du côté d'une guerre à soutenir en faveur de la bourgeoisie. Malheureusement, elle n'avait aucun point de rapport avec lui. Voltairienne, indifférente, ennuyée, n'aimant que Béranger et un peu la gloire, ici napoléonienne, là un peu royaliste, ce qu'elle comprenait le moins, c'était l'esthétique gouvernementale de Montesquieu, de Dumont, de Bentham et de Turgot. C'était là que les salons de Staël, Rumfort et de Broglie trouvaient d'agréables délassements. Ces salons, dont Guizot, jeune, moral et gracieux, était le favori, applaudissaient à ses efforts. Sa philosophie trouvait des échos. Ses pamphlets étaient admirés de ce petit monde antirévolutionnaire, antiimpérialiste, mais peu français.

Ces triomphes de salon et de chaire publique le portèrent au pouvoir. Il y échoua et fit échouer le trône, par sa méthode rigide et son austérité doctrinale.

C'est du retour de Louis XVIII que date la manifestation de ce qu'on appelle le parti doctrinaire, né et éclos bien longtemps avant la restauration même; continuation de Necker et de Turgot. La doctrine consistait à raccorder le vieux monde avec le nouveau; ce qui aurait pu avoir lieu, si l'on n'avait pas exclu l'autre, si, comme en Angleterre, on avait trouvé une base commune, une aristocratie protestante, un intérêt central, réunissant tous les citoyens; mais en France, comme l'a dit Napoléon Ier, les bleus seront toujours les bleus, et les blancs toujours les blancs. Il y a une guerre à mort entre l'ancien régime et la Révolution, et dès que l'une ou l'autre des deux armées prend le dessus, elle veut l'anéantissement de l'ennemi.

La force passagère du gouvernement napoléonien a consisté dans un mensonge (1), il faisait semblant d'être bleu, c'est-à-dire, fils de la Révolution, et se substituait aux blancs, dont il adoptait et exagérait l'absolu. Mais comme il avait peur que cette illusion ne durât pas, il la recouvrait d'un océan de gloire factice ! Tous les cahots de la politique depuis 1798 viennent de ce mensonge. On ne concilie pas les inconciliables. Il n'y avait qu'un moyen, la transformation progressive des blancs et des bleus, des classes supérieures vicieuses et des classes inférieures abruties. Il fallait essayer de rendre le peuple plus noble, et les nobles plus populaires : on aurait remplacé ainsi la haine par l'amour, du moins par la sympathie. Le contraire a eu lieu. Quand les blancs tout au commencement de la Révolution ont essayé d'empêcher les bleus de venir siéger dans les conseils du pays, ils les ont rendus plus bleus ; c'est-à-dire plus furieux que jamais. Quand ils ont refusé alors de se découvrir devant le doux représentant de la monarchie Louis XVI, ils n'insultèrent pas le Roi, mais la France, et la haine des blancs s'accrut encore ainsi par une succession de vengeances incessamment plus ardentes ; la tête de Louis XVI a été jetée comme défi dans le camp ennemi ; les émigrés ont suscité l'Europe entière contre la France et Napoléon a pu hériter ; c'était chose honnête mais puérile d'imaginer que cet abîme où roulaient des torrents de sang pourrait être relié par le pont d'une doctrine ; M. Guizot l'a essayé, mais vainement, et l'on est retombé dans un second Empire qui tend radicalement au communisme. La

(1) Lire l'admirable livre de Lanfrey. *Histoire de Napoléon Ier*.

Révolution aura-t-elle donc pour résultat la réduction en atomes impalpables de toutes les forces de la France ?

Et si l'on parvient à détremper si bien ces atomes qu'ils deviennent une pâte docile, jetée dans le moule des empires d'Assyrie ou de l'Indostan, qu'aura-t-on gagné ? Tous ceux qui auront essayé de s'opposer à la dernière décomposition seront notés dans l'histoire comme ayant tenté une bonne œuvre, car le pire des résultats, c'est l'annulation de tous les individus, de toutes les volontés, de toutes les forces, par conséquent de toutes les richesses au profit d'une seule volonté centrale qui ne peut s'asseoir que sur la destruction ; on excusera donc dans l'avenir par l'excellence du but, que l'on ne pouvait atteindre, la puérilité des efforts.

La masse française, si elle avait été apte à la conciliation des deux intérêts contraires de la liberté et de l'ordre, du passé et de l'avenir, de l'ancien régime et du nouveau, n'aurait pas eu besoin de doctrine ; elle aurait eu la pratique avant la doctrine ; et c'était un tort pédantesque de vouloir inaugurer la doctrine avant la pratique : les choses politiques, pareilles aux plantes, aux villes et aux êtres animés, se développent d'elles-mêmes, non d'après les formules ; le plus grand génie ne réussit qu'à développer un germe existant. Napoléon Ier a développé le germe de la guerre, un autre, l'administration ; c'étaient deux germes français. Quant à la liberté qui est l'enquête et la tolérance, il n'y en a pas encore la moindre trace.

Voilà ce que ne voulaient pas voir les raisonneurs, les gens de salon, les professeurs, les idéologues, comme les appelait Bonaparte, auxquels M. Guizot avec son admirable lucidité d'esprit, sa méthode, son art presque scolastique de diviser et de subdiviser, et sa clarté d'exposition servit de porte-voix. Les Français ont besoin de comprendre, et quand ils ont compris, ils sont si contents d'eux-mêmes qu'ils se battent volontiers pour la chose qu'ils ont comprise ; quand ils sont éclairés, ils se croient convaincus. M. Guizot, tout en gardant ses penchants pour l'autorité et la discipline, fut un admirable expositeur des réglementations de la liberté chez les peuples constitutionnels. M. Guizot attaqua alors dans une série de pamphlets, merveilveilleux d'argumentation et de lumineuse polémique, tout ce que le parti bleu détestait ; jésuites, pouvoir arbitraire, censure, esclavage de la presse, libéralisme nouveau, si séduisant puisque au drapeau tricolore il associait un fond monarchique, donna le signal de ce mouvement ascensionnel de la doctrine qui aboutit au couronnement de Louis Philippe ; M. Guizot défendait le principe de l'autorité. Par caractère il voulait le pouvoir. A travers quelle contradiction et par quel contraste de situation satisfit-il à ces deux idées ?

Au lieu d'aller vers l'avenir, il lui fallait le combat. Ministre d'un roi constitutionnel et nouveau, il lui fallait ressusciter toutes les pressions de l'ancien monde. Il lui fallait sans cesse louvoyer et carguer ses voiles. Son ambition personnelle joignait à une confiance imperturbable un infatigable labeur. Toute la vie de M. Guizot se résume en un mot : Résistance. Courageux, souple, habile dans l'état généreux ; souvent profitant de tout, se portant sur tous les points ; cela est vrai, mais à quoi résistait-il, et pouvait-il réussir? ce qui fait une curiosité historique sans égale, c'est qu'il est à la fois calviniste et méridional, flexible et genevois, Anglais et antilibéral, protestant et au fond catholique. M. Guizot dans ses derniers jours couvert de cheveux blancs est devenu partisan du pape ; on s'en étonne ! Non, c'était un résultat nécessaire ; rien de plus absolu que le calvinisme de M. Guizot. Guerrier de sa nature, ne pouvant vivre sans polémique, heureux de résister ; vivant par la même admirable éloquence dont le ressort est d'autant plus puissant qu'il est plus tendu, de là aussi cette étrangeté d'une philosophie qui se prête à toutes les ambitions et d'une série de contradictions pratiques, dont pour le besoin de sa cause M. Guizot ne s'est jamais inquiété ; il a toujours eu un argument pour se dédire, un autre pour se contredire ; et il a fallu toute l'animosité de son caractère personnel, et toute l'honnêteté matérielle de sa vie domestique pour que, malgré tant d'ennemis et de flèches lancées contre son pouvoir, il l'ait conservé si longtemps. C'est peut-être le seul homme de notre temps auquel on ait retiré l'estime politique, sans rien lui ôter de l'estime personnelle. Cette dignité s'est conservée après sa chute et lorsqu'on avait pu dire de lui, non sans raison : « *Il ne pratique jamais ses maximes! mais il maxime toujours ses pratiques.* C'est un phénomène moral que M. Guizot, qui ne se reproduira jamais !

S'il a recueilli tous les avantages de l'activité réglée et de la méthode desservie par le génie, il en a subi tous les inconvénients. Il ne s'est ni assez reposé, ni assez livré, ni assez étendu. C'est une curiosité hors ligne que cet excès de vertus algébriques chez un peuple si avachi et si dissolu, de qualités philosophiques chez un peuple si léger.

M. Guizot a occupé une énorme place dans ce siècle. Quelle a été son influence ? Moindre que l'espace envahi ou occupé. Ayant moins agi qu'empêché, il a dépensé dans la résistance l'action qui aurait été admirablement employée pour marcher en avant. Dans ses écrits au contraire, il n'a pas été polémiste, mais affirmatif et en avant. Ce mouvement est double.

Telle est l'attitude prise par lui que tout le monde s'est habitué à dire monsieur Guizot, comme il y a sur ses cartes. Personne ne dit Guizot comme on dit *Lamartine*, *Bonaparte* ou même Martignac. Il est *Monsieur*. Ces choses que notre pays adore et dont il a besoin, le respect, la dignité, l'autorité, il les a toujours cultivés autour de lui, avec un soin qui explique son long succès.

J'envoyais ces pages à M. Guizot, sachant fort bien que l'esprit fin et délicat de l'éloquent philosophe préférait de beaucoup la vérité à l'adulation. Je lui demandais, en même temps, son agrément pour insérer ces pages dans mes *Mémoires* (ou l'*Histoire de mon temps*).

Voici la réponse franche et généreuse du grand politique :

LETTRE I.

C'est un rare et vif plaisir, Monsieur, d'être compris. Vous me l'avez donné, et je vous remercie. Puisque vous avez parlé d'histoire, je consens volontiers à y paraître, sous cette figure. Je persiste à ne pas désespérer autant que vous de notre temps et de notre pays. Mais soit que mon espérance ou votre tristesse ait raison, je serai content de la part que vous me faites ; dans l'une des deux hypothèses, j'aurai commencé un grand temps, *magnus sœclorum ordo ;* dans l'autre, j'aurais été le dernier à le tenter.

Je vous renouvelle, avec mes remercîments, l'assurance de ma considération et de mes sentiments les plus distingués.

GUIZOT.

Val-Richer, 23 août 1866.

M. Guizot m'écrivit au mois de juin (1868), me demandant ma voix et mon appui pour la candidature de son fils Guillaume au Collége de France. Je promis aussitôt à M. Guizot ce qu'il me demandait, tout en lui rappelant qu'il m'avait desservi à l'Académie française. M. Guizot me répondit poste par poste la petite lettre que je conserve comme souvenir de mon éminent confrère et redoutable antagoniste.

LETTRE II.

Val-Richer, par Lisieux (Calvados),
14 juillet 1868.

Je me défends de votre reproche, Monsieur. Il est vrai que je n'ai pas voulu vous engager ni vous appuyer dans une candidature qui, après y avoir bien regardé, ne m'a paru avoir aucune chance de succès ;

mais je n'ai jamais cessé de rendre pleine justice à vos travaux, à votre savoir si étendu et si varié, à vos idées si souvent originales et saines. Vous vous êtes préservé des maladies contagieuses de notre temps : mérite rare et qui me touche beaucoup, ce que j'ai reconnu en vous à toutes les époques de votre vie. Je ne sais si j'aurai quelque occasion de vous rendre à cet égard le témoignage qui est dû ; mais je tiens à vous dire que je sais ce que vous valez et que je ne l'ai jamais oublié.

Recevez, Monsieur, l'assurance de mes sentiments les plus distingués.

GUIZOT.

L'AMOUR DE LA GUERRE

EN LITTÉRATURE

VICTOR HUGO

Ce ton militaire chez les gens qui prétendent cultiver leur esprit m'était odieux. Je vis se présenter à mon bureau du *Temps*, heurter cavalièrement, s'avancer la tête en l'air, me tendre une main de Charlemagne, enfin se jeter sur un siége, un homme guêtré, boutonné, ficelé étroitement dans des habits qui le serraient comme pour un voyage, un homme jeune et hardi qui semblait aller en guerre. J'avais déjà, non sans surprise, contemplé cette allure chez Babeuf, Jouy, Lebrun, Buloz ; ce n'était ni insolent ni précisément brutal, ni honnête ni impoli, ni agréable ni doux, ni tout à fait ridicule. C'était guerrier. La dissonance entre l'intelligence amoureuse du beau, du vrai, du grand, et l'officier de cavalerie qui enlève un poste ne frappait et n'étonnait personne. Tout se déplace en France, tout vacille et l'on perd le sentiment du ridicule, dans cette contrée mobile dont la race ne connaît ni siècles, ni années, ni suite, ni profondeur, ni permanence, mais seulement les minutes, les secondes, le choc des contraires et la violence de la réaction. Il faut se battre pour penser, se battre pour aimer, se battre pour faire un poëme épique. Il faut se battre pour Boileau contre Ronsard, pour Nonotte contre Voltaire. La vie n'a pas de sel et la pensée est sans saveurs, autrement. Il faut que l'encre même sente la poudre; on annonce la vérité philosophique à coups d'éloquence et on la soutient en brisant les chaises.

On allait donc se battre ce soir, et mon visiteur était le général d'une troupe poétique. C'était Hugo. Hernani devait le soir même affronter le feu de la rampe. Il visitait son monde, passait la revue du camp, disposait sa cavalerie légère et ses sapeurs. Il venait savoir si j'étais des siens.

« Monsieur, me dit-il sans préambule, je suis Hugo ! »

Je le regardai. Il était assis et tenait une brochure jaune à la main qu'il me tendit. Sur la première page était inscrit ce mot unique : « *Hierro Yerro* » (je suis de fer). Je lui fis quelques compliments fort mérités sur sa valeur poétique ; et en effet ce Dryden de la France forge admirablement le vers. Il n'a ni délicatesse, ni modestie, ni grâce, ni atticisme, ni moralité intellectuelle. Il est charlatan et cyclope. Il a une bosse et fait de sa difformité un mérite. Son œuvre manque de toutes les vertus qu'il n'a pas. Elle dépasse, exagère, excède, est grossière, sans mesure, effrontée, affectée. Toutes les qualités grecques lui font défaut; mais il a les forces castillanes et romaines; il restera comme monument. Il indique non pas un bon effort et un pas heureux en avant dans la voie de l'avenir, qui aura besoin d'analyse, qui réclame l'observation juste, l'élévation honnête et veut l'exacte science des faits et des choses, mais un puissant renouvellement de l'antique impulsion classique, emphatique et violente, due à l'Espagne romaine et au génie des Goths latinisés. Il tient à Stace, Lucain, Calderon et Gongora. Il les résume. Il est plus grand qu'eux. Il est le Napoléon méridional de l'Empire poétique français.

« Monsieur, me dit-il, êtes-vous des nôtres?

— Je suis à moi-même, répondis-je en souriant, assez pour admirer ce que vous faites de beau.

— Non-seulement, reprit-il, nous changeons toute la poésie qui a besoin d'une révolution fondamentale, mais la grammaire. Que dites-vous de la Prosodie? Il faut bouleverser la prosodie française. »

Là-dessus il entra dans une discussion et une élucidation, dans un commentaire de rhythmes, de consonnes et de voyelles, qui s'adressait évidemment à moi en qualité de scoliaste. Il me prenait pour tel et me séduisait, ou voulait me séduire. En France, quand on ne se bat pas, on séduit.

Je n'aime pas plus la bataille que la séduction. Je voyais donc peu le grand poëte. Après la désastreuse année de 1871, M. Victor Hugo m'envoya, un peu avant l'ouverture de mon cours, son œuvre écrite pendant le siége. Après avoir loué et commenté ce remarquable travail, j'écrivis quelques lignes à Hugo; il me répondit par la lettre suivante:

Monsieur et cher confrère, merci. Votre lettre me touche vivement. Il m'est doux, en faisant mon devoir, de sentir pour point d'appui un homme tel que vous.

Je vous donne la main.

VICTOR HUGO.

M. THIERS

HISTORIEN, ORATEUR. HOMME D'ÉTAT.

L'histoire intellectuelle de notre dix-neuvième siècle aurait été incomplète si le rayon étourdi et vertigineux de la rive marseillaise n'avait traversé la France pour luire dans les conseils du gouvernement et régir l'État. C'est ce brillant rayon, bigarré comme pas un, fourmillant d'atomes qui tourbillonnent dans son prisme, que représente M. Thiers. Je l'admire presque religieusement ; — moins comme un homme que comme une force ; moins comme une force que comme un instinct. Il est démesurément léger et il a conduit des affaires démesurément lourdes. La Provence lui doit une statue, en ce temps de statues. Entre les peintures murales de Pompéi, il y en a une qui m'a toujours charmé. Elle représente un papillon doré conduisant un quadrige à grandes rênes et avec la meilleure grâce ; le quadrige va verser. C'est M. Thiers ; mais c'est un papillon national, et qui ne verse que nationalement.

Le mot de M. de Talleyrand, — à qui une femme du monde disait de M. Thiers : — « Quoi ! vous recevez ce parvenu ! » et qui répondit : — « Il n'est pas

2.

parvenu : il est arrivé ! » — est d'une justesse profonde. M. Thiers est arrivé avant de naître. Il est né député, écrivain, historien, peintre de batailles, financier, artiste, général ; — sûr de tout succès, prêt à tout, doutant de tout ; — on pourrait même dire qu'il est né avec son style : un style simple, lucide, diffus, admirable pour l'exposition et la narration. C'est un naturel parfait qui constitue le charme et l'attrait vivace, irrésistible de l'homme et de l'historien, de l'orateur et du pamphlétaire. Tout coule de source, la finesse, les détails, la grâce, la verdeur, la sagesse, l'argumentation, les souvenirs, les hypothèses, les chiffres, les combinaisons, les fictions. La source n'est pas bien haute, et l'onde est quelquefois bien mêlée ; mais le flot ne cesse pas de couler. Volumes sur volumes, discours sur discours, pamphlets sur pamphlets, démonstrations sur démonstrations. L'intarissable et l'inépuisable flot coule abondant et ne fatigue jamais. Un jour, cet autre Marseillais-Arabe, coupé d'Israélite, qui s'appelait Léon Gozlan, et qui avait bien aussi sa grande valeur, valeur du Midi, se leva au beau milieu d'une séance de la chambre, que pendant trois heures la parole enchantée de M. Thiers avait asservie, et s'écria de cette voix stridente et avec l'incomparable accent dont se souviennent ceux qui l'ont connu :

« *Te tairas-tu, Bouche-du-Rhône ?* »

Sa bouche n'a pas cessé de verser dans l'océan populaire les flots de sa faconde libérale. Mais quelle Babel extraordinaire ! Le libéralisme dans l'absolutisme ; l'Église dans l'État ; l'État dans l'Église ; bastilles dans la liberté ; théisme dans le catéchisme romain ; régime parlementaire dans l'unité monarchique ; c'est à ne pas s'y retrouver. Il écrit les droits de l'homme sur le petit chapeau, il chante le *Te Deum* de la liberté sous la tente de Napoléon Ier; il dit la messe de Voltaire dans la chapelle de Pie IX. Avec tout cela il ne confond rien ; il sait ce qu'il dit. Il sait même ce qu'il va dire et ce qu'il voudrait faire, mais dans des directions contraires. Il va d'un pôle à l'autre, ou plutôt il file en étoile qu'on ne voit jamais fixe ; le tout très-sincèrement, très-rapidement. Il va si vite qu'on ne voit pas qu'il ait changé de place ; comme les rayons d'une roue, tournant avec vélocité, ne produisent plus à l'œil aveuglé qu'un tourbillon circulaire et lumineux ; ce tourbillon, c'est lui. C'est du Voltaire teinté de Marseillais ; c'est du grec teinté de gascon ; un petit Périclès provençal.

Croit-il ? sait-il ? aime-t-il ? hait-il ? doute-t-il ? il l'ignore. Il devine, expose, vulgarise, parle, reparle, disserte, ne se dément jamais, n'hésite jamais, trouve des réponses à tout, n'est jamais à court, jamais troublé, jamais en défaut, et convaincu de tout, en doute sur tout, mais arrange son tissu mobile comme un prestidigitateur arrange ses boules. Amoureux du succès, ou plutôt ne croyant qu'au succès, ne disant pas de mal de Dieu, parce que Dieu est un succès qui date depuis longtemps, ni de Voltaire, parce que le Dieu des catholiques l'a trouvé puissant sur sa route, ni du pape non plus : — il traite même de la Providence éloquemment, comme autrefois Salvien, et toujours avec la même certitude, le même aplomb d'incertitude et toujours avec la même intrépidité de bonne foi.

Y a-t-il au fond de cette agitation inouïe un point central fixe, une certaine idée, un certain sentiment inébranlable qui explique, commande et rallie tant de contrastes ? Assurément ! — Ce charmant étourdi se rattache avec une verve inexpugnable à la tradition du passé......

Il est l'amant libéral de la France d'autrefois. Comme elle, il raffole d'autorité. Il a des points de contact avec tout ce qu'elle adorait, avec Louis XIV, Louis XI, Richelieu, Mazarin, les Jacobins, les inquisiteurs, les excellents administrateurs de tous les temps. Il aime le Concordat : ce n'est pas lui qui demandera jamais l'Église ou les Églises libres dans l'État libre ! Comprenant la liberté comme celle des républiques du moyen âge, une liberté de formule sans rapport avec la réalité, il conçoit l'ordre général, la réglementation de tous sous le même couvercle ; il ne voit pas que sans la variété il n'y a pas d'indépendance, que sans l'indépendance de l'individu il n'y a pas d'État moderne. Il veut le plus d'État possible ; pendant que M. de Tocqueville, M. de Lamennais, Mill, dont je partage entièrement l'avis à cet égard, veulent le moins d'État possible, pour que l'homme soit plus honorable et plus honoré.

Remarquez bien qu'avec le développement de la civilisation, l'individu devenant plus moral, plus intelligent et plus fort de jour en jour, fait reculer l'État. C'est à cette reconstitution de l'individu gaulois qu'il aurait fallu tendre depuis 1750 ; à la création d'une âme nouvelle gardant seulement les grandes qualités françaises. C'est là ce que l'on a très-complétement oublié, M. Thiers surtout. L'immortel honneur de M. Guizot est d'y avoir pensé. Mais ceux qui auraient pu le seconder, M. Cousin entre autres, lui ont fait défaut, et notre peuple est resté le même, héroïque, ignorant, admirable et impuissant. C'est cette éducation morale qui nous empêcherait d'avoir besoin de lisières. Alors personne ne nous prouverait plus la nécessité du *Syllabus*. M. Thiers furieux ne crierait plus de son banc: « Soyez nationaux ! nationaux ! » comme l'était Louvois.

Soyez nationaux de demain et d'aujourd'hui, lui répondrai-je; non de 1793, de 1693 ou de 1593. Quand le grand mot est prononcé : Soyons nationaux! — tout semble dit. Vous n'avez plus à demander à M. Thiers, s'il est moral, s'il est humain; il est moral comme Cellini au seizième siècle, humain comme Jules César. Ne lui demandez pas s'il aime le peuple : allons donc! Il s'en sert comme Médicis. « Rien pour le peuple ; — tout par le peuple. » C'est sa devise.

Praticien démocrate, comme on l'était en Grèce, non gentleman populaire, comme il faudra le devenir, il est pour la centralisation contre le droit des communes; pour l'unité jacobine contre la vie des localités; pour la tradition de Grégoire VII contre l'examen de Bacon. Il n'en est pas moins libéral, très libéral, à la façon de quelques personnes en France. Il s'entendra fort bien avec Rousseau, Mably et Raynal, ou avec Thomas Payne et Saint-Just, jamais avec Turgot, Malesherbes, Necker, Burck; jamais aujourd'hui avec Bright, Cornwall, Lowis ou John Stuart Mill, vrais novateurs; ni avec Washington et Franklin, — avec ceux qui veulent atteindre la liberté par la route de la liberté. Les autres retournent à Papinien, à Justinien, à Richelieu, à Louis XIV, à Bossuet et à Louis XI, qui ne fondaient pas la liberté, mais autre chose.

Miraculeuse contradiction !

Voltaire protégeant le Vatican ! Les chemins de fer condamnés par M. Thiers ! Ne vous y trompez pas ; ce libéralisme n'est pas libéral. Ce plébéien n'est pas plus populaire que ne le furent Laurent de Médicis ou Strozzi. Ce défenseur de Pie IX ne se fera pas sacrifier pour la foi. Il me rappelle Euripide, qui ne croyait guère aux mythes de son époque, mais qui, dans les *Bacchides*, fait tenir au chœur des discours d'une piété exemplaire pour flatter le peuple de son temps, c'est-à-dire la masse nationale et ignorante.

J'imagine un futur scoliaste essayant d'écrire l'histoire de nos cinquante dernières années. Il y voit M. Thiers libéral, révolutionnaire, presque jacobin ; mais ce libéral fait les lois les plus despotiques ; ce révolutionnaire élève des bastilles immenses. Le Vatican est protégé par ce jacobin. Il faudra que l'historien futur entre dans bien des secrets psychologiques et s'initie à bien des mystères avant de comprendre un phénomène si parfaitement hiéroglyphique.

M. Thiers, je l'ai dit, est un homme du passé, et du passé provençal. Il a du génie. Son génie ne crée pas, ne concentre pas. C'est un génie d'artiste, qui voit rapidement, groupe hardiment, dispose savamment ; — génie d'artiste, homme d'affaires, qui chiffre ses groupes, groupe ses chiffres, dispose ses colonnes, profite de ses dispositions ; — d'artiste stratégiste, qui commande à ses masses, les dirige, les réunit, les disperse, les rallie et leur fait subir mille transformations et combinaisons, comme Dieu à ses atomes, et un général à son armée.

On verra que je ne lui marchande pas la louange, et

il la mérite. C'est la rapidité sublime de l'esprit de calcul ; mais c'est l'antithèse de l'esprit philosophique. Que lui importe la vérité ? Le mouvement lui suffit. Il adore l'activité pour elle-même.

« — Ceux, dit-il, qui ont rêvé la « paix perpé- « tuelle » ne connaissent pas l'homme ici-bas. L'uni- « vers est une vaste action, l'homme est né pour « agir. Qu'il soit ou ne soit pas destiné au bonheur, « il est certain du moins que jamais la vie ne lui « est insupportable lorsqu'il agit fortement ; alors il « s'oublie. »

Quelle doctrine ! — L'action seule, sans moralité. — Quoi ! l'homme est né pour agir?... Est-il né pour s'agiter ? Que l'univers soit une action, certes. Mais quelle action ? A-t-elle un but ? Est-ce une guerre stérile ? Y a-t-il progrès ou recul ? Pas une de ces questions ne semble s'être offerte à M. Thiers. Où est le bien et le mal ? Suffit-il à l'homme de s'oublier ? Un assassin « agit fortement. » C'est très-fortement que sont obligés de combiner leurs plans les pires des humains. Les absolvez-vous ?.....

Cette lacune énorme dans la belle intelligence de M. Thiers l'a fait qualifier d'immoral. Il n'est que naïf. Son besoin d'action aveugle ressemble chez lui à l'activité ingénue des petits enfants qui ont besoin de dénouer leurs petits membres. Il faut qu'il parle, écrive, se remue, arrange, dérange et fasse mille pas sur une feuille de parquet.

Elle empêche de penser, ce qui soulage.

Il est un des trois ou quatre Bonaparte intellectuels de ce temps-ci. Il n'a pas le méditer facile, et on le supplicierait si l'on voulait le forcer à la contemplation. Naturellement voltairien par l'éclat et l'éclair de l'esprit, il est naturellement ultramontain et ultra-catholique.

Ce grand appétit d'action, de lutte, de combat sans réflexion trouve dans la révolution française un point très-satisfaisant qui ravit l'âme belliqueuse de M. Thiers : la lutte contre la noblesse, l'insurrection roturière contre les priviléges. Il n'a pas vingt-cinq ans, que dans sa réponse à M. de Montlosier il prononce hautement sa haine des nobles. « Nous avons aussi nos droits, s'écrie-t-il. Nous les voulons. Notre orgueil vaut votre orgueil. Égalité ! C'est ce que nous réclamons ! Et la guerre ! »

Tel est le point de vue de M. Thiers sur la Révolution ; c'est le point de vue romain ou florentin : plébéiens contre patriciens ; caste contre caste : rien de plus. Vindicte servile ; la guerre des esclaves : Spartacus contre les maîtres. Il n'y a rien de plus borné et de plus antique, de plus passionné et de plus mesquin, de plus trivial et de plus faux que ce point de vue. Où est ici le bien de l'humanité ? Comment empêcherons-nous que l'iniquité se perpétue en se déplaçant ? Comment apaiser les âmes et tarir les vengeances ? Quel baptême nouveau donnerez-vous à ce peuple ? C'est là ce qui ne l'occupe guère. Quant à la liberté de l'avenir, elle ne l'inquiète aucunement.

« Ce n'était pas, dit-il, la liberté que Bonaparte venait continuer ; car elle ne pouvait pas exister encore ; il venait, sous les formes monarchiques, continuer la révolution dans le monde ; il venait la continuer en se plaçant, lui plébéien, sur un trône ; en conduisant le pontife à Paris pour verser l'huile sacrée sur un front plébéien ; en créant une aristocratie avec des plébéiens ; en obligeant les vieilles

« aristocraties à s'associer à son aristocratie plé-
« béienne ; en faisant des rois avec des plébéiens :
« enfin en recevant dans son lit la fille des Césars, et
« mêlant un sang plébéien à l'un des sangs les plus
« vieux de l'Europe ; en mêlant enfin tous les peu-
« ples, ou répandant les lois françaises en Allema-
« gne, en Italie, en Espagne ; en donnant des démen-
« tis à tant de prestiges, en confondant tant de
« choses. Voilà quelle tâche profonde il allait rem-
« plir ; et pendant ce temps la nouvelle société allait
« se consolider à l'abri de son épée..., et la liberté...
« devait venir... un jour ! »

Tout est erreur dans ce mémorable passage qui sert de base à l'œuvre même et à la vie de M. Thiers. Napoléon n'est point venu continuer la Révolution : il est venu rétablir l'autorité et la restituer sur ses vraies bases ; il a été logique en se dégageant des souvenirs libéraux de Turgot, de Necker, de Montesquieu, de Vauban, de Fénelon, auxquels son bon sens a livré une guerre si acharnée. Il savait qu'on n'institue pas le contraire par son contraire, la liberté sous des « formes despotiques ; » car ces formes ne sont jamais des formes : elles sont des forces. Napoléon ne fut jamais plébéien : le son même du mot retentit comme l'airain des cloches ébranlées pour l'élection du podestat. Il n'y a guère en Europe de sang plus aristocratique, et de race plus noble que ceux des Bonaparte, Buonaparte, qui, du fond du moyen âge, n'ont pas cessé de régner, de dominer, de gouverner ce qui les entourait. Napoléon n'a donné aucun démenti à aucun prestige. Enfin la liberté qui doit venir un jour toute seule et sans germe, du sein d'institutions qui l'anéantissent et la proscrivent, me semble une plaisanterie incomparable. Comme si rien venait de rien ! Comme si une fondation de discipline et de monarchie était un gage de liberté ! Comme s'il suffisait, pour tout guérir, de remplacer les anciens par les nouveaux, une classe despotique par une autre de même tempérament, et les aristocrates par les plébéiens.

Appelez-vous cela une vue *française* ?

— Hélas ! mais française antique, de l'ignorance et de la barbarie. Cette vue de l'humanité et du monde est trop cruelle pour rester française. C'est au passé qu'elle se rattache, à l'époque de l'esclavage et des luttes du patriciat.

C'est encore le même caractère et le même génie que l'on retrouve dans l'immense et vraiment magnifique récit de notre vie nationale depuis 1789, récit appuyé de tant de documents compulsés et comparés avec un infatigable labeur.

M. Thiers écrit l'histoire, non peut-être comme les anciens, mais à la manière des anciens, avec une prestesse et une aisance de plume incomparables. Facile et admirable narrateur, que tout intéresse et qui se charme de sa propre mélopée ; il aime la justice, la morale, l'équité, mais celles de l'opinion reçue, courante, vulgaire et de la forme apparente. Il vous dira très-bien, comme Brantôme, que « c'était une femme vertueuse qui empoisonnait tout le monde » ou, comme Tacite, que « telle race était odieuse parce qu'elle était isolée. » Il ne cherche pas plus loin, ne va pas plus loin et s'en tient au suffrage universel de la morale, mode fort excellent en politique, très-pernicieux en morale, car c'est lui qui a innocenté Néron et tué Socrate.

Cette plume du passé est néanmoins toute fraîche, toute jeune ; elle court avec grâce et avec une rapidité qui semble une puissance ; elle est légendaire comme celle de Tite-Live, et claire comme celle de Guichardin. Elle préjuge toujours et ne juge jamais. Aussi se gardera-t-on bien d'y croire, ou de lui demander ou des arbitrages, ou des sentences. Le greffier n'est pas juge ; et le spirituel homme n'est qu'un greffier merveilleux de l'opinion populaire, du préjugé national, de la légende favorable, écho limpide du son léger et fugitif qui passe à travers les événements et les hommes. Il restera comme merveilleux conteur et collecteur de pièces. Personne ne l'admettra comme arbitre.

L'avenir a besoin de moins de crédule patriotisme, de flatteuse surface ; d'une plus grave entente des choses humaines.

M. Thiers, le contemporain de Guichardin, est un anachronisme en arrière. Il n'a point la faculté de conclure, il a celle de voir et d'exposer : faculté superbe d'élucidation, de classification ; un don magique.

M. Thiers est un *œil ;* il n'est ni un cerveau puissant, ni une âme libérale, ni une main vigoureuse. Il est une *ratine* immense, miroir qui reflète toutes choses et les met dans leur lumière.

Dès que vous empruntez son aide, vous voyez clair ; mais c'est là tout. Il ne reste d'ombre sur aucun point de la surface. La profondeur manque, la couleur aussi, la passion davantage (excepté la flamme guerrière et nationale) ; mais surtout ce qui fait défaut, c'est le jugement.

Dans la dernière question de la papauté défendue

par nos armes, voyez comme le problème, dès que M. Thiers l'aborde, se réduit à ses vrais termes ; comme il est impossible de ne pas voir à l'œil nu la situation de l'Italie vis-à-vis de la France, celle du roi d'Italie vis-à-vis de Rome, celle de Rome en face de la civilisation !

Et combien cela est mal et faussement jugé ! La maison de Savoie inculpée, comme s'il y avait une lutte de la vieille maison de Savoie contre Louis XIV : le culte national mis en jeu, par une confusion enfantine du culte extérieur avec la religion intérieure : comme si la foi des croisades vivait chez nos millions de Français ; les principes de 1789, qui sont le libre examen même, appelés à la rescousse du pontificat ; comme si la tradition, c'est-à-dire l'autorité irréfragable et impeccable, n'était pas l'antithèse absolue du libre examen ! M. Thiers ne sait pas que l'Europe a changé ; qu'il n'y a plus d'équilibre européen, et que les vieilles nationalités s'en vont mourantes. Il se croit bon Français parce qu'il est Armagnac.

Incroyable netteté du coup d'œil, incroyable étourderie de déraison ! J'ai dit qu'il était naïf, maître d'une curiosité toujours fraîche, toujours éveillée, toujours renouvelée, toujours jeune.

Pour un homme qui a vécu dans des temps si troublés et qui a dirigé toutes les grandes affaires, c'est quelque chose de tendre, de touchant et d'enfantin que la manière dont il accepte dans son histoire des légendes nationales dignes de Froissart ou de Joinville. Au dix-neuvième siècle, quand toute la malice du Parisien critique vient aiguiser le métal vif et brillant du hardi Provençal, cette ingénuité superstitieuse a quelque chose d'adorable. Il est prêt à accepter tous les mythes qui se créent dans la buée et la vapeur du patriotisme, absolument comme Tite-Live qui convient que le scepticisme n'admet pas les faits qu'il relate ; mais que, par religion pure, par respect du pays, il les adopte et les classe dans ses Annales (l. XLIII, c. XIII).

Tite-Live s'adresse à des gens qui ont besoin de tout croire. En d'autres temps plus avancés on fait le triage. On cherche la lumière, on relève les causes justes on réhabilite les opprimés, on remet en honneur les grandes actions.

Les Tite-Live sont plus poétiques ; ils peuvent toucher davantage. Les Polybe sont plus vrais, ils éclairent la route. Les uns sont un écho populaire; les autres un flambeau pour les sages.

1er janvier 1873.

J'avais écrit ce qui précède, avant nos désastres. Mais aujourd'hui, j'ai changé d'opinion ; et je crois, que s'il y a encore une France grande et honorée, estimée des autres nations d'Europe, c'est à M. Thiers que nous le devons. Lui, le Français par excellence, il a osé dire officiellement (1) à la France, qu'il aime, les plus austères vérités. Il nous disait que nous n'étions pas prêts ; que la Prusse l'était, qu'elle s'était mise en état d'être en vingt-cinq jours à ses frontières assaillies ; que dans l'organisation militaire prussienne il n'y a pas de détournement possible, et

(1) Au Corps législatif en 1870.

qu'enfin notre abandon de nous-mêmes nous a perdus. Je l'avoue : ce courage moral est très-rare en France. Il est d'un grand citoyen !

Que l'ingratitude des républiques grecques et italiennes soit pour nous une leçon. Elles ont banni, flétri, calomnié leurs grands hommes. Les républiques se détruisent par la haine et par l'envie. Aujourd'hui M. Thiers, vieux capitaine, est debout, vigilant : il tient le gouvernail du pays, et se montre plus actif que le dernier de ses matelots ; il visite, il examine le navire ; enfin il dirige la barque qui nous porte tous. Nous, oisifs, nous l'accusons avec des ricanements amers et de vulgaires épigrammes. La France dort, à présent, un sommeil salutaire à la guérison ; et lui, le petit Président, il veille la malade. Il louvoie, dit-on ? et que voulez-vous qu'il fasse entre les écueils de granit rouge et les falaises blanches ! entre cette droite et cette gauche, entre Charybde et Scylla. Il sera forcé d'abdiquer un de ces jours, de renoncer à la gloire après avoir fait son devoir ; et cependant le bâtiment est envergué à neuf. Les ponts sont lavés. Le drapeau de la patrie se déploie et recommence à flotter. D'heure en heure la lumière plus vive et la brise plus heureuse enflent et éclairent notre cher drapeau. Il est vrai que l'on ne marche pas encore à voiles déployées. Le vieux capitaine est prudent ! Et les jeunes ? hélas ! ils ne savent pas attendre.

1er juin 1873.

Eh bien ! j'avais raison. M. Thiers, le héros dans nos désastres, a été changé contre une épée de l'Empire. Mes relations avec M. Thiers ont toujours été excellentes, et elles le sont encore. Je voudrais donner ici un échantillon de son style, à la fois bref et éloquent: mais des motifs particuliers m'empêchent de publier des lettres des derniers temps, dans lesquelles il me parle de l'Académie française et de la politique à l'Académie française.

Voici un petit chef-d'œuvre du style épistolaire de M. Thiers.

Paris, 20 juillet.

Monsieur,

En traversant Paris pour quelques heures, je trouve votre charmant volume de Virginie de Leyva, dont j'avais lu quelque chose dans les *Débats*, et que je désirais vivement lire en entier. Il m'est très-agréable de le posséder de votre main, et comme je vais faire une absence de quelques jours, il sera mon compagnon de voyage. Quant à mes sentiments pour vous, ceux qui vous en ont parlé ne vous ont pas trompé, car j'ai toujours lu avec un vif intérêt vos articles où la justesse se joint à l'originalité des idées et à la profondeur du savoir, chose rare aujourd'hui.

Recevez mes compliments les plus affectueux.

A. THIERS.

M. BERRYER

J'aime M. Berryer. Il aime la gloire et la vie, il aime la liberté.

Elle n'est pas seulement dans ses actes, elle est dans son esprit ; elle coule avec le sang de ses veines ; elle vit au fond de son âme ; elle le rend juste pour tous ses ennemis et fidèle à tous ses amis. Il a des entrailles humaines. Orateur, il n'a jamais donné ou sacrifié un mot à la vanité du rhéteur ; artiste, il n'a rien concédé aux engouements du public ; homme de parti, il n'a jamais subi la loi que les partis imposent. C'est donc le premier homme parlementaire de son pays et de son temps.

J'entends d'ici le grand mot actuel : « *Vous exagérez.* » Apparemment on exagère, quand on prononce hautement le bien ; on diffame si l'on critique le mal. Cet abaissement présent du niveau moral, qui déprime le niveau de l'intelligence et qui ne portera pas bénéfice aux intérêts matériels ; ce vaste affaissement, qu'il ne faut reprocher ni à un gouvernement ni à une assemblée, mais imputer à un mouvement universel et irrépressible nous défend aujourd'hui non-seulement tout enthousiasme, mais toute appréciation même favorable, bien entendu toute critique. J'exagère si je dis que Socrate a été très-sensé et Dante très-grand. On exagère quand on raille Cottin le poëte idiot, ou Chapelain le prince officiel des plats littérateurs de son temps.

Quelle confusion funeste !

Le blâme le plus nécessaire est travesti en calomnie; l'admiration sensée est interdite. On fait le vide; on voit le creux.

Il n'y a plus de différence entre analyser et mentir ! entre la morale et la satire ! entre la critique et l'invective ! Cette confusion annoncerait le plus triste ramollissement du cerveau des peuples, si les peuples ne se renouvelaient pas éternellement. La Bruyère exagérait donc et diffamait son époque ; mille personnages, dont il « démurait » fort lestement la vie et le caractère, étaient mécontents ! La chaire de Bossuet retentissait d'exagérations solennelles ; Raphaël exagérait la beauté, comme Molière exagérait la critique, comme Dieu a complété le mammifère en créant l'homme, avec son cerveau exagéré. Si vous vous acculez dans cette impasse, vous rencontrez le dernier repli d'une décadence mathématique et géométrique, universelle indifférence et néant. Vous échapperez ainsi aux exagérations de Boileau, comme aux diffamations de Pascal ; vous serez muets sur M. Berryer, comme sur Sainte-Beuve; muet sur toute chose; vous serez un sage peuple! propre ; bien ciré comme un parquet; aligné; dignement cadastré; mais vous renoncerez à l'esprit français. Depuis Montaigne jusqu'à Balzac et Stendhal, il juge ; c'est sa mission. Dès qu'il ne critique pas, il s'abdique. Que serait-il, s'il n'était critique ?

Par la voie de l'Ecole polytechnique, de l'industrie

et de la science appliquée avec succès à la matière, nous sommes entrés dans une période de relâchement moral et intellectuel ; période amollie de ménagements, d'atermoiements, de tempéraments, de crépuscule, de demi-teintes, de nuances équivoques, qui donnent plus de relief à la simple dignité du caractère de M. Berryer. Intelligence claire et large, servie par de virils et souples organes, dominée par la force superbe de la volonté ; fermée aux notions vagues et incomplètes ; aux demi-obscurités et aux chicanes, il est puissant par la seule expression spontanée et nue des notes vraies, c'est-à-dire par le verbe seul. Sans rien enlever à son influence, il pourrait ne jamais « imprimer », même ne jamais « écrire ». Parler serait assez. La plume et la presse, deux procédés artificiels, bien que nécessaires, n'ayant pas la primitive netteté de la « parole parlée », le gênent, ou du moins ne lui suffisent plus.

La parole le sert merveilleusement parce qu'il est l'homme le plus « naturel » de son temps. Il ne farde rien. Il a toujours des impulsions, et jamais de caprices ; le cours de sa vie procède par grandes vagues honnêtes, par flots successifs de probité, de sens moral et de générosité sans effort.

Né en 1790, appartenant à la génération qui couronna le dix-huitième siècle, il en a l'ampleur, l'audace, le tempérament, l'ardeur d'espérance, l'amour de la lutte, sans que d'autres influences, soit chimériques, soit haineuses, l'aient atteint. Dès l'enfance il apprend la noble résignation des vaincus. Il ne se détachera jamais des minorités opprimées ; il en acceptera les douleurs ou les humiliations, plutôt que de renoncer à son opinion et à sa pensée. Sa fidélité envers son père, voué à la branche aînée des Bourbons par reconnaissance et par principes, prélude à la série de toutes ses fidélités. Son mariage avec une jeune personne de seize ans, mademoiselle Gautier (il en avait vingt-deux), l'engage dans la voie du labeur pour la famille et de la vie domestique, affrontée avec ses chances et ses peines. Nos mœurs actuelles, peu viriles, qui cherchent vers quarante ans une femme et une dot comme dernier appui de nos déchéances et premier appoint de nos ambitions, n'admettent plus cela. Disons-le bien vite ; M. Berryer, par les idées et la conduite, appartient au temps à venir et au temps passé.

Une fois que le premier empire fut détruit, naturellement mêlé à la majorité victorieuse, et jeté au premier rang des triomphateurs, il ne se laissa pas envahir et emporter par la marée montante de la vengeance, que nous appelons réaction. Nous faisions alors de nos fureurs des maximes, de nos vanités des systèmes et de nos colères des échafauds, comme toujours. Persécuté d'abord à titre d'ami des Bourbons, il déplut ensuite et fut repoussé comme ennemi des violences royalistes.

Dès 1815 il protestait contre ceux qui l'entouraient et qui avaient d'excellentes raisons en faveur de la cruauté, des théories en faveur de l'oppression, des règles et des discours pour s'autoriser et se satisfaire dans le mal.

Il défendit les royalistes contre les poursuites judiciaires ; les impérialistes contre leurs adversaires : Ney — le brave — contre cette sentence inouïe que porta, en toute pureté de conscience, le Sénat du temps ; puis le général Donadieu ; Audry de Puyraveau :

Voyer-d'Argenson ; Chateaubriand ; Canuel ; Lamennais; Cambronne et de Belle qu'il sauva. A toutes les passions qui voulaient tuer, il opposait l'éloquence et le sentiment humain. A mesure que dans la meurtrière guerre de nos diverses conditions, de nos races hostiles et de nos partis déchaînés, le vainqueur insolent prétendait faire du vaincu son esclave ou sa victime, Berryer se présentait, faisait obstacle. et réclamait. L'éloquence était au niveau de l'héroïsme.

Si vous admettez, avec Guichardin, Talleyrand. Borgia et leur école, la ruse comme maîtresse d'une politique flottante, occupée de se sauver elle-même à tout prix, sacrifiant tout ce qui est faible aux variations accidentelles, subordonnant l'honneur au succès, la foi à l'adresse ; capricieuse comme l'intérêt, immorale comme l'égoïsme; politique arriérée, science physique et grossière de mécanicien qui expérimente ou de chimiste qui dégage les gaz ; politique de peur, qui ne se soucie de rien d'humain, et se sauve de la monarchie en adoptant la terreur, de la terreur en prenant Barras, de Barras en se rejetant sur autre chose ; — vous ne pouvez avoir aucune estime pour M. Berryer. Il représente la probité dans la vie publique ; il est populaire ; il est non pas le « libéralisme », mais la « libéralité ». Sous les formes de l'ancienne société polie, c'est l'homme de la société libre et nouvelle « Quoi ! (dit-il aux royalistes), vous êtes vainqueurs, et vous ramassez les blessés sur le champ de bataille, pour les porter à l'échafaud ! c'est une honte ! »

Quand des manipulations électorales préparaient des chambres muettes, il se révoltait : — « Vous savez, disait-il à ses amis, acheter des opinions et vous ne savez pas les défendre! » Ainsi Bailly, quand l'ignare populace traînait le pauvre savant à la mort, lui criait : « Vous voulez être libres, et vous ne savez pas être justes ! »

Par une nécessité de nos temps, il fut très-blâmé. On ne voulait pas d'un tel ami. Il était aussi parfaitement seul dans son parti que les honnêtes Montagnards, dont M. Claretie vient d'écrire l'histoire éloquente, l'avaient été en 1795 dans leur redoutable groupe. On ne le fit pas périr ; la douceur s'était infiltrée même au sein de nos folies. Mais il fut anathème ; on le délaissa en le craignant ; le conseil de son ordre le fit citer devant sa barre, comme séditieux. Quiconque pense autrement que le vainqueur est séditieux, on le sait. Membre d'une minorité imperceptible, il s'appuya sur les deux grandes majorités muettes du passé et de l'avenir, — qui sont les vrais juges; — fit tête à la majorité actuelle, bruyante, vivante, ardente, passionnée ; — celle qui condamne et frappe ; — et ne céda pas.

C'est l'honneur de sa vie.

Une dynastie nouvelle remplaça l'ancienne dynastie ; il n'émigra pas. Comprenant qu'il y avait encore une France à défendre, il prêta serment et resta sur la brèche plus seul que jamais. Ce mouvement gigantesque de vingt-cinq millions d'hommes et d'un demi-siècle en travail de liberté devait-il aboutir à l'avortement ? La question méritait de ne pas être légèrement délaissée, et certes ce n'était point par l'inaction ou l'abandon que l'on pouvait la trancher et la résoudre. Je n'entre pas dans le détail de la singulière lutte engagée par M. Berryer contre les ministres de Louis-Philippe ; ce serait remettre en cause toute l'histoire de cette seconde monarchie ; et je ne suis point tenté d'analyser en détail les sources de sa faiblesse ou de sa chute ; placée comme elle était entre des populations mal préparées pour la liberté, et une bourgeoisie trop soucieuse de ses intérêts ; privée des deux ressorts qui lui étaient indispensables, une démocratie éclairée et une aristocratie fondée ; servie par de rares talents ; minée et rongée par de petites passions en conflit, des jalousies sourdes, des haines mesquines, des rivalités envenimées et incurables qui la tuèrent.

M. Berryer avait saisi le nœud fatal et mis le doigt sur la difficulté ; trop peu de liberté pour une démocratie; trop peu de respect pour une monarchie : l'une, ignorante et avide; l'autre, incapable et affaissée.

Il usa sans pitié et sans relâche contre ce qu'il voulait perdre de cette double arme d'attaque. Puis il défendit habilement la vie du prince Louis-Bonaparte, qui fut sauvée, et essaya en vain de prévenir le soulèvement tenté dans la Vendée par la duchesse de Berry. Enfin il ne cessa pas de porter avec une vigueur d'éloquence presque irrésistible, tant le naturel, la finesse et l'audace en assuraient la puissance, des coups de catapulte redoutables à l'édifice nouveau, qui chancela quelque temps et s'écroula en 1848.

On l'avait accusé d'être « révolutionnaire ». En effet, toujours dans les minorités, et retrempant, dans cette situation amère et excellente, la forte sagacité de son génie, il avait jugé notre révolution comme elle doit être jugée. Plus libéral, plus clairvoyant, plus prévoyant, plus généreux, plus juste que beaucoup d'honnêtes et étroits esprits, que M. le duc de Broglie par exemple ; le vieux Lion monarchique, assis sur les ruines et les cendres du passé, n'avait pas espéré l'impossible et ne s'était point dressé contre l'indomptable avenir. Il lui était échappé un mot magnifique :

« *Je n'oublierai jamais que la convention nationale a sauvé mon pays !* »

Ce mot résume sa pensée et sa *liberal-mindedness* (largeur d'intelligence) ; je voudrais certes que ce mot fût français. Avec de telles idées il dut combattre les lois de septembre, ainsi que celle qui frappait les associations ; il marcha nécessairement contre M. Molé, c'est-à-dire contre une nuance très-efféminée et ultra-sociale mêlée aux intrigues, celle que MM. Guizot et Thiers, coalisés avec lui au nom d'idées plus viriles et plus libres, attaquèrent ensemble. Déjà on l'avait flétri sous Charles X pour avoir résisté aux iniquités du royalisme ; il fut flétri de nouveau sous Louis-Philippe pour sa fidélité à ses anciens maîtres visités par lui à Belgrave square. Apprendra-t-on enfin ce que valent les flétrissures des assemblées ou les triomphes politiques ? Et finira-t-on, après tant de leçons, par remplacer la vraie justice et la vraie morale sur leurs bases, dans leur sanctuaire ? Finira-t-on par savoir que le caractère est au-dessus de tous les talents, la probité au-dessus de tous les partis, la justice au-dessus de tout ? Finira-t-on par comprendre que, pour se battre dans un groupe, sous tel drapeau, on n'en est pas plus grand ; mais qu'il est beau d'avoir conscience de son opinion, de réfléchir, de commander à sa pensée, de chercher le vrai et d'y être fidèle ?

Le cynique doyen Swift disait que deux chiens, l'un

noir, l'autre blanc, se querellant dans un carrefour, forment aussitôt deux partis parmi les spectateurs : le parti noir et le parti blanc ; les passants ne savent pas pourquoi ils se décident ; mais ils deviennent noirs ou blancs, tant la guerre intéresse l'humanité, tant elle a besoin de partis. Ce sauvage instinct qui a commencé avec Caïn, peut céder à l'exercice de l'intelligence, à l'examen, la critique et la pensée libre. On ne se demande plus alors si l'on tient pour le chariot vert de l'hippodrome ou pour le costume jaune des cochers ennemis ; ou si l'on est soi-même fils des croisés ou fils de 1793, fils de protestant ou fils de catholique ; ce qui équivaut au chien noir et au chien blanc du doyen Swift. On se rend compte, on examine, on pèse sa conviction, on est homme. Si Fénelon soutient contre Bossuet une thèse favorable à l'équité je sais pourquoi je suis de l'avis de Fénelon. Si deux cents bourgeois de Paris supplient Louis XIV de chasser les huguenots, je sais pourquoi je repousse leur sentence. Discuter fortement, décider nettement.

Voilà la lumière qui tue les partis, en dégageant les opinions de leurs ténèbres.

M. Berryer, s'il eût été seulement homme de parti ou homme de succès, eût tenu deux conduites opposées à la sienne ; soit qu'il eût servi une seule passion, ou qu'il les eût servies toutes, l'une après l'autre. Homme de caractère, il n'a servi que sa bonne foi.

Ce sont les caractères, non les talents, qui font les peuples. C'est surtout de caractères comme M. Berryer que nous avons besoin.

Mettons très-haut son exemple, qui serait le plus bienfaisant de tous les catéchismes politiques. A l'époque de Cicéron, ce n'était pas cet aimable homme de lettres qui pouvait être utile, mais quelques honnêtes et fortes âmes qui faisaient défaut. Autour de Cicéron les caractères baissaient, l'égoïsme gagnait, l'ombre croissait. Il le voyait bien : il persilait avec grâce les défauts et les vices contemporains; il s'en affligeait même sans colère ; et s'en amusait tristement. — Voilà tout. Quand la magistrature romaine, séduite par les belles patriciennes, entraînée par l'intérêt, terrifiée par les puissants, donna l'exemple de la corruption et de l'iniquité ; lorsque trente juges eurent préféré le crime à la perte de leurs places, Cicéron trouva contre eux une phrase délicieuse : « Nos trente, dit-il, ont mieux aimé être infâmes qu'affamés (*Triginta quos fames non fama commoverit*). »

Voilà un joli trait, ô Cicéron ! Mais vous oubliez la République. Bizarre situation que celle de ce merveilleux talent, écrivain prodigieux, admirable homme de lettres, victime de sa faiblesse poétique et de son patriotisme débile ; dont la vraie vertu ne voulut pas, dont le vrai vice ne voulut pas davantage ; qui n'appartenait ni à l'armée des corrompus ni à celle des intègres, qui accepta la solidarité des uns et mourut comme les autres. Quant à ces derniers, étant un reproche et un blâme permanents, ils furent d'abord détestés, puis repoussés et écrasés ; ils disparurent bientôt ; cela était naturel.

Les événements d'où le second empire devait fatalement sortir, trop voisins et trop difficiles à juger, ne m'occuperont pas ici. Je n'ai voulu qu'esquisser en peu de mots ce beau caractère de M. Berryer, que le sentiment du juste et la pitié pour ses semblables élèvent si haut. Magnanimité, équité, tolérance, sont les ailes de son éloquence merveilleuse, que tout le monde a connue, à laquelle personne n'a résisté, solide d'études, habile de formes, naïve d'élan. Cette éloquence n'a point cédé au temps. Elle reste jeune.

L'avenir parlera ainsi de cet athlète monarchique, l'homme parlementaire le plus libéral de son temps ; de cet habile avocat, le plus sincère des génies oratoires; de ce vieillard vénérable, plein de flamme et de jeunesse héroïque ; de cet homme de mœurs choisies, plus populaire que nul autre ; défenseur du passé, et qui a voulu refouler les pires courants du passé. Intrigues, petitesses, tout ce que les vieilles sociétés enfantent de lâche, de fou et de cruel a été combattu par lui à ses périls ; et l'on s'étonnera peut-être, tant nous nous sommes éloignés du vrai et de l'absolu, pour courir à l'utile à l'accidentel, au faux, que j'ose, né dans des rangs si opposés aux siens, parler de lui comme en parlera l'avenir.

Voici, en effet, un moment bizarre de l'histoire française et de l'histoire européenne. Depuis trois siècles le sens critique, qui n'est autre que le sens historique, composé de la vérité et de la morale, élucidées par la raison, s'est développé dans les écrits, les discours et les livres, de manière à effrayer ceux qui n'aiment ni la raison ni la vérité. La peur est féroce. Il sera longtemps très-difficile d'arrêter ce mouvement, longue vibration de la peur.

Les masses le favoriseront si elles n'aiment ni la raison ni la vérité. Dès qu'elles seront aptes à la lumière, prêtes au bien, ennemies de la force et sévères pour la fraude, elles n'auront plus peur.

Elles réveilleront alors le sens critique. Jusque-là, point d'espérance. Il faudra subir les barbaries et les ignorances. Ce même sens critique et historique leur semblera satire, opposition, épigramme, malédiction, anathème et crime. Elles traiteront la philosophie, la discussion et la pensée comme les noirs amateurs de fétiches traitent la religion chrétienne, ou comme les Grecs sauvages, que dépeint Homère, traitaient les orateurs de l'opposition, si malmenés dans l'Agora : « Mendiant! misérable! louche! bossu! dit Odysseus, tu oses mal parler du pouvoir ! » Et l'insolent harangueur frappé sur le dos du sceptre armé de clous, se rassied en pleurant. La foule qui l'entoure se moque de lui ; elle « marque par ses huées », dit Homère, peintre admirable de ces mœurs barbares et de cette populace primitive, combien elle est heureuse de voir l'ordre rétabli, le misérable meurtri, la discussion fermée, l'autorité forte et le sens critique réduit au silence (1).

Il y a bien longtemps que le farouche Achille traînait le cadavre sanglant du vaincu autour des murs de Troie, et que les observateurs étaient traités de Thersites !

J'honore surtout M. Berryer de ce qu'au milieu des haines, des dédains et des vengeances, légués par la Révolution française et la Monarchie, il s'est maintenu libre de haine. Ainsi, rien de bas n'est dans sa vie : ni intrigue, ni rancune, ni politesse ; on sent chez lui quelque chose comme la passion de la bonté. Elle émane de lui et fait qu'on lui pardonne cette lutte contre son époque et ce peu de conformité avec les avachissements de son temps, ce contraste qui chez un homme moins évidemment généreux révolterait tous les amours-propres et armerait toutes les jalousies. Supposez dans les divers partis

(1) Voir l'*Iliade*, chant II, vers 213 à 217.

beaucoup d'hommes comme Berryer, la générosité s'établira dans la lutte, la loyauté dans la discussion ; les principes contraires se heurteront, mais ne briseront pas le terrible travail de la Révolution ; le travail de vingt-cinq millions d'hommes effroyablement agités et souvent coupables n'aurait pas abouti à un cruel avortement. Le mépris de l'individu ne serait pas éclos de cette tempête des masses, et notre sotte indifférence n'aurait pas succédé à nos fureurs. Avec des âmes serviles et de dociles esprits, aucune révolution ne créera la liberté ; avec des âmes comme celle de Berryer et des intelligences libérales, la plus sévère monarchie engendrera la liberté.

Il n'y a pas d'homme plus éloigné du pouvoir absolu que M. Berryer. Il touche par ses qualités à Fox le Whig, comme Carrier le démocrate, tyran au nom de tous, touche à Néron. Le malheur de la monarchie et son crime ont été de rendre très-rares les figures comme celle de Berryer, celles qui ont une attache à la vérité, point de rhétorique, et qui, cultivant la société et le talent, aimant la gloire et la vie, gardent des entrailles humaines ; qui, fidèles aux engagements, au milieu d'un peuple qui les renie, ne renient pas le bien et la conscience. Il est aussi très-moderne. Car il ne croit pas permis de violer la justice pour acquérir le pouvoir ; ce qui était l'avis de César et n'est plus celui de Washington. Mais son contemporain et collègue le duc de Broglie tenait à la lettre morte du Code.

LE DUC DE BROGLIE

> Le duc de Broglie n'a laissé aucune trace sérieuse. Dans la vie politique c'était une nullité dangereuse par son titre et par sa très-honorable médiocrité. Ami de Guizot et de Berryer, je dirai mon opinion sur le duc de Broglie, ses écrits et ses discours.

Les bonnes intentions dont la vie de M. de Broglie a été semée, l'estime méritée qui couronne sa fidélité à ses opinions et à ses maîtres, sa famille même, ses antécédents, le groupe auquel il appartient, le beau nom de Mme de Staël, femme admirable, héraut et guide des penseurs de ce siècle, l'âge auquel il est parvenu au milieu des respects publics, mille considérations enfin arrêtent l'examen et suspendent la plume de l'honnête homme lorsqu'il veut, en dehors de la flatterie et du dénigrement, déterminer la place qui revient à M. de Broglie comme homme politique et comme écrivain.

C'est une place isolée, estimable, tout à fait à part; et il y a quelque témérité à la mesurer. Je le tenterai cependant.

Il n'a point failli ni faibli. Sa retraite, je ne veux pas dire cette défaite qui l'a banni trop tôt du champ de bataille, ce métier de vaincu sans honte, qu'il soutient bien et dont il peut revendiquer l'honneur, ont quelque chose de touchant, de beau et de noble Toutes les convenances le protégent, tous les ménagements lui sont dus, mille vertus lui servent de rempart.

Mais si ce sentiment, très-vif chez moi, s'exagérait trop, que deviendrait l'histoire? que deviendrait la critique ? Il n'y aurait qu'à se taire : ce respect excessif amènerait l'insulte ; l'épigramme hostile répondrait au panégyrique effronté. Plus de vérité, plus de critique, plus de jugement libre et sensé.

Toute discussion sur la vie et sur les hommes serait ainsi détruite à jamais. Ne jugez rien, dirait la société, cela me gêne. Retombez, Byzantins, dans le culte aveugle de la formule sociale ; vous vous vengerez ensuite par l'ironie et le sarcasme. Soyez lâches : vous serez un jour insolents à votre aise. Ce valet brodé, Procope de Césarée, insulteur et flatteur, écrivant de la main droite ses éloges et de la main gauche ses satires, nous a donné l'exemple.

Procope m'inspire du dégoût et de l'horreur.

Serions-nous arrivés à cet état d'idiotisme et de néant absolu qui ne nous permettrait plus de lever les yeux et de déchiffrer les hommes? Quoi ! on n'épelerait même plus les étiquettes dont il plaît aux diverses évolutions de nos phases sociales d'enrichir et de marquer tour à tour leurs favoris d'hier ou leurs proscrits de demain ! M. de Broglie appartient à l'élite des uns et des autres. Il laissera après lui le souvenir de belles tentatives, même malheureuses, et une certaine saveur de probité politique fort rare, à laquelle il faut rendre hommage. Est-ce une raison pour ne pas dire le reste, pour ne pas chercher en quoi il a servi le pays, l'intelligence, la législation ou l'œuvre littéraire, pour ne pas s'enquérir des résultats de sa longue et estimable vie ?

En lisant avec attention, sans parti pris et avec toute la déférence que mérite l'auteur, les quinze cents pages dont se composent les trois volumes de ses *Discours* et *Écrits*, on est frappé de la teinte grise et de la lourde brume qui envahissent le lecteur. Une foule de lois pénales et civiles y sont approfondies et discutées ; les plus grands sujets y sont abordés ; les plus redoutables catastrophes y sont rappelées. Tout ce que l'histoire, la philosophie, l'économie politique, éveillent de questions ardues, y est passé en revue, soulevé, tamisé, analysé, soumis au scalpel.

De cette lecture, que reste-t-il ?

Le trouble.

Pas même une brume lumineuse. Les conclusions flottent indécises dans une demi-teinte opaque. Rien de hasardé, rien de conquis. L'imagination est écartée, l'élégance évitée, l'éloquence bannie, l'esprit même étouffé avec un soin farouche. L'auteur met du génie à se garantir de tous les excès et à éloigner les malheurs du génie. Il répudie même la grammaire, dont les règles sont à chaque page violées ou cruellement traitées ; tant ce puritanisme de l'homme d'affaires est sévère, délicat et content de lui-même. Pas une fleur, pas un fruit. Les ronces administratives enchevêtrent les pieds. Les solutions ne se présentent jamais. Les principes élevés restent dans le nuage.

En quittant cette effrayante lecture, vous croyez sortir d'une forêt d'arbres morts, auxquels sont suspendus les squelettes d'une foule de lois desséchées, qui se sont suicidées comme dans les Mabbolge du Dante. Nul rayonnement, même lointain. Pas une étoile. Burke, Royer-Collard, Guizot, Chatham, avaient de ces audaces. Ici, rien : la mort et la stérilité!

Une main froide, la main de la formule, dose les lois, pèse les articles, s'arrête, reprend la balance, cherche un équilibre précis, ne le trouve pas, distingue, essaie, hésite ; et de minute en minute, de milligramme en milligramme, arrive à nous convaincre que ce fatigant métier est sans valeur. Que de peines! on dirait que la sobre prudence du protestantisme extrême s'est infiltrée dans la vénération aveugle du catholicisme ancien à genoux devant la tradition consacrée. Genève et ses origines vous poursuivent. La crainte des salons parisiens et de leurs ordres despotiques vous assiége aussi. Comment un être humain, noble, éclairé et bienfaisant, sous tant d'asservissements subtils, sous un poids si redoutable de condescendance éternelle et de sacrifices à la mode, sous une cuirasse si épaisse de rigorisme aux mailles complexes, a-t-il pu respirer et marcher? Comment a-t-il pu marquer le pas à la tête de la société française ; être accepté par elle ; passer pour maître et pour directeur ; et puiser une sorte d'autorité dans cette misère infinie? Pour moi, après avoir lu et commenté, jusqu'à l'épuisement, les quinze cents pages de cet homme excellent, je lui confierais certes le dépôt le plus précieux ; je mettrais ma fortune entre ses mains ; je tâcherais de me modeler sur sa conduite de 1810 et 1838, qui fut admirable ; je m'en rapporterais aveuglément à lui sur une foule de questions litigieuses ; mais sur une question politique, sur une affaire d'Etat, sur un problème d'histoire, sur un caractère, sur une formule, sur un homme ! ah ! que je m'en garderais bien !

Un homme, surtout !

Entre l'humanité et cette nature trop laminée, trop sociale, trop domptée par le factice, trop entravée et trop aveuglée, s'abaissent vingt voiles épais, s'élèvent vingt barrières de plomb : le Code civil, le Code de procédure, le Cabinet du chef de bureau, le Barreau, le Bulletin des Lois, le Conseil d'État, le Confessionnal, la Chambre des comptes, en y mêlant un peu du prêche de Calvin et de Genève dans le lointain. Immense tissu, réseau multiple de chaînes délicates ; — scrupuleux comme le pharisaïsme, terrible comme la chicane, plein de fines arguties, de respectables autorités et d'hésitations honorables. De là un formalisme absolu, doux et inexorable, adopté comme un nid ou un asile après le combat par ce tempérament mitigé, timide, moyen, qui n'atteint jamais le fond des choses, qui se contente des formes, et qui ne peut ni mesurer les cimes ni saisir les ensembles. De là un style sans style, une action politique sans action, des systèmes philosophiques sans vitalité.

J'ai dit : après le combat. La résolution dans la lutte, le besoin du juste, la forte droiture ont suppléé à tout, pendant le combat. C'est après le triomphe et dans la force de l'âge et de l'espoir qu'il est triste de voir l'athlète frappé d'impuissance ; une âme si honnête accomplir si peu ; une intelligence si droite chanceler incessamment ; une plume si inquiète de bien écrire s'abîmer dans le vague ; enfin ce que le dix-neuvième siècle a pu produire de plus incorrect et de plus épais, composer l'œuvre académique de M. le duc de Broglie.

Peut-être ne devait-il pas en être autrement. Cette époque honorable, intermédiaire et de transition (la seconde décade du siècle), époque à laquelle il appartient essentiellement, à laquelle il convenait fort, ne pouvait que rester à demi ou au quart de toutes choses. Elle succédait au double et splendide orage de la révolution politique et du premier empire. On en était aux fractions. On louvoyait comme on pouvait. Un peu de Charte, un peu d'ancien régime ; un peu de Voltaire, un peu de jésuite ; un peu de compression, un peu de révolution ; un peu de Delille, un peu de Victor Hugo ; un peu de Rollin, un peu de Shakspeare ; cela calmait les haines et faisait attendre. Mille écueils à éviter, mille souvenirs à éteindre, mille atermoiements à faire accepter. Nul essor vers les horizons libres et l'avenir ; tout était mêlé, troublé, incertain.

Que de groupes confus et divers dans cette société française de 1810 à 1830, où M. de Broglie a brillé et qu'il a souvent dirigée, servie et charmée. Avant de dire quelle place y fut la sienne, cherchons un peu ce qu'elle était.

On n'écrira point sans mettre le duc de Broglie en première ligne dans cette histoire de la civilisation et des partis sous Louis XVIII et Charles X. Histoire difficile ! Quel esprit anecdotique et quel pinceau naïf s'en chargera ? Qui en fera vivre le mouvement et le détail ? ceux qui ont mené l'époque ne le peuvent pas (1). Surtout

(1) Les *Mémoires* de M. Guizot éclairent d'en haut et d'une clarté sereine ces curieuses origines de 1830, sans condescendre aux détails.

qui trouvera dans son honnêteté et dans la hauteur de son esprit l'indépendante pensée, apte à tout juger, soit au fond, soit dans la forme, sans vouloir autre chose que le vrai, sans exalter son propre groupe, sans haine préconçue, sans aspirer à la destruction de l'ennemi, sans exterminer l'adversaire.

Vaincre !

C'est là notre antique et superbe misère.

Vœ victis ! Détruire ce qui nous déplaît. L'histoire ne connaît qu'un ami ou un ennemi. En France l'ennemi est partout, et il ne doit pas vivre. Et l'ennemi pour Louvois, c'est le protestant qu'il envoie au bagne ; pour Collot-d'Herbois, le prêtre et le noble qu'il jette au bourreau ; pour chaque parti, le but est le triomphe exclusif ; pour chaque idée, la vie triomphante et sanglante, souriant à la mort de l'idée adverse. Tempérament contraire à l'histoire, polémique terrible, admirable et dangereuse, que la trombe révolutionnaire de 1789 vient irriter, enflammer et porter au comble. Gœthe, lorsqu'il vit le vent s'élever (il portait le fusil à Maëstricht, à peu près comme plus tard de Vigny), s'écria : « NOUVELLE ÉPOQUE DE L'HUMANITÉ, JE TE SALUE ! VOICI LA PLUS GRANDE CATASTROPHE DES TEMPS MODERNES. »

Oui, certes. Et la plus riche de conséquences et de résultats inattendus ou inouïs, mais la plus difficile à peindre.

Les parents de M. le duc de Broglie avaient cruellement disparu dans cet orage qui, après avoir soulevé les dernières couches de sable et de limon et arraché les grands arbres, avait promené sur l'Europe la colère disciplinée du Gaulois. Ce Gaulois était le même que par le passé. L'homme de Jules César, de Louis XIV, de François Ier et des Croisades, grandi et plus étincelant, mais le même, vivait toujours. Vingt fois, après 1789, avec son étourdie confiance, il s'était cru sorti de l'ancien régime ; il l'avait repoussé, renié, frappé, et il était plus que jamais dans l'ancien régime. Il avait renversé follement le trône et n'avait pas renouvelé la séve. Toujours il avait en honneur la tradition, l'obéissance, les complaisances sociales, le culte de la hiérarchie et de la violence oppressive, l'amour du pouvoir central, le respect du voisin, l'abnégation de l'opinion personnelle, l'adoration du milieu ambiant et l'impuissance de l'examen libre. Toujours même adorable agilité d'esprit et charité d'âme ; toujours même facilité à verser son héroïque sang, à comprendre vite et à répandre généreusement l'idée ; toujours même fièvre oratoire et guerrière ; toujours même inertie de la conscience publique devant la force victorieuse ; toujours même aptitude à acclamer le vainqueur et à livrer au pouvoir la responsabilité du bien et du mal.

Ames généreuses mais trop enfantines, vous aviez jadis toléré la Saint-Barthélemy et les dragonnades, plus récemment les journées de septembre ! Que faire de vous? De la gloire !

Lois, massacres, discours, avaient vainement passé leur niveau ; victoires, génie, merveilles de toutes sortes n'avaient rien changé. Aux masses populaires, le drapeau ; chez l'aristocratie en débris, vieille élégance et rancune ; à chaque groupe, ses souvenirs, ses vengeances, ses haines. Personne n'oubliait ; c'est le propre des tribus primitives.

Il fallait voir à cette époque de quels signes ineffaçables les indomptables passions marquaient les familles. Ici, l'empreinte d'un doigt sanglant tachait le front du fils de l'émigré; là, le fils du conventionnel; plus loin, le chouan ou le libéral; pour ceux-ci le prêtre, pour ceux-là le détenteur des biens nationaux, étaient anathème. Étrange et douloureux déchirement; état sauvage et moralement barbare du peuple le plus civilisé de la terre, le plus doux dans ses mœurs et le plus magnanime dans ses actes ! Il ne savait pas se détacher de la haine, s'élever jusqu'à l'impartialité, se dégager du passé, juger l'homme, créer l'individu, jeter au vent le préjugé, la formule et la vindicte ; en un mot de toutes ses fractions ardentes et sanglantes, de toutes ses vengeances apaisées, former la patrie!

Ce fut le vœu du petit groupe dont M. de Broglie ne fut pas l'élément le plus brillant ni le plus doué, mais peut-être le plus énergiquement sincère.

Il ne faut pas croire que ces fractions parvinssent à s'équilibrer régulièrement. Tout au contraire. Elles se combattaient, se rejoignaient, se dissolvaient tour tour et formaient un ensemble étrange, un chaos mobile et inextricable. L'esprit révolutionnaire (ou si l'on veut, l'esprit nouveau) ne se trouvait pas dans les classes populaires proprement dites ; il y avait des mpérialistes parmi les nobles de race, et des royalistes dans les classes agricoles ; il y avait des libéraux dans le clergé et des royalistes parmi les libéraux.

L'esprit nouveau n'avait pas eu le temps ou la force de se développer, étouffé qu'il était par le génie antique, celui de la France romaine et féodale. Nul n'avait encore appris à vivre par soi-même et à respecter l'individu. C'était toujours le maître que l'on appelait du regard et des vœux ; l'autorité qui centralisait la force vitale pour la répandre, comme le soleil au ciel. Les uns tournaient leurs regards vers le colonel; les autres vers l'évêque; la plupart vers la cour; quelques-uns vers le commissaire de police, et d'autres, hélas! vers Marat et Chaumette; car, il faut bien le dire, ces derniers n'avaient fait que reproduire sous d'épouvantables et monstrueuses formes la même adoration brute de la force, culte de l'exclusif et de l'absolu. Ils commandaient comme Louvois, ils exterminaient comme Louis XI.

Ce n'était point la masse française d'agriculteurs soldats, de bourgeois spirituels, de nobles cruellement éprouvés par la Révolution, qui méditaient et espéraient l'avénement d'un autre mode social; c'était un noyau infiniment petit, comparativement à la population française. Datant de la fin du dix-huitième siècle, affilié aux idées du germanisme et aux traditions anglo-helvétiques, prêchant le jury, l'élection libre, la discussion libre, il rattachait son origine aux premiers linéaments de liberté publique qui s'étaient annoncés sous Turgot et Necker. Je voudrais qu'un homme désintéressé et pénétrant (comme était M. Joubert) ressuscitât tous les personnages, un peu genevois, un peu anglais, moitié de salon, moitié d'affaires, éclairés, aimables, subtils, qui s'agitaient sous l'inspiration, sous l'impulsion de plusieurs femmes distinguées, et qui espéraient annuler la Révolution tout en la régularisant; la féconder en l'épurant; concilier, élaguer, éliminer, accorder, réparer; jeter dans le gouffre de l'oubli les scories impures ou sanglantes des années précédentes; —.enfin, de tant d'éléments confus et diffus, faire jaillir une lumière nouvelle comme une aurore. Les aurores, vers la fin de la journée des peuples, sont chose rare. Aurore boréale ; excellente si elle avait son midi. La jeune fille amoureuse de Télémaque aurait fait bon ménage si elle avait trouvé Télémaque. Aux amis de Mme de Staël, centre de ce groupe, que je ne déprécierai pas, dont M. de Broglie devint bientôt l'homme d'affaires, l'avocat consultant et le législateur spécial, une seule chose manquait : un peuple.

La beauté de la première partie de la vie de M. de Broglie appartient à cette opposition, non violente, mais modérée et loyale, dont le vrai chef était Mme de Staël. Napoléon, auquel on a beaucoup reproché sa conduite envers elle, avait surtout le tort de l'avoir devinée. C'était bien l'auteur de *Dix années d'exil* et des *Considérations ;* c'était elle qui, à la tête des idées libres du Nord, non-seulement anglaises, mais teutoniques, aidée de Benjamin Constant le Lauzannais, entourée des Bonstetten, des Sismondi et des Dumont, portait l'oriflamme du droit personnel, de l'individu libre, de l'enquête active et de la force morale, adoré au Nord, contre le drapeau éclatant et sévère de l'unité traditionnelle, contre le génie du Midi, Napoléon, c'est-à-dire l'unité, la discipline, le passé, l'État ; idées qui certes ont leur grandeur. Dans un pays créé par les Césars et plongé dès le berceau dans l'unité et le catholicisme, dans la tradition et la monarchie, réaliser la création de ce monde nouveau, contraire, dont on avait pu admirer, mais non s'assimiler le génie, voilà le problème. Pour moi, presque enfant, revenant du Nord, où ma seconde éducation s'était achevée, j'ai vu la difficulté, honoré les alchimistes et tremblé pour leur œuvre.

Les réformes qui réussissent sont celles dont la

base est très-large ; une cime éclatante et rayonnante ne suffit pas. A la pointe même de la pyramide, et comme couronnement de la société civilisée, brillaient le beau génie féminin dont j'ai parlé et ses acolytes. Nos assises inférieures, militaires, agricoles, commerçantes, restaient ensevelies et noyées dans leur obscurité séculaire ; quelques-unes dans un marécage d'envie, de passions incertaines et d'aspirations nobles et inconscientes. Qui aurait pu rétablir l'harmonie et la lumière eût sauvé le pays. Mais le manque d'accord entre les diverses parties de notre monde, le peu d'intérêt que prend la masse à l'action politique, enfin la mauvaise préparation de vingt siècles ont entraîné les chutes et les avortements du principe nouveau. La discorde ne crée pas. L'aspiration qui soutient le désir ne supplée point à l'éducation du temps, seul propre à préparer le succès.

Porté par son courant supérieur, M. de Broglie, sincère, laborieux, éclairé et dévoué, eut là quinze belles années que tous pourraient lui envier. A peine d'âge pour siéger à la Chambre des pairs, son premier accent fut grand et noble ; il essaya d'accord avec Berryer de sauver le maréchal Ney, sacrifié à notre éternel *Væ victis !* Le maréchal fut frappé.

Une série de graves et forts combats en faveur de la tolérance, de l'amn[illegible], du droit de discussion, de la presse libre, de la liberté individuelle, de l'abolition de la traite, continua dignement ces commencements généreux. Tant qu'il fut armé chevalier par la société, sous les yeux de laquelle il luttait, sous l'inspiration de ses spirituels tuteurs, femmes et hommes, il ne perdit rien de cette force héroïque. L'accroissement de puissance naît de la lutte. Sans jamais atteindre l'éloquence, il exposa des convictions honnêtes et hautes avec une énergie efficace. Toute cette portion de la vie de M. de Broglie sera précieusement conservée et enregistrée par l'histoire.

Après le triomphe il faut fonder. Comment M. de Broglie va-t-il s'y prendre ?

Il faut l'accomplir, ce travail de rénovation. Il faut faire tourner la France sur son pivot, de Louis XIV à Guillaume III, du passé à l'avenir. Ce n'est point commode. Mais il le faut !

Comment un moraliste tel que lui peut-il permettre au paravent des salons, aux couloirs des assemblées, aux barrières du greffe, de lui intercepter la vraie vue des choses et des hommes ? Comment, dès la première minute, n'a-t-il pas inauguré ce travail, le renouvellement intime, populaire, non pas borné à une centaine d'hommes bien élevés et influents, mais général du pays ? Comment ne pas songer à cette éducation de l'individu, à cette culture humaine, à cette transformation de la vieille âme sociale, à cette difficile greffe morale, à cette transfusion d'un sang libre dans des veines héroïques, première et indispensable nécessité ?

Quel agriculteur espérerait la moisson sans avoir défriché, remué, fumé le sol ? Pourquoi la grande question de l'éducation morale de la race, admirablement soulevée par M. Guizot, est-elle restée sur le papier ? Et comment tant de politiques excellents en fait de lois, de budgets ou de manœuvres, ne se sont-ils pas doutés que cette question existât ?

M. de Broglie jugeait la Révolution d'un point de vue étroit essentiellement faux ; il ne voulait pas voir par quel enchaînement de conséquences et d'engendrements la monarchie a enfanté la Convention; Quesnay a enfanté Turgot; celui-ci, Mirabeau et Barras; ces derniers, Brissot et Marat; et de proche en proche, par des pentes, des chutes et des catastrophes irrésistibles, la restauration de l'unité sous forme d'empire; puis la restauration du principe contraire; puis les diverses péripéties à travers lesquelles le vieux principe français, gallo-romain, de discipline, d'hiérarchie, méridional, unitaire — le passé — ardemment combattu par le flot de l'idée nouvelle écumante, a toujours reparu comme le rocher sous l'écume.

Rattacher 1780 à 1830, sans acception des années intermédiaires, voilà le programme et la chimère.

Supprimer un demi-siècle!

Est-ce que l'on biffe de l'histoire ses fautes ou même ses crimes, comme on écrit à la marge d'un bail de location et d'un contrat de vente : vingt mots rayés, nuls?

M. de Tocqueville voyait mieux! L'œil d'aigle de Gœthe, même le regard enflammé de l'Écossais dithyrambique Carlyle (1), étaient moins aveugles. Quoi! cette grande cataracte, accumulée par la vieille idée gouvernementale de Richelieu et de Louis XI, — vous espérez, après tant de chutes foudroyantes et tant d'abîmes parcourus, vous espérez en détourner un petit flot pour l'installer paisible dans votre petit canal de notaire, aligné avec précaution pour le recevoir! Ouvrez donc un lit, épurez donc

(1) V. la nouvelle traduction de son œuvre si curieuse, par M. Odysse-Barot Consultez aussi Dahlmann et Sibel. Les étrangers sont bons à entendre, surtout quand ils déplaisent ou contredisent.

l'onde, aplanissez le rocher noir et redoutable, le danger passera.

Ce défaut de largeur et de hauteur dans le point de vue fausse tous les résultats de M. de Broglie. Soutient-il l'immortalité de l'âme contre le docteur Broussais, il argumente en homme de loi sur des preuves et des dossiers ; il a des restrictions, des amendements et des citations d'arrêts juridiques, comme s'il s'agissait du mur mitoyen ; il cherche des titres à ce qui n'a pas de titre ; il veut des preuves de procureur là où il n'en peut trouver.

De même dans la question si mal soulevée et si mal discutée des classiques et des romantiques. De même dans sa critique de Shakspeare et d'Othello, il ne les blâme pas ; il est même assez novateur comme il convenait dans le salon de Mme de Staël. Il se rit sans trop de gêne des « palmes académiques. » Mais ce beau drame de caractère et de passion n'est pour lui qu'un procès criminel devant la cour d'assises. Quand la Vénitienne raffinée, fille d'une civilisation poétique, Desdémone, amoureuse de l'héroïsme plutôt que de l'homme qui le représente, affirme à sa suivante qu'elle n'a pas été égorgée par le Maure, et prétend qu'elle s'est suicidée ; — M. de Broglie croit qu'elle a voulu épargner au barbare l'ennui du commissaire de police, du juge d'instruction et de l'arrestation. Eh ! mais non ; c'est qu'elle l'aime ! Elle a honte de la crédulité féroce de son idole. Elle protége l'honneur de l'être choisi ; elle efface l'assassin et conserve le héros. Que ce mensonge de Desdémone produise ou non de l'effet sur le public, peu importe ! C'est un des plus beaux rayons que Shakspeare, l'homme de la divination philosophique, — non l'homme de loi, — ait fait jaillir de l'âme féminine.

Quant à l'éloquence de M. de Broglie, depuis 1830 elle s'affaisse, s'empâte et s'enfouit tristement. Quant au style, la seule liste des impropriétés qui fourmillent à toutes les pages de ses œuvres serait infinie. Elle semblerait le fait d'une malveillance délibérée qui est loin de moi. Tant de solécismes, de barbarismes et de licences que le noble auteur s'est permis prouvent que l'homme d'affaires et de parlement, le maître d'une situation haute et considérée, s'est peu soucié de Lhomond, de la convenance, de l'emploi des termes, de la construction des phrases, même de cette élégance simple et appropriée, ornement naturel du style législatif, administratif ou technique. Il n'a pas même ménagé la loi première de la langue française : la clarté.

Il nous apprend que le législateur, « en disposant de la vie du condamné, compromet son salut éternel ; » le propre salut du législateur, apparemment! C'est le contraire que M. de Broglie veut dire.

« Faire dans un but, aller dans un but, » et l'emploi de son, sa, ses, appliqués aux objets inanimés, deux fautes énormes, fréquentes dans les trois volumes et reproduites à satiété, attestent l'extrême sans-façon et le laisser-aller d'une plume qui ne craint pas les critiques. Les améliorations, au lieu de s'opérer, se « manifestent; » — on ne reste pas sans nourriture, mais « on demeure sans manger ; » — on ne regarde point le passé, mais au passé ; — on se compromet à... quelqu'un, au lieu de « se compromettre avec... » le roi, au lieu de fonder son opinion, « se fonde sur... » — M. de Broglie se *pose* une idée : —

Il veut affirmer que « s'il n'est pas en état de résoudre une question, personne n'est en état de la résoudre, — et il écrit « personne ne *l*'est ! » au lieu de *y* est. — M. le duc nous a donné la cacographie. Je demande en grâce le cahier de corrigé !

La disette d'imagination et d'idées le force aux plus bizarres répétitions des mêmes mots : — En conséquence... Il faut en conséquence... La conséquence... — En six lignes, dans le discours sur la reconnaissance de la reine d'Espagne (t. III, p. 15), vous avez sept fois le mot danger : — « Quel est le danger? Ce danger... C'est un danger... Le danger... Voilà le danger ?... Éviter le danger... Accepter le danger !... » — On ne le croirait pas, et cela semble une gageure. Le mot brutal frappe ainsi sept fois, comme une lourde massue, sur le même fait qu'il veut enfoncer.

Dans les œuvres purement littéraires on est encore plus affligé de ces dures libertés, de ces lourdes innovations, de ces analogies brisées, de ces expressions mal connues. Il y a un certain essai sur l'art dramatique, où, par parenthèse, M. le duc est assez romantique et shakspearien mitigé. On y voit les facultés humaines marcher de front... et du même pied, et se suivre à la file et se porter en avant. Comment trouvez-vous ce front, cette file, ce pied, et cette marche en avant... le tout pour les facultés humaines ?

Le discours de réception à l'Académie française se termine par une confusion étrange du futur et du passé : « Une voix entendue (passé) se trouve être la voix qui sera entendue un jour (futur). » L'auteur a voulu dire : écoutée, et s'est trompé de mot.

Son exhortation aux classiques, qu'il encourage à lutter de talent avec les nouveaux venus, est libellée dans le même style peu classique. Tous les mots y sont impropres ; le sens se laisse à peine deviner. Il faut citer ce fragment :

« Amis du genre classique, dit M. de Broglie (avec cette autorité supérieure qui affermit le ton), sachez-le bien à votre tour, la rivalité *avec* le genre romantique est son seul moyen de salut. » Il s'agit du salut des classiques. L'amphibologique mot son est une faute de français grave, et ne peut s'appliquer à ce genre. On dit rivaliser avec ; on ne dit pas rivalité *avec*. Il ne suffit pas d'être le rival, il faut dépasser son rival ; et l'emploi d'*avec* après ce substantif est intolérable.

« Il est mort aujourd'hui. »

Qui est mort ? Le romantique ou le classique? Continuons cette étrange révision d'un style inouï :

« Les imitateurs l'ont tué. » Les imitateurs de quoi? Qui est tué ?

« Les copies de seconde et de troisième main nous en ont inspiré un insurmontable dégoût. »

Je ne veux pas multiplier les chicanes ; je ne parle pas de cette prodigieuse cacophonie : « ont... on... ain... en... ont... in... un... in... on... » et de cette cataracte de nasales dont même un étranger aurait évité le désagrément ; mais pourquoi cet emploi du mot *en* — emploi qui certes ne peut se justifier ici? Continuons :

« Il renaîtra sans doute, mais il ne renaîtra *que* transformé, que dégagé des entraves dont on l'a mal à propos entortillé, *que* libre dans son allure, *en* se frayant une nouvelle carrière. »

Je demande comment, avant d'être né, on se fraye une nouvelle carrière ; comment une « entrave » qui n'est point un lacet ou un filet nous entortille ; et lequel renaîtra, — le romantique ou le classique ? Convenons qu'il n'y a rien de français dans ce style, et que si l'on peut l'expliquer par les origines italiennes ou genevoises les plus honorables, par les généalogies et les antécédents de M. le duc de Broglie, on ne peut d'aucune manière le proposer pour modèle. Les concurrents académiques, ceux qui apportent leur prose à M. le duc, appelé à les juger, se garderont bien de se modeler sur cet exemple. « Se calquer » (c'est encore là une fausse expression, favorite de M. de Broglie) sur le moule incorrect et *in*précis d'un tel style serait fort dangereux.

Que dire de mille autres passages comme celui-ci :

« Il n'y a pas jusqu'à ces romans qui *ne déposent* par leur immense *popularité* de la *popularité non moins grande* de cette disposition d'esprit qui les inspire. » Il faut, en vérité, avoir été ministre d'État et avoir siégé dans toutes nos assemblées délibérantes pour oser conférer à ces phrases barbares le droit de « bourgeoisie, » sans que personne ose exercer sur elles le droit de visite et le droit d'extradition.

La plume me tombe des mains... et quand je reporte mon regard et ma pensée sur certains points lumineux de cette vie si estimable, je suis tenté d'effacer ce que je viens d'écrire. Que de témérités j'ai commises !

Quelle audace et quelle offense envers la formule consacrée ! Oser juger un style qui a son étiquette et une philosophie qui est authentique !

O partisans de cette formule sociale délabrée ! ne

voyez-vous pas que cette iniquité commère et partiale provoquerait une iniquité contraire ? Si de M. de Broglie, caractère élevé, vous n'aviez pas voulu faire un philosophe ; si de cet esprit incapable de juger les hommes, vous n'aviez pas voulu faire un meneur d'hommes ; si de cet écrivain du greffe vous n'aviez pas voulu faire un successeur de Buffon et de Racine ; si vous l'aviez laissé à sa vraie place, à l'Académie des sciences morales et politiques, vous auriez beaucoup servi sa réputation et son honneur. Mais on s'engoue, on manœuvre, on complote : on est encore du temps charmant du chevalier de Grammont.

Le flot docile porte M. de Broglie à tous les portefeuilles, comme à tous les fauteuils. Nul ne réclame, nul ne bouge. Heureux aurait-il été si sa couronne ne lui avait pas été si facilement doublée, triplée, quadruplée ! Sans la controverse elle n'a pas de prix. *Tollis prœlium*, dit saint Colomban, *tollis coronam.* Ame droite et esprit honnête, canonisé trop tôt dans le ciel littéraire et dans le ciel politique, M. de Broglie, avant la canonisation, a eu sa belle époque. C'est d'elle qu'il faut se souvenir.

Certes, l'histoire ne parlera pas avec autant d'estime du collègue de M. de Broglie, du comte Molé.

M. MOLÉ

L'inertie, la répugnance au déploiement des forces finit les peuples ou du moins les abaisse et les diminue. Alors, non-seulement on ne travaille pas ; mais on méprise, on envie, on jalouse, on hait et l'on punit les travailleurs. Cette jalousie fatale a commencé à se faire sentir en France. Elle marque au front et sur la poitrine les nations qui s'en vont. Depuis le sixième siècle de notre ère, elle saigne à blanc l'Italie. Guelfes et Gibelins sont deux poignards de la haine. Il n'est pas impossible que la France tombe elle-même, grâce à la domination de l'envie, de la haine et de l'inertie combinées, dans ce misérable état de l'Italie à l'époque du Dante.

Je voyais souvent M. Guizot, M. Molé et Villemain ; je dînais chez eux et les écoutais. Tous étaient pénétrés, imbus, émus, ardents et imprégnés d'une seule passion : l'envie. Un beau discours prononcé par M. Guizot mettait M. Molé aux portes de la mort. C'était une vieille femme plutôt qu'un homme, commère dans le genre de Humboldt, causeur aimable, taquin, agréable, assez gracieux dans son calme et qui ressemblait un peu à un page, de ceux qui auraient vieilli. Il piquait dans la conversation les gens qu'il voulait blesser, mais cela doucement, enveloppant son dard de chiffons et de coton, de soie et de dentelles ; ayant quelque chose de l'ancienne cour, de l'ancienne magistrature et aussi de la roideur officielle des administrateurs napoléoniens du premier Empire. Son agrément froid et sa parole distinguée et mordante avec réserve plaisaient à Louis-Philippe et le rapprochèrent de lui ; ainsi il trouvait moyen de nuire horriblement, mais sans en avoir l'air, à M. Guizot, dont il sapait les racines et minait la considération. Les faiblesses et les ridicules de l'ancienne monarchie, les courtisaneries venimeuses du monde ancien n'avaient point cessé.

C'est au comte Molé que je dois mes souvenirs des lacs de Cumberland, et l'amitié du maréchal Soult que le vieillard m'a conservée jusqu'à sa mort.

Nous étions au printemps de 1838. La princesse Belgiojoso donnait à dîner à ses intimes. Contre l'habitude, on s'occupa moins des belles-lettres que du couronnement de la jeune reine d'Angleterre. La princesse, très-libérale, était alors très-occupée de la liberté italienne; elle n'aimait pas les doctrinaires qui voulaient, comme elle disait, faire un pont constitutionnel entre « monarchie et liberté ». Aussi, plaignait-elle le comte Molé (placé à côté d'elle) d'avoir à lutter contre MM. Villemain, Guizot et Thiers. Elle attaquait vivement leur système de cadastrer les capacités sous la hiérarchie héréditaire de la Sorbonne.

Je ne pouvais qu'approuver l'opinion de la princesse sous ce point de vue. « Comment ! Chasles ! s'écria Mérimée, vous êtes un ingrat ! M. Guizot prépare pour vous une chaire au Collége de France ; et Villemain vient de vous loger à la Bibliothèque Mazarine. — Oui, lui dis-je, j'aime MM. Guizot et Villemain, et j'ai accepté leurs offres ; mais, quant à ma liberté, je l'ai conservée : je n'aime pas les cocardes, pas plus que les cadastres. »

Après diner, le comte Molé vint à moi ; il me dit : « La princesse m'apprend votre long séjour en Angleterre ; le roi a chargé Soult d'aller au couronnement de la reine, comme envoyé extraordinaire ; je vous nommerai son attaché, persuadé que je ne saurais faire un choix plus heureux, vous sachant maître de la langue anglaise ! C'est fait, n'est-ce pas, Monsieur ? le ministère vous fournira les frais de voyage, et j'espère, Monsieur, que vous allez m'écrire souvent ; beaucoup de détails, je vous prie, même du vieux maréchal, ajouta-t-il en souriant. Vous avez tous les loisirs, nous sommes en été ; et la chaire que M. Guizot vous offre n'est qu'en préparation. »

Malgré mon peu de goût pour les fêtes et les grandeurs, j'acceptai ce rôle d'attaché officiel, ne pouvant résister au désir de revoir l'Angleterre et surtout de faire un voyage aux lacs de Cumberland, avec des amis de ma famille.

Je partais donc, le 26 juin 1838, avec le vieux maréchal et sa suite. Le maréchal allait me présenter à la cour, mais mon vieux protecteur Lord John Russell insista pour me présenter lui-même à sa jeune souveraine. Le lendemain, le couronnement eut lieu avec une pompe inouïe, et dès ce jour, on commença à préparer la chute du ministère MELBOURNE. Je voyais souvent SIR ROBERT PEEL chez Lady Russell ; il n'était pas difficile de prévoir le succès de cet homme d'État, aussi sage que prudent, et ami de M. Guizot.

J'écrivais régulièrement au comte Molé ; lui parlant de tout, excepté de mes vues personnelles sur l'avenir du ministère Melbourne et du maréchal, ce que j'aurais trouvé déloyal.

Quelques jours après le couronnement, j'allais, comme de coutume, déjeuner avec le maréchal ; il me semblait de fort méchante humeur, mais je ne fis guère attention ; au café, il m'invita d'entrer avec lui dans son cabinet ; entré, il poussa la porte violemment et me dit : « Ah çà, mon petit Jean *f*.....! croyez-vous que ce *mirliflore* de Molé vous a envoyé ici pour lui faire des rapports littéraires ? Allez tout de suite chez vous et *f*....*z*-lui une lettre comme il en veut ; surtout *abîmez-moi*, cela va lui faire plaisir. » Je fus consterné : « Maréchal, que désire le comte ministre ? — Sacré mille tonnerres ! vous connaissez Molé, vous êtes reçu chez les Lords *Melbourne* et *Russell* et vous n'avez pas deviné qu'il veut savoir ce qu'ils se disent et s'ils vont soutenir Guizot contre lui ! mon cher Chasles, au régiment on appelle des hommes comme vous une « *grue honnête* », et vous l'êtes incontestablement ! — Maréchal ! c'est donc un espion que le ministre voulait faire de moi ? — Nom d'un *nonnain* (juron favori de Soult) ! en politique il n'y a pas d'espionnage possible : on appelle cela « prendre des informations ». Allez, j'écrirai à Molé que je vous ai congédié « *pour incapacité de service* ». Allez voir vos lacs, avec vos amis ; de retour à Paris, n'oubliez pas que je demeure rue de Castiglione ! »

Et en effet, je partis. Je n'ai jamais revu le comte Molé ; mais je dînais tous les huit jours chez le vieux maréchal Soult.

SOUVENIRS

DES

LACS DE CUMBERLAND

ET

DU LANCASHIRE

Il n'est pas de pays plus bizarre que celui de ces trois comtés. Non-seulement la nature y est sauvage, mais les hommes, les habitations, les mœurs portent un caractère spécial. C'est une variété infinie dans un espace très-étroit; les dentelures des bords des lacs, les mille découpures des îles, les baies sans nombre que forment leurs rives, les golfes verdoyants qui s'ouvrent à vous, les crêtes de montagnes qui s'élèvent à pic et ombragent de petits vallons délicieux; les miniatures de cataractes qui tombent de toutes parts avec un grand bruit et beaucoup d'écume, bien que la masse de leurs eaux soit peu considérable; les attitudes grotesques des collines, la vieillesse grise et chenue des sapins et des bouleaux, la verdure veloutée et semi-violette des gazons, multiplient es accidents du paysage avec une diversité coquette, qui ne se retrouve pas même en Suisse.

Rien de cette nullité plate des longues plaines qui

font acheter leur fécondité par leur ennui ; partout au contraire le passage vous est fermé par une digue inattendue, un ruisseau plus bruyant que dangereux, une barrière rocheuse qui s'élève à l'improviste. Il y a des sentiers où un mulet ne poserait pas le pied ; des lacs ou *tarns* qui, serpentant avec une singularité qui ressemble à de la folie, laissent entrevoir leurs rouges cailloux au fond de leurs eaux limpides, à peine suffisantes à remplir un des bassins de Versailles. Il y a des montagnes naines, les unes boisées, les autres aussi nues et aussi fières de leur nudité granitique que le Mont-Blanc ou les Apalaches. Ce grandiose au petit pied, cette diversité sans fin, le silence des lieux, la douceur des habitants, le mélange des mœurs champêtres, agricoles, pastorales, des habitudes demi-sauvages de la chasse ou de la pêche, prêtent un charme curieux, neuf, profond, à cette partie de l'Angleterre.

Le dialecte même est spécial. Une cataracte est une *force ;* il y a de petites *forces* innocentes qui ont à peine mouillé mon chapeau lorsque je me soumettais à leurs étincelles de pluie prismatique. Vous voyez de toutes petites barques très-propres et polies, amarrées au bord des lacs et toutes prêtes à recevoir les visiteurs. Ces comtés ont leur époque de récolte et leur morte saison ; lorsque vient le beau temps, lorsque le Dandy, — cette race qui commence à s'humaniser aujourd'hui, mais qui a compté une douzaine d'années de règne insolent, — s'extravase sur le sol de la Grande-Bretagne et sur le continent envahi ; lorsqu'il est de bon goût d'aller voir les lacs ; un grand mouvement s'empare de la population des trois comtés. On achète des filets, on répare les barques ; les auberges se garnissent, les beautés du Lancashire, célèbres sous le nom de *Lancashire Witches*, renouvellent leurs atours et se rappellent que plus d'un voyageur en quête du pittoresque a ramené à Londres ou à Bristol quelque jeune fille de fermier, devenue femme d'un riche marchand ou d'un lord. Ce mot *Witches* vous a fait sourire ; il n'a pas la signification que vous lui prêtez ; et la traduction, qui ne traduit presque jamais, se tromperait fort si elle rendait cette expression par le mot français *sorcière*. *To bewitch* veut dire *ensorceler*, *séduire*, *attirer ;* et les *fées du Lancashire*, qu'il ne faut pas nommer *sorcières*, fées remarquables par la blancheur de leur peau, la délicatesse de leur teint, la profusion de leurs cheveux cendrés, la finesse aristocratique de leurs extrémités, ont prouvé par plus d'un accès d'amour romanesque la réalité de ce pouvoir surnaturel dont on les doue.

La fièvre d'industrie qui règne à Londres m'avait pénétré d'une émotion assez pénible, la régularité de cette action à la fois violente, soutenue et mécanique qui fait de chaque homme un balancier de monnaie, et qui use la vie de l'individu à fabriquer des écus ; cette régularité éternelle, sombre, silencieuse, inspire un certain effroi à qui la juge pour la première fois, à qui se trouve placé tout à coup au milieu de tant de rouages en mouvement. Ma qualité d'étranger dans une ville alors peu hospitalière, et que le nom français irritait, aggravait l'amertume de cette impression. Deux mois après mon arrivée à Londres nous partîmes pour le Cumberland ; la famille, dont j'étais devenu l'un des membres et qui me rendait ainsi et avec usure l'hospitalité que ma propre famille lui avait offerte à Paris, s'installa dans la petite ville de Keswich, et me laissa liberté complète de courir les lacs et de visiter les trois comtés. Le père était membre du parlement, homme politique, chasseur déterminé, buveur formidable; la mère était méthodiste, confectionnait d'excellentes conserves de pommes et de raisins, et travaillait toute l'année à sa pharmacie, ouverte gratis à tous les malades du voisinage. Deux jeunes filles restaient sous la garde d'une *governess*, aussi sévèrement méthodiste que la mère. Quand je vis avec quelle parfaite liberté s'opéraient tous les mouvements des individus qui composaient ce petit système patriarcal; combien la sociabilité aimable en France en réglait peu les ellipses excentriques, je m'émerveillai et les étudiai. Les discours du père, répétés à haute voix dans son grand salon où il s'enfermait, n'avaient pas la moindre influence sur la maîtresse de maison, qui régnait seule sur six immenses chaudrons placés dans la cuisine. La *governess* avait aussi son gouvernement isolé : elle composait dans sa chambre des hymnes et des romans de piété; et au bout du compte tous ces gens qui ne causaient guère entre eux, qui s'aimaient très-cordialement, qui se réunissaient silencieusement aux heures du repas, et dont les goûts étaient disparates, réalisaient une somme considérable de bien-être et même de bonhenr.

Ce fut là que je conçus la première idée de cette liberté individuelle que nous prenons en France pour de l'égoïsme — et qui est la sauvegarde de la liberté publique.

Les gens au milieu desquels je vivais se faisaient peu de concessions mutuelles, excepté dans les grandes circonstances. Ils réservaient aux intérêts les plus graves de la vie le dévouement que nous prodiguons en politesse et que nous dépensons en égards de tous les jours. Je fus choqué d'abord de la froideur qu'un tel système jette sur la vie ; je m'y accoutumai peu à peu ; et, découvrant sous cette couche dure et ingrate des sentiments réels, une affection candide, une bienveillance sincère, je ne pus m'empêcher de changer d'opinion. Les prévenances de cette famille étaient si naïves ! leur cordialité se révélait d'une façon si imprévue par des actes, — non par des mots! Je finis par ressentir quelque colère contre la facile politesse des révérences et des protocoles ; contre ces gens, toujours *enchantés*, *ravis* de vous être utiles, et qui ne se déplaceraient pas pour vous servir.

Aussi la liberté de mes actions fut-elle bientôt à l'unisson de la famille qui m'avait accueilli. Je m'embarquai sur les lacs, je m'égarai dans le bois, je fis dans le comté voisin des excursions de deux semaines ; personne ne s'en formalisa ; on était flatté de l'enthousiasme que je rapportais de ces excursions ; et, après quelques questions que la vanité nationale et l'amour-propre de localité m'adressaient, on me laissait recommencer ma vie errante.

Ainsi, pendant une semaine entière, je me plus à suivre à pied le cours de cette rivière Duddon, si étrange, si variée, qui est tour à tour un lac, une cataracte, un torrent, un ruisseau, un mince filet, un bassin limpide et une nappe d'eau éclatante.

Le charme de ces excursions fut doublé pour moi, lorsqu'un soir, à mon retour, je trouvai sur ma table trois volumes contenant les poésies de Southey, de Wordsworth et de Coleridge. Ces pëotes, si différents d'ailleurs, étaient venus habiter le bord des lacs. Wordsworth résidait à Grasmere dans le Westmoreland ; et Southey à Greta, château qui domine Keswick et qui est situé à treize milles (quatre lieues et demie) de Grasmere. Ces poëtes n'ont rien de commun entre eux, quoi que l'on ait pu dire : Southey se plaît à reproduire les formes extérieures, les images palpables et vivantes. Wordsworth embellit les choses communes de la vie et revêt de poésie les réalités. Coleridge trouve un charme spécial à faire vivre le monde fantastique dans des vers dont l'harmonie magnétique s'empare de l'âme et prête aux chimères une vie réelle et populaire.

Southey habite la terre ; Wordsworth creuse ; et Coleridge plane. La critique, qui aime à simplifier toutes choses et qui n'est souvent que l'expression dernière de la pauvreté de l'esprit, n'a pas manqué de les confondre et de faire d'eux les maîtres d'une école : — *École des lacs.* — Appellation absurde !

Le plus grand de ces poëtes, selon moi, c'est Wordsworth ; le plus grand, parce qu'il est le plus original des trois. Il ressemble aux montagnes qui l'environnent, sa pensée haute est semée de détails infiniment délicats ; elle a mille variétés microscopiques, mille métaphysiques profondeurs, mille délicieuses puérilités. La pensée de Southey, grand écrivain, est encore à demi païenne ; une lueur orientale la colore et l'œil est quelquefois ébloui de cette splendeur. La pensée de Coleridge est vaporeuse, souple, subtile, plus allemande qu'anglaise ; difficile à saisir, alors même qu'elle brille. Elle ressemble aux vapeurs, dont les masses s'accumulent au front des montagnes et qui s'enflamment, transparentes, sous les rayons du soleil qui les pénètre. Avec quelles délices, quelle fraîcheur, quelle ardeur de sentiment renouvelé, —

assis sur le bord d'une de ces *mers* ou lacs, — me laissais-je entraîner par la magie souveraine de ces poëtes !

Je venais de quitter la France, pour assister au couronnement d'une reine, quand je lus pour la première fois l'ode suivante de Coleridge :

ODE A LA LIBERTÉ.

« Dites combien je bénis, combien j'adore le génie de la divine liberté, vous qui êtes libres, vous que Dieu a faits pour être libres, nuages qui sans route et sans contrainte voyagez dans l'éther : dites-le, flots de l'Océan, qui n'êtes soumis qu'aux lois éternelles ! forêts dont les branches solennelles s'abaissent en cadence sous le vent qui les ploie et donnent aux nuits de si profondes harmonies !

« Vous m'avez vu souvent me plonger avec délices dans ces obscurités où le bûcheron ne pénètre pas. Le clair de lune me guidait ; je marchais sur la mousse ; j'étais perdu pour le monde tumultueux, et les bruits du désert et ses formes sauvages m'inspiraient tour à tour. Oh ! dites-le bien, vous qui m'offriez la liberté qui manque au monde, — si c'était du fond de mon cœur que je l'adorais, la liberté sublime !

« Mon cœur tressaillit, vous le savez, il tressaillit d'une sainte espérance, mêlée de crainte, lorsque France endormie se leva comme un géant, secoua ses membres fatigués, frappa du pied la terre et dit : « Je suis libre ! » Son serment fit trembler l'air, la terre et les flots ; et mes accents de reconnaissance et de joie éclatèrent sans crainte, sans scrupule, quoique des esclaves m'entourassent.

« Et lorsque dans un mauvais jour, les monarques marchèrent pour écraser ce noble peuple qui venait de rompre le charme séculaire, lorsque la Grande-Bretagne se joignit à eux, je baissai la tête et pleurai. C'était mon île natale : là étaient mes amitiés, là s'étaient passées mes jeunes années ; tous mes plus doux sentiments s'attachaient à elle et versaient une lumière magique sur ces vallons, sur ces collines : cependant ma voix ne faiblit pas. Ce fut aux tyrans que je lançai l'anathème, à eux que j'annonçai la honte d'une défaite assurée. Ce fut la délivrance de la France que j'appelai de tous mes vœux !

« Oui, disais-je alors, je le sais, le cri du blasphème et de la rage retentit, dissonance affreuse au milieu de cette harmonie de liberté. Oui, la ronde démoniaque de toutes ces passions frénétiques est plus horrible que la ronde du sabbat. Mais bientôt, me disais-je, ces fantômes de la nuit vont fuir ; ces orages qui nous cachent l'aurore vont se dissiper. Oui, bientôt la sagesse répandra ses enseignements dans la cabane du pauvre ! sous l'humble toit de l'homme qui gémit ! Écoute, ô mon âme ! toi qui n'espères qu'en tremblant ; écoute : déjà la dissonance s'apaise ; déjà la gloire tresse ses guirlandes pour cacher les plaies saignantes de cette France au front cicatrisé. Le temps approche où la France libre ne sera plus conquérante que par l'exemple de son bonheur ; où elle forcera les nations à être libres, en leur montrant ses libres enfants, la joie et l'amour pleureront sur le monde et diront : « Ce monde est à moi. »

« Liberté, mon idole, pardonne, pardonne : c'étaient les rêves d'un enfant. Comme ils t'ont traitée ! ton sang ruisselle sur les rochers helvétiques, tous les torrents des Alpes sont souillés, tous les amis de la patrie jonchent les plaines de leurs ossements épars. Pouvait-on s'y attendre? Pardonnez-moi, ô vous qui, en défendant votre sol natal, avez péri sous l'épée française; pardonnez-moi si j'ai loué vos ennemis! Là où était la paix profonde, ils ont semé la rage, la guerre et la famine; ils ont souillé la liberté sans tache du montagnard; ils l'ont déshérité de ce que trois siècles ne lui avaient pas enlevé, de son plus précieux trésor. Sont-ce là tes exploits, noble peuple, qui te proclamais le champion du genre humain! n'auras-tu désormais de puissance que pour les œuvres de désastre?

« Quoi! te joindre à la curée des rois, les suivre à la piste dans cette chasse inhumaine, hurler avec eux et partager leur proie sanglante; élever (chose infâme), un autel à la liberté pour y suspendre les dépouilles de tous les peuples autrefois libres!

« En vain le vice s'écrie-t-il: je serai libre! La révolte ne le mènera qu'à la servitude. Esclave par essence, en vain brisera-t-il ses entraves; bientôt, sur des chaînes plus pesantes encore, on lira ce mot, inscrit comme une ironie: *Liberté!*

« Où te sentirai-je, où te retrouverai-je, liberté que j'aime? tu n'es ni sous la pourpre du puissant, ni sur le char triomphal. Loin des pompes dont la religion s'entoure ici-bas, loin des esclaves des partis, qui subissent un joug plus ignoble encore; je te retrouve dans la solitude, où je suis maître de moi! C'est là, sur le bord de ce roc décharné qui commande à la mer; là, sous le murmure de ces pins battus des orages, que le front nu, les tempes nues, rafraîchi par la brise maritime, confondant mon être avec tous les objets de la nature, m'assimilant à eux, et les possédant, je me pénètre de ton génie, ô liberté ! et enfin je te retrouve ! »

Le cœur serré, je fermai le livre. — Vérités inexorables !

Deux jours après Coleridge passait près de moi, chevauchant un mulet de triste encolure. On ne reconnaissait plus, dans l'homme de quarante ans, l'enfant de vingt ans, disciple, ardent alors, des poëtes des lacs de Cumberland.

Imaginez un petit homme vêtu de noir, curé de campagne, flot de cheveux argentés tombant sur le drap noir de son habit râpé ; la taille replète, les mouvements lents, l'œil vif et gros, étincelant et ondoyant tour à tour ; avec cela des couleurs roses et cette quiétude de physionomie qui appartient souvent aux rêveurs, rarement aux hommes passionnés. Tel était Coleridge, maître du plus beau talent d'improvisateur, Platon moderne.

LES GROUPES DE 1830 A 1848

(*Suite.*)

BABINET

La manière de Marchangy, de Chateaubriand et de leurs élèves coloristes, école qui procédait du *Jeune Anacharsis* de l'abbé Barthélemy, ne valait rien. Elle fut vivement attaquée par un ami que j'avais du côté de l'Observatoire, dans un quartier éloigné de tout, excepté des guinguettes, des bals de grisettes du Luxembourg et des barrières vineuses; — un appartement au troisième, que vous atteigniez par un escalier du dix-septième siècle, à rampe de fer tordue et que son propriétaire ne réparait jamais. La patte de lièvre qui servait de cordon de sonnette n'était pas souvent remuée. On savait que le savant embastillé dans sa cage n'en sortait que de très-méchante humeur; et on le craignait : car avoir plus d'esprit que lui était difficile; avoir plus de science n'était guère possible. Il connaissait le monde, y allait beaucoup, s'y faisait railler de ceux dont il se moquait; et avec une cargaison extraordinaire de savoir, d'originalité, de verve, de profondeur, de bon cœur, d'amabilité, d'à-propos, n'arrivait à rien, pas même à la réputation. Il parlait beaucoup, amusait beaucoup, s'amusait de même et rentrait chez lui s'étendre à plat ventre sur un vieux tapis, entre ses bouquins in-folio, une cruche d'eau et cent diamants de toute espèce, semés sur le tapis. Il ne manquait pas de demander aux femmes de sa connaissance un diamant ou deux ; car il étudiait la réfraction et ne cessait de tuer ses pauvres gros yeux brillants en analysant à la lampe le prisme bleu, violet, orange, pourpre, jaune, de ces trésors transparents qui ne ressemblaient pas mal à son esprit. Les volumes charmants et confus qu'il publiait n'allaient pas à la France.

Il faisait dans le même genre des conférences excellentes, s'écartant souvent du sujet et d'un mal-à-propos extraordinaire. Hérissé, le costume d· raillé, toujours en transpiration qu'il essuyait sans cesse : point hargneux, ni méchant ni lâche ; achetant un dodecaèdre de cristal précieux pour 300 francs, quand il n'avait pas de pain. Il était un des *familiers* les plus aimés du salon et du boudoir où Lamartine tramait et tissait sous les yeux d'une femme la perte de Louis-Philippe. Il aurait certes, après 1848, été ministre de quelque ministère. Mais le bon *Babinet* aimait mieux creuser sa science, où il a fait de belles découvertes, mourir de faim, parler, causer, et, tout en écrivant et disant d'excellentes choses, divaguer, médire, ou, comme on l'a dit, *babinetter*.

Voici un exemple.

Babinet écrivait pour la *Revue des Deux Mondes* et pour le *Journal des Débats*, il connaissait donc tous les représentants de la littérature du dix-neuvième siècle. Cela ne l'empêchait nullement de terminer

une de ses conférences par l'apostrophe suivante :
« Oui, Messieurs, la plupart des livres modernes ne « sont pas faits. Dans cette *Revue des Deux Mondes* on « enfonce comme dans de la pâte, et même de la « glu ! Le pain n'est ni pétri, ni levé ni cuit. Encore « moins a-t-on extrait la quintessence de l'idée. C'est « de la farine, et qui servira, mais plus tard. Les bou- « langers viendront. Il n'y a eu jusqu'ici que les meu- « niers ! »

En sortant de la conférence le jeune Prévost-Paradol lui dit : « Monsieur Babinet, êtes-vous meunier « ou boulanger ? »

« Moi ? je suis casseur de pierres, jeune homme ! » riposta-t-il en se séparant de nous.

Tout humain qui fait du bien aux humains est puni. Cela est bon et nécessaire : autrement l'humanité serait excellente. Elle ne laisserait plus aucune sorte de mérite au combat de l'homme bon et vertueux. Le martyre du juste est donc nécessaire. Babinet était un juste et un martyr.

VICTOR COUSIN ET MIGNET

Victor Cousin, dangereux ennemi, espèce d'acteur qui jouait le philosophe, avait des actions à la *Revue des Deux Mondes*, guidait la philosophie, donnait la main à Thiers et à Mignet, ne tolérait guère M. Guizot auquel il était profondément inférieur, et tenait l'Université sous sa férule. L'impérieux docteur ne me pardonna jamais de rester en dehors de son servage. Il distribuait les faveurs, frappait et récompensait à droite et à gauche. Mon indépendance fut une révolte selon lui. Parce que je ne le subissais pas, j'étais un irrégulier. Ce cabotin superbe me chassa de partout.

La pondération des phrases qui s'équilibrent par une sorte de mouvement, de balancement matériel, qui les rendent monotones dans leur élégance et élégantes dans leur monotonie, est vraiment insupportable chez M. Mignet ; ce sont les boucles trop bien frisées, trop symétriques d'une tête à perruque ; cela ne cache pas les impropriétés, les expressions fausses et les inélégances réelles. Être membre de l'Académie, ce n'est pas, comme le dit M. Mignet, « vivre dans un agréable voisinage, » mot de portière privé de distinction. La justesse réelle manque également à cette phrase ridicule, où M. Mignet confond l'immortalité de l'âme, qui est un fait métaphysique et théologique, avec l'immortalité très-factice et très-douteuse que donne la gloire. « L'immortalité à laquelle Cousin a toujours cru, dit M. Mignet, ne lui manquera pas ; » comme si cette continuation de la renommée que nous appelons par extension immortalité, avait rien de commun avec la permanence du moi humain qu'on a nommée « immortalité de l'âme. » Qu'est-ce qu'une humanité qui *se déploie sous une parole ?* Et comment un membre de trois Académies ignore-t-il que la première loi de la langue française est d'éviter l'amphibologie et la confusion des mots ? Comment n'a-t-il pas vu que dans cette phrase : « attaché à la France, fier de son esprit et dédaignant les écarts auxquels *il* peut se laisser entraîner, » le mot *il* se rapporte bien plus naturellement à M. Cousin lui-même qu'à la France ou à l'esprit de la France. Cet emploi du mot *il*, tour à tour neutre et masculin, s'appliquant aux choses et aux hommes, se représente incessamment sous la plume de M. Mignet. Les mots « ils se succèdent » sont encore plus incorrects ; le mot *se* est essentiellement réfléchi : on ne se succède pas à soi-même, on succède à un autre. De même pour l'emploi du mot *en* que les membres de l'Académie s'obstinent à mal appliquer. De même aussi de l'étrange emploi ou plutôt de l'abus que fait M. Mignet de la préposition *si*, dont le vague se prête aux formules d'une admiration peu précise. Il se représente 62 fois (que j'ai comptées) dans le cours de l'oraison, mot parasite et qui ne signifie rien.

Cousin et Mignet ! Frisez à droite et à gauche deux boucles égales, perruquier de l'Amour ! que *la tâche soit* TRISTE *mais* DOUCE ; que la *raison* soit PUISSANTE et le *ca-*

ractère ÉLEVÉ ; que *les gloires* ANCIENNES *balancent les renommées* MODERRNES ! Ne dérangez jamais cet équilibre. Il se renouvelle de phrase en phrase ; oscillations d'une pendule idiote qui marque les heures banales de votre rhétorique. *En s'y succédant*, est une grossière faute. Camuccini et Pompée Batoni faisaient de la peinture molle, aux contours flasques, et aux galbes convenus, avec des maquettes, comme M. Mignet. Point de naturel. Rien de vu à fond. Il faudrait lire Aubertin du *Temps*, sur ce funambule pompeux et vide de la Philosophie. Il faut encore signaler la locution parasite et ridicule de s'AJOUTER, *à une vocation, une vocation s'ajoute ;* expression matérielle et absurde. Qu'est-ce qu'une phrase comme celle-ci : « *Il y a* EN *lui de* « *l'orateur* DANS le *philosophe !* » Cet *en* et ce *dans* font admirablement ! « *Cette méthode* DANS *l'emploi de laquelle... il excella de plus* EN plus, EN fit, etc. » — Que de fautes !

C'était le grand chef de l'école moisie ; je détestais toute cette friperie littéraire, les faussetés scolaires, les pastiches de Fénelon, les madrigaux à Chloris, les éloges académiques, les oraisons funèbres, les dissertations fleuries. Tout cela, n'est-ce pas vieux comme le monde ? Quand donc (me disais-je) nous servira-t-on un aliment plus solide que le discours de M. Mignet sur l'équilibriste Cousin son ami ? Ce flûteur aux deux tubes égaux qu'on appelle M. Mignet a-t-il enfin fini ses exercices ridicules ? lui qui, pour équilibrer sa phrase, mignardement vous siffle cet air qui serait élégamment coquet s'il n'était, pour parler encore comme lui, sagement pondéré, et si les harmonieuses beautés de sa périphrase ne balançaient, pour parler de nouveau son style, les formes acérées de son antithèse. Quelle frisure ! Quel coup de fer ! Quel oiseau royal ! Quelle poudre à la maréchale versée par un plumeau délicat sur cette autre tête d'acteur qu'on nommait Cousin et qui avait au moins sous son costume théâtral, des rages vraies de Frédérick-Lemaître et des poses de Talma ! Que nous apprenez-vous donc, jeunes vieillards, étourdis monotones ? Quelle lumière jetez-vous sur les hommes, sur les idées, sur l'avenir, sur nous, sur vous ? Êtes-vous donc des tapissiers décorateurs ? ou des fabricants de figures de cire ? ou des coiffeurs jurés ? — Et vous, jeunes gens, qui écoutez tout cela patiemment, pour ensuite vous consoler l'âme avec les plus stupides calembours et les plus niaises calembredaines, comment ne voyez-vous pas que rien ne serait plus facile que de détrôner par de fortes vérités et une sincérité virile ces vieux écoliers de la rhétorique et du mensonge ?

Mais, pour atteindre ce but, il faudrait être des hommes ! Où sont-ils ? C'est le fonds qui manque. Que voulaient-ils les Nisard, les Ponsard, les V..., les S... ? Rien. Point de doctrine. Une place pour eux-mêmes, le couvert et l'aliment pour leurs enfants, le plaisir de se voir saluer, quand ils entraient et de lire leur nom dans les journaux. De la nullité des âmes émanait l'insignifiance absolue des œuvres. Même chez les adversaires, les génies et les maîtres, Victor Hugo, Sainte-Beuve, rien de désintéressé et d'héroïque. Au fond de toute littérature viable il y a un désintéressement réel, et un dévouement pieux. Cervantes se fait blesser à la guerre ; Molière lutte contre le clergé ; Pascal se cache ; Shakespeare est l'ami de Southampton ; Milton s'expose à la haine de tous ; Tasse se fait chasser de la cour, et condamner ou à peu près par Rome. Il ne faut pas leur comparer nos ambitieux, qui ont travaillé pour eux seuls, Lamartine qui s'avise de postuler la dictature des États-Unis européens ; Guizot dont l'entêtement pédantesque effondre un trône : l'intérêt personnel est leur noble œuvre de l'esprit. Tous ils pensent à leur pauvre *moi*, qu'ils adorent ; ils veulent acquérir de l'or, des galons, du pouvoir, de l'éclat ; ils sont tous Byzantins.

C'est un des symptômes de la déchéance française ! Puis le prurit d'écrire et de s'élever au-dessus des autres par la gloire de l'homme de lettres. Comme tout le monde, sans fortune et sans naissance, sans crédit et sans pouvoir, y pouvait prétendre ; comme les Français ont tous eu de l'esprit ou de la facilité ou de l'intelligence ; comme Chateaubriand, Lamartine et Hugo étaient dans toutes les mains et dans toutes les bouches ; comme on voyait madame Dudevant, une femme, devenue George Sand, se viriliser et devenir l'égale des plus grands : enfin, comme les gens du bas peuple, les Hégésippe Moreau et les Pierre Dupont, acquéraient sans peine une réputation incontestée et brillante ; il n'y avait personne qui n'aspirât à cette gloire : portiers, acteurs, architectes, ébénistes, valets, ambassadeurs ; les plus hauts et les plus bas voulaient être gens de lettres. Mais c'est surtout chez les femmes que ce prurit dominait. Dès le règne de Napoléon Ier on voyait au-dessous de madame de Staël des myriades d'alouettes féminines, attirées par le miroir d'une notoriété qui les flattait, voltiger un moment, puis s'éclipser. A la tête de ces médiocrités il faut placer la reine du médiocre, celle qui a peint en camaïeu les alcôves des rois de France et trouvé moyen de rendre ridicules les altières amours de madame de Montespan et les humilités touchantes de mademoiselle de la Vallière. J'ai nommé Mme de Genlis.

J'ai entrevu cette vieille, à genoux à Saint-Roch, car elle était dévote et philosophe aussi.

Elle avait élevé Louis-Philippe, dont elle avait fait, — non pas un méchant homme, ce qu'il n'a jamais été, — mais un bavard et un précepteur, un homme de formules, qu'il prenait pour des principes, et d'arithmétique bourgeoise, qu'il prenait pour de la vertu.

Elle a écrit près de cent volumes, sans sel, sans profondeur, sans vigueur et sans grâce ; non pas sans facilité de plume. C'est elle qui, pour préparer son livre intitulé *la Morale en action*, avait, dans des portefeuilles distincts, entassé et classé les exemples de chaque vertu, *chasteté*, *courage*, *probité*, *tempérance* ; et qui, ayant dans un incendie vu périr tous ces vertueux portefeuilles, s'écria : *Ah ! toutes mes vertus ! toutes mes vertus sont brûlées !*

Le rôle que jouait la fureur littéraire dans les liaisons amoureuses était considérable et singulier, presque toujours lorsque la lassitude se faisait sentir, et que les chaînes si fragiles des attachements mondains se dénouaient ou se brisaient, la femelle mécontente saisissait la plume vengeresse et dénonçait au monde attentif les infirmités morales du mâle qu'elle avait eu le temps d'étudier. La fragilité se vengeait par la calomnie ou la médisance. J'ai dit ailleurs ce que madame G. S… racontait de Musset, se grisant avec des filles. Madame d'A… faisait part à ses lecteurs de la débile et nerveuse nature de Liszt. Plus tard l'horrible petite fée, qui s'est fait appeler madame de S…, et qui était, je ne sais comment, une branche pourrie des Napoléons, cette madame de S..., qui a épousé le sot italien R..., ayant attaché à son char (elle était jolie, sourde et prétentieuse), le dramaturge Ponsard, imprima contre lui, qui avait eu l'imprudence de se marier, tout un roman où elle inséra les lettres d'amour écrites par lui. Le plus curieux exemple de cette sottise fut le ménage de B., le mari enviant la femme, la femme enviant le mari. En effet, toutes ces plumes femelles, sans acquérir la vigueur des vrais talents masculins, étaient enfiellées d'envie contre leurs *partners* virils. En général elles commençaient par se servir du mâle pour corriger leur prose, aligner leurs vers et replacer sur ses pieds leur grammaire boiteuse. Il n'y a guère de femmes de ce temps-ci, à l'exception de madame de Staël, qui n'ait usé de ce moyen. Madame G. S..., écrivant bien, se contentait d'emprunter les opinions et les doctrines des quinze ou trente poursuivants de ses charmes. De là quinze ou trente ouvrages de diverse couleur et de diverse philosophie. Aussi a-t-on dit de ses livres, *le style de chacun*, c'est *l'homme*.

Quant à l'acteur philosophe, quoique mon adversaire inné, il ne manquait jamais de m'envoyer ses volumes, tandis que je ne lui ai jamais offert un des miens; mais je me faisais, par contre, un malin plaisir de lire avec beaucoup d'attention ses ouvrages. Je le remerciais toujours après lecture d'un volume en lui signalant les fautes ou d'orthographe ou d'impression. Les réponses se ressemblent toutes et je possède une petite liasse de lettres « du sublime Victor » (expression Louise Colet !) faites sur le même patron.

« Je vous remercie, cher Monsieur, de m'avoir si-

« gnalé les fautes où m'ont entraîné les éditeurs de
« madame de Motteville ! Ma docilité à les corriger
« vous témoignera ma reconnaissance.

« Mille remercîments.

« V. COUSIN. »

Samedi matin.

Quant à M. Mignet, la lettre suivante prouvera que nos relations étaient plus amicales ; mais ce qui a toujours mis une extrême gêne entre nous, c'est qu'il venait de se brouiller avec la princesse Belgiojoso quand on m'y appela.

« Je trouve en rentrant, Monsieur, votre obligeante
« lettre, et je m'empresse de vous en remercier. Je
« suis très-flatté du suffrage que vous accordez d'une
« manière si aimable au discours que j'ai prononcé
« en répondant à M. Pasquier. Ce suffrage m'est d'au-
« tant plus précieux qu'il vient d'un juge plus éclairé et
« qui a droit d'être difficile. Je suis également charmé
« d'être confirmé dans l'espoir que mon discours sera
« inséré en entier dans le *Journal des Débats*.

« Quant à vos anciennes dispositions, je sais qu'elles
« étaient très-favorables. Aussi, en vous exprimant,
« Monsieur, combien j'y suis sensible, je vous prie
« d'agréer mes compliments les plus empressés.

« MIGNET. »

Jeudi soir, 8 décembre.

BULOZ LE SAVOYARD — LES REVUES

Alors venait s'asseoir assez régulièrement au pied de mon lit, dès huit heures du matin, un personnage osseux, d'une physionomie brutale, mais attentive, espèce de Savoyard intelligent, avide, cauteleux, actif d'ailleurs, vigilant, sobre, grossier dans ses goûts, industriel par nature, âpre au gain et sans égards. Il n'avait pas un denier et ne savait rien. Mais il avait résolu de faire fortune. S'étant initié aux mystères de l'alphabet, il était devenu prote, avait mis son pécule de côté, ce qu'il appelait caler ses sous. Il avait épousé ensuite la fille du singulier provençal Castil-Blaze, père de Bury, vicomte Blaze de Montmorency, et trouvant dans son imprimerie une *Revue* à corriger, sachant qu'elle tombait, l'acheta. L'ayant acquise pour rien, et ses propriétaires étant charmés de s'en être défaits, il lui fallut l'alimenter. Mais le problème était de payer des manuscrits qui soutinssent l'animal mourant.

C'était pour les avoir que le Savoyard s'asseyait auprès de mon lit. Il les obtenait, promettant vaguement de payer un jour. Les jeunes écrivains, Mme Dudevant, Musset, Sandeau, se laissaient faire.

Il cherchait et trouvait des actionnaires qu'il associait à son gain. Il a ainsi entassé dans quelques centaines de volumes indigestes des milliers de morceaux de valeur inégale, sans lien, sans philosophie, mais curieux par l'emmagasinement colossal. Ce qui est curieux surtout, c'est l'énorme succès, dans un temps sans principe et sans idée, de cet égout collecteur, où tout roule à la fois, eaux fangeuses, pures, salubres, empruntées. Mais ce qui est caractéristique avant tout, c'est que le grand entrepreneur qui a ouvert ces voies souterraines, détesté de tous, devenu millionnaire et grand propriétaire, s'est fait un trône là-dessus Le matérialisme de l'époque a accepté et subi ce colossal et matériel labeur, comme si c'eût été œuvre de génie.

Ce n'était pas honnête. Mais l'éclosion de l'improbité était universelle et coïncidait avec l'état social. Les gens de bien qui avaient combattu comme Royer-Collard avaient disparu ; les autres se cachaient comme Tocqueville. Je ne veux parler de quelques faits qui me concernent que pour montrer comment, chez des peuples en révolution, le plus mince atome est poussé, entraîné, frappé et submergé par le courant général des choses, et comment la justice alors disparaît, les moindres intérêts devenant barbarement soumis à la force et au caprice, à la passion et à la violence. On croirait par exemple que, en dehors de la politique, l'achat simple et la vente, la transaction commerciale, le marché, le négoce ordinaire entre citoyens peuvent, même en temps de révolution, rester intacts. Erreur.

On était revenu à la force brutale et à son règne. L'intelligence pure ne pouvait plus lutter contre l'élément sauvage. Il s'était fait dans les derniers temps une sourde et envieuse colère contre ce qu'on appelait l'homme de lettres, lequel en effet avait pris le pouvoir et quelquefois en avait abusé. Cette seule raison aurait dû persuader à M. Guizot de se replonger dans la retraite.

Lamartine jamais n'aurait pu garder le pouvoir, ayant fait de beaux vers. L'envie vaniteuse que les triomphes oratoires fatiguaient, n'aspirait qu'à les découronner. Les plus habiles étaient ceux qui, comme Louis-Napoléon lui-même, comme de S... et B..., simulaient la niaiserie ou la grossièreté, l'ignorance ou la nullité, l'absence de prétention, l'humble résignation et les modestes naïvetés. Il n'y avait là qu'un résultat naturel du grand mouvement démocratique français; on était sûr, en le servant, en flattant les vanités, en satisfaisant les jalousies, en assouvissant les appétits, de rester maître. Pour remédier à cet état, il aurait fallu élever les âmes et les adoucir ; car dans la masse elles s'étaient, par le choc perpétuel des événements et leur contradiction furieuse, horriblement endurcies et abaissées. Il était plus commode de les exploiter.

Un des meilleurs et des plus grossiers comme des plus fins exploiteurs de cette situation, c'était mon Savoyard. Il avait donc acheté la Revue qui tombait, Revue de voyage fondée sous le titre de *Revue des Deux Mondes*. Elle ne marchait pas du tout et ne trouvait ni abonnés ni lecteurs ; et pourtant l'habile entrepreneur, venu de ses montagnes sans le sol, mais bien armé pour le combat social, ne se rebuta pas. Jamais rhinocéros n'eut une carapace plus épaisse, une corne plus solide, un cuir plus invulnérable. Le respect humain ne le touchait pas. Il avait tout l'entêtement silencieux du bœuf de ses montagnes. Il savait attendre, il savait se taire et pénétrait fort bien et très-avant dans les vices des autres. L'économie proverbiale de son pays allait chez lui jusqu'à la ladrerie la plus sordide. C'était le temps où les esprits bouillonnaient encore et aspiraient, avant la réaction de l'envie ; Véron, le rénovateur de la *Revue de Paris*, et la plupart des intrigants se jetaient de ce côté. Nul n'était aussi madré que le hardi correcteur d'imprimerie. Il commença par payer les dettes de la Revue et fit marcher l'entreprise aussitôt !

La fourniture des revues s'opérait comme celle des grains de munition, des brioches et des articles de Paris. C'était Buloz que nous avons vu, à force de volonté, devenir maître de son orthographe et correcteur d'imprimerie ; c'était Véron le carabin, médecin des enfants et inventeur d'une pâte pour guérir le rhume ; c'était C..., aventurier qui se faisait appeler de C... pour se confondre avec la famille du ministre de Louis XVI. Plus tard la gestion des revues, considérée comme boutiques, est encore tombée plus bas. Des vidangeurs et des chefs de claque s'en sont mêlés. Le public n'y regardait pas et riait de tout son cœur.

Ma connaissance des langues étrangères et une certaine originalité de style me rendaient très-agréable et très-nécessaire à ces fournisseurs de pâtisseries littéraires qui ne savaient ce que c'était que Jean Paul ou Dickens, mais auquel le public demandait du neuf. Aussi fus-je dès l'origine l'homme des revues. Tous les brocanteurs de style me recherchèrent ;

Walsh me sollicitait ; Saulnier me demandait en grâce des manuscrits ; Véron, au foyer de l'Opéra, courait après moi ; et Buloz, guêtré et la ceinture de cuir autour du corps, comme un vrai montagnard, ne lâchait prise que lorsqu'il m'avait arraché de force un peu de *copie*. Car dans l'argot de ce matérialisme vénal qui déshonorait l'œuvre intellectuelle, ce n'était plus de la pensée ou du style que l'on cherchait, c'était un morceau de papier signé et chargé de caractères noirs bien *copiés*. Il fallait que l'écrivain exécutât son affaire comme le boulanger sa cuite, qu'il sût enfourner à temps, retirer dextrement le produit, le parer proprement, le livrer à bon poids ; puis recommencer.

Cette nécessité odieuse a détruit bien des talents. Émile Montégut, Charles Labitte, Féval et Alexandre Dumas ont pu accroître par là la brutalité et la grossièreté essentielle de leur séve littéraire. Plus les années se sont écoulées, plus est devenu indigeste, lourde, épaisse et peu nutritive la galette commandée par les pâtissiers en chef, livrée à la minute par de robustes artisans.

Je n'ai jamais pu travailler comme ces mitrons. La méditation m'est nécessaire. J'y joins l'étude. Puis, pour la forme ou l'éclat du style ou du moins pour atteindre la vraie convenance, la juste adaptation, il me faut attendre un certain moment, l'éclosion, qui ne dépend ni de ma volonté ni des circonstances ambiantes. Il faut que la maturité de l'idée et de l'image intérieure soit complète ; celle-ci crée alors sa forme. Là-dessus, les maîtres des usines littéraires n'ont jamais pu s'entendre avec moi. « Livrez donc votre marchandise ! » me criaient-ils. « Attendez donc

— le rayon n'a point paru, » leur répondais-je.

Ce que j'avais prévu et annoncé arriva.

Le mouvement littéraire s'accorda avec le goût du passager et du factice qui dominait tout. La jalousie contre le beau, la haine de ce qui est élevé, les passions de la démocratie mal comprise s'en donnèrent à cœur-joie. Pourquoi ferait-on une œuvre durable ? Elle gênerait les nouveaux-venus et ceux qui vont venir. Pourquoi chercher la proportion et la solidité ? Il est plus agréable de créer des esquisses : — des bâtiments de carton comme Potemkin pour Catherine valent mieux que des monuments. Le premier coup de vent va renverser ces merveilles et d'autres rebâtiront après, sur le sol mouvant, sous le ciel venteux et incertain, leurs temples colorés, leurs théâtres pour marionnettes. La mobilité éternelle sera ainsi consacrée. Pourquoi pas ? Si le sentiment du beau se perd, où est le mal? Il restera toujours à l'esprit humain la conscience du mouvement. L'intelligence qui se stérilisait autrefois, s'évapore aujourd'hui. Elle quitte la formule pétrifiée, elle devient gaz impondérable. Des folies de Trialph le romantique, elle passe aux niaiseries d'Ancelot ; du despotisme à l'anarchie, de Chapelain à Cyrano.

On ne lit que le *Figaro* et le *Gaulois*. L'amour d'une littérature qui n'en est pas une s'est emparé des âmes. De 1800 à 1830 le classique régnait seul ; une littérature trop monumentale, trop lourde, imitée, servile, apprise, trop littéraire enfin, pas assez humaine, avait le dessus. Depuis 1860 une littérature trop sans façon, trop bassement humaine, a repris le sceptre. Celle-ci dédaigne l'ornement au point de montrer sa nudité. Elle cause, elle médit, elle bondit, elle fait des gamineries et des grimaces. Elle danse en chemise et de temps en temps s'exhibe sans voiles ; le *Gaulois* se couvre d'un pagne rose ; le *Figaro* d'un pagne blanc. Cette cachucha plus ou moins vêtue, ce carnaval plus ou moins grave constituent la littérature de 1870. Les Mémoires même de Guizot sont une contredanse universelle sur sa propre gestion, une artificielle polka de ministre tombé. Le règne de l'artifice social a mené là.

Il faut convenir que l'ère impériale n'a point créé cette autocratie du mensonge frivole. On y est arrivé par la voie du dégoût et des excès. Déjà, sous Louis-Philippe, un gros universitaire devenu journaliste, académicien récemment, avait osé parler de sa jeune femme et de son alcôve, de sa nuit de noces et des draps de son lit nuptial étalés devant le public dans un feuilleton de théâtre ; le *je m'en moque* arboré par lui dans le *Journal des Débats* avait écœuré les honnêtes et fait bondir de dégoût ceux que la dignité humaine et celle de l'esprit intéressent. Il n'en avait pas moins occupé dans la société une espèce de rang honorable à cause de son petit drapeau orléaniste. Ce Jules Janin dont les trois cents volumes ne seront pas plus lus ou même ouverts dans dix ans que les innombrables saletés de Rétif de la Bretonne ; ce léger écrivain, gros, pansu, mafflé, le plus faux des hommes, le plus subtil des faux bonshommes, représente le dernier pédantisme de la fatuité scoliaste. Il représente l'esprit jésuite, le père Porée, Geoffroy et tous ceux qui ont caché la nullité de l'idée sous la légèreté apparente de la forme. Dernière expression de cette cuistrerie à talons rouges et à rabats, il est dans la vie privée incapable d'aucune amitié et d'aucune vérité ; avide, cupide, surtout envieux ; mais il aime les lettres, la plume, l'encre, les belles éditions, Horace, Virgile ; il fait des vers latins — un vrai jésuite. Dans tous les cas, il est intéressant, pour la science, de savoir que l'araignée a douze mille trous. Mais l'œuvre littéraire ! naturalisme outré. Mosaïque, statistique, compte rendu, table de matières ! Il est bien difficile d'aller jusqu'au bout de ces inventaires.

Octave Feuillet ! Quelle satiété de détails ! Autrefois Isocrate, Buffon et leurs semblables ne voulaient que généraliser ; et c'était l'excès de l'idée. Oubliant le fait, j'accepte ces livres de chasublier, d'entrepreneur de maçonnerie, qui oublient l'idée pour le fait et qui sont le contre-poids ridicule d'un excès ridicule. Jadis j'aurais accepté CLÉOPATRE. Quant aux romans ! ils se baignaient de larmes à l'époque où Jean-Jacques Rousseau sentimentalisait. Ils ont dépouillé la vapeur, la rosée, la pluie et l'atmosphère, comme on dit que la lune, scorie d'une vieille forge abandonnée, se laisse traîner à la remorque de notre planète dans le ciel. Rétif de la Bretonne a commencé, décrivant le soulier des femmes, la jambe des femmes, l'anatomie érotique. C'est le premier réaliste. Ensuite est venu Paul de Kock, qui, s'il avait du style, serait un Téniers. Mais imaginez un Téniers mal peint ! La succession des hommes qui ont cherché l'extrême vrai contient dans sa liste d'énormes talents, comme Balzac, qui fait gras, coloré ; comme Luc Jordaens ; Stendhal qui fait fin, profond et délicat, sec et vif ; comme Meissonnier avec Gérôme ; surtout Mérimée, qui tient le haut du pavé, un grand maître de réticence et d'une justesse inimitable :

Champfleury, meilleur que la plupart, parce qu'il ne s'est pas cloué dans un système ; ses bourgeois sont adorables : il a souvent le burin de Callot ; Feydeau, plus orageux, est assez fort ; enfin M. Flaubert, le dernier maître de la dessiccation morale.

A présent ! de jeunes savants ont créé la *Revue critique*. Quelle sécheresse ! Quelle nudité ! C'est la chaste contre-partie de la licence orgiaque que d'autres se permettent. Le squelette d'un côté, les violences de la chair d'un autre. La bacchanale des vieillards essoufflés, s'efforçant d'avoir de l'imagination, à côté de la castration des jeunes gens, qui sont sobres faute d'estomac ! Adolescents énervés ! Vieux polissons !

LIBRI

Si j'ai constamment nié la société française, si je lui ai résisté ; si les mœurs et la vie des derniers venus, comme Étienne E...., par exemple, m'ont semblé aussi inacceptables que celles des avant-derniers, comme S..., ou celles des précédents, comme Aimé Martin et Martainville, ou enfin celles des gens de la révolution entre 1789 et 1800, c'est que je les ai vus les uns si lâches, les autres si fous, si actifs à ne rien faire, si traîtres dans leurs engouements, si égoïstes dans leurs dévouements, si constants dans leurs folles religions du moment, que je ne pouvais pas les suivre sans m'abdiquer. J'ajoute que, même comme politique, ils se trompaient incessamment ; tous, les plus forts comme Guizot, marchaient de faute en faute, par vanité, par haine, par envie, par pédantisme, par système, et je voyais ces fautes clairement. Elles venaient des vices personnels.

La faute grave et majeure fut de négliger pour ses passions et sa coterie les devoirs vrais de l'homme d'État. Ici Louis-Philippe était moins coupable que ses entours, et Louis-Napoléon aussi. Leurs instruments les ont perdus. Sans Thiers et Guizot, Louis-Philippe aurait bourgeoisement régné ; il aurait certes plus fait pour l'ouvrier, l'instruction publique, le paysan. Sans Morny et les autres, Louis-Napoléon aurait moins cédé à ses velléités autoritaires et au mépris que le conquérant professe pour les philosophes et les écrivains. Mais chacun de ces pouvoirs a voulu camper comme en pays conquis ; on a fait des recrues, et on les a faites partout. On a transformé le gouvernement en une tente où le chef, ses cartes de bataille sous les yeux, pointait stratégiquement ce qu'il fallait faire pour garder son autorité. Cette méthode, moins nécessaire aux Bourbons à cause de leurs vieux titres qui fixaient leurs droits, est devenue plus étourdie et plus hardie sous Louis-Philippe, plus systématique et plus serrée sous l'ingénieur Louis-Napoléon, qui connaissait admirablement la manœuvre.

Que de recrues ramassées par les divers régimes dans tous les coins et dans toutes les races ! c'est ainsi que le Florentin Libri, appelé par Guizot, a fait impunément une rafle gigantesque dans toutes les bibliothèques de Paris et s'est constitué par ses vols de livres un véritable revenu. Je l'ai vu un jour venir à moi, à la bibliothèque Mazarine. Il apportait une lettre de Guizot. Doux, rond, poli, fin, aimable, facile de commerce, rien n'était plus italien que Libri. Quelle grâce ! quelle souplesse ! Et aussi quelle profondeur ! Il m'invita, moi deux centième, à un dîner auquel il convoqua tous les célèbres, tous les actifs, tous les influents. C'est qu'il venait d'exécuter sur les bibliothèques la plus grande des razzias. Il voulait avoir la presse pour lui et il l'eut. Buloz, Girardin, tous les maîtres, le défendirent. Armé des lettres de crédit des ministres, les servant avec zèle auprès des libéraux d'Italie, admirable dans les salons et incomparable d'aménité, de souplesse, d'épigramme douce, de flatterie élégante, écrivant bien le français et l'italien, profond en mathématiques, en géométrie, en sciences physiques, et connaissant l'histoire à fond, esprit très-analytique et comparatif, joignant à la philosophie des déductions les plus exactes et les mieux liées le *suave*, l'*agréable*, le *molle atque facetum*; gai comme Polichinelle auquel il ressemblait moins la bosse; plus expert qu'un commissaire-priseur ou un libraire dans la science des livres, cet homme extraordinaire n'avait qu'un malheur : il était essentiellement *voleur*. Il l'était comme on l'est dans ce pays délicat, voluptueux, exquis, — par « gentillesse », *gentilezza*, par subtilité, par bonheur de la manœuvre secrète, encore plus que par cupidité. Il était escroc par délices et avec grandeur, comme une femme est coquette, pour se rendre justice, s'estimer, s'amuser et jouir de sa force subtile plutôt que pour jouir de l'amour.

Je n'avais plus entendu parler de Libri depuis son départ de France. Je savais par Charles Asselineau, mon jeune et spirituel collègue, qu'il avait rencontré Libri à Florence ; Libri avait affecté une grande pauvreté et lui avait assuré ne pas avoir les moyens d'habiter la ville : il s'était donc retiré dans un village près de Florence.

Ce fut en 1869 que je descendis par les contrées charmantes, agrestes et virgiliennes du côté de Mantoue vers l'Adriatique. Je vis alors Venise, Padoue, Pise, Ravenne et Florence. Je m'y arrêtais pour quelque temps. Je voulais voir dans les environs les villas que le grand Galilée avait habitées à la fin de sa vie. J'avais vu *Bello Sugnardo*, la villa *degli Albrizzi*, et enfin Arcétri, dernière demeure du grand génie universel. C'était là que le jeune Milton était venu exprimer son admiration au grand mathématicien, vieillard aveugle alors, ne se doutant guère qu'il serait accablé un jour par la même infirmité, dans sa vieillesse prématurée !

Il me restait Fiésole (la vieille cité étrusque) à voir. Par une chaude matinée d'automne je montai donc la vieille route poudreuse de l'antique Fæsulæ, qui dut succomber à la sanglante jalousie des gens de Firenze. A ma gauche j'avais la petite rivière de Mugnone, à ma droite, la vallée de l'Arno ! de tous les côtés, des villas splendides entourées d'orangers, de lauriers et de myrtes. La route elle-même était bordée d'une haie de rosiers en fleurs, mais rosiers et roses étaient couverts d'un épais voile de poussière. Deux petites mendiantes aux yeux noirs tiraient parti de ces roses ; elles en faisaient des bouquets qu'elles offraient aux passants après les avoir soigneusement lavés dans la petite rivière d'à côté. J'achetais le bouquet pour ne plus entendre l'éternel cri *fame! fame !* (faim ! faim !) et bientôt j'arrivais, après un petit détour, au pied du mur cyclopéen. On a vraiment de la peine à s'imaginer que jamais main humaine ait pu construire pareille œuvre. Ce mur doit être de l'époque même où d'autres géants élevèrent les monuments de Carnac ! J'errai là sur ce plateau en rêvant et en étudiant tous ces débris extraordinaires, de toutes ces grandeurs d'autrefois. Quelle poussière ! quelle décadence ! Sur la petite place, devant la vieille cathédrale, première architecture de l'école toscane, un étal de boucher masquait l'admirable porche de l'église. J'entrai ! J'allais voir les statues d'*Andrea Ferucci*, placées sur le maître-autel. Un cercueil m'empêcha d'approcher : selon la mode italienne, le cercueil était ouvert ! Je regardai l'homme mort, c'était *Libri !* J'y fus longtemps, devant ce cadavre ! Enfin, je déposai le bouquet des petites filles sur le bord du cercueil, et je m'en allai plus rêveur que jamais. C'était à la fin du règne de Louis-Philippe que le procès Teste et le procès Libri avaient découvert la plaie voleuse de l'administration ! Pauvre pays ! pensais-je alors, et la spirituelle race qui l'habite continue ses escapades de licence, ses abaissements de courtisanerie, sous des maîtres qu'elle choisit pour les détruire, et sa voltige insensée sur sa corde tendue de l'absolutisme et sur les cordes lâches d'un jacobinisme meurtrier et d'un communisme de saltimbanques.

PROUDHON

Proudhon a effrayé et effaré la légèreté des esprits modernes ; au temps des dialecticiens scolastiques il aurait été regardé comme un produit naturel : le *sic et non* d'Abeilard, les distinctions, les argumentations extraordinaires n'étonnaient personne. Le raisonnement de Proudhon avait besoin d'un Occam ou d'un saint Thomas pour adversaire. Il soutenait que la propriété, c'est le vol ; que le blanc, c'est le noir ; que le *oui*, c'est le *non*. Il raisonnait *in circulum*, c'est-à-dire que, se plaçant au centre, du pôle *nord* il passait à l'opposé, sautait légèrement au pôle sud, et soutenait que les deux pôles étaient identiques. Il n y a pas de *guerre sans paix*. La proposition est incontestable. Donc la paix est *identique* avec la *guerre*. C'est ce qu'il faut prouver ; et Proudhon le prouve, en démontrant qu'une substance étant nécessaire à une autre substance, la rend incomplète, si elle fait défaut. Une fois ce difficile pas franchi, la paix se confond avec la guerre, la guerre avec la paix. L'identité de Hegel, issue de l'identité de substance de Spinosa, suffit à tout. Dans le livre de la *Paix et la guerre*, ce raisonnement *in circulum* se manifeste plus sérieusement que jamais. Voici la série des arguments de Proudhon : *Tout ce qui est humain est divin. Le pillage est divin. Le viol est divin.* Puis, faisant retourner la redoutable roue de sa dialectique : *Le Divin se transforme en humain, l'humain se transforme en divin. La loi de l'antagonisme fait que le blanc est le noir. La thèse de la guerre est donc la thèse de la paix.* — Voilà ce que Proudhon appelle *des études critiques*. Je ne m'étonne pas que le plus souple des équilibristes de la critique moderne, le sénateur Sainte-Beuve, mon vieil ami, esprit extraordinaire, ait aimé et analysé Proudhon. La chimie littéraire, les interminables critiques de Sainte-Beuve procédaient du même principe : Tout analyser ; séparer les éléments et les confondre. Il est certain que, matériellement parlant, le même oxygène, le même azote, le même carbone se trouvent dans la plante et dans l'animal, dans l'air et dans les eaux. Retrouver ces mêmes éléments essentiels dans tous les êtres, est l'œuvre du chimiste ; Sainte-Beuve l'a opérée en littérature. Proudhon agit plus vigoureusement et plus franchement en philosophie. Mais s'ensuit-il que la conduite de la vie doive leur être soumise ? Un homme respire comme une fleur. Mais tuer un homme, ce n'est pas détruire une fleur : *abattre un chêne*, disent les assassins de grande route, qui ne sont que des sauvages, trop amis de l'identification matérialiste. C'est cette théorie de l'identification et de l'unité absolue, de l'égalité des forces, qui confondant l'esclavage avec la liberté, le bien avec le mal, la force avec le droit, mène les peuples, par la voie de l'indifférence, à la dernière décadence. Les Asiatiques ont depuis longtemps parcouru ces phases philosophiques ; le brahmanisme est l'adoration de toutes les forces ; le bouddhisme est l'universelle indifférence : la religion de *Confucius* est le culte des morts et du passé. Le crime de Proudhon, de Sainte-Beuve et de leurs émules est de nous refouler dans l'Asie et dans le fanatisme de l'indifférence, si fatal dans les derniers temps à notre malheureux, cher pays. Il y a des individus qui prétendent que Proudhon n'a point préconisé la force, l'oppression et la guerre. Je termine, non sans horreur, la lecture de ce matérialiste, fataliste et panthéiste abominable, qui du culte de la matière fait sortir l'éternité de la matière, et l'identité de toutes choses ; cette identité, cette homogénéité de substance n'est modifiée que par la variété des forces ; le soleil, plus puissant que tout, attire tout et reste au centre ; il représente la raison du plus fort. Il n'y a ni âme ni intelligence au monde, mais seulement la force. Elle est l'intelligence, l'âme étant la matière. C'est le système de Büchner ; on n'a donc qu'à se demander si la matière est la justice ; si elle exerce la justice ; si le rocher qui écrase l'enfant est juste ; si le loup qui mange l'agneau est juste ; si l'eau qui noie un village est juste. Cela, dans l'ordre des lois physiques, est juste. Dans l'ordre moral, qui renverse l'ordre physique, le faible vaut mieux que le fort ; le rocher vaut moins que l'enfant et le loup moins que l'agneau. Ce qui le prouve, c'est que l'intelligence humaine ne s'emploie qu'à dompter la matière, et à l'empêcher d'être unique. L'esprit élève des digues, fait la chasse aux loups, tue les vipères, encaisse les fleuves, et crée des paratonnerres contre la foudre. La déification des forces brutes de la nature est donc une stupidité : il ne faut pas non plus diviniser l'intelligence seule, qui n'est que le second degré ; l'intelligence en corrigeant les forces de la nature, mais en obéissant à la vie morale, à l'âme que Proudhon ne reconnaît pas. Il dit que la guerre *anime* la société. Sans doute comme la mort *anime* la vie, comme le fumier anime la végétation. Quand Proudhon établit une gamme qui, du droit de la force, à travers la guerre, les races, les nationalités, les familles, le commerce et l'action de la pensée, atteint la *liberté*, il constitue une chimère. Échelle fantastique et chimérique ! car la force qui fait la guerre est le contraire du reste ; et c'est en s'éloignant de leur berceau sanglant que les nations grandissent ; dire qu'elles grandissent par la guerre, c'est prétendre que l'homme grandit par les maladies et que l'état de l'enfance étant une continuelle maladie, c'est la maladie qui fait l'homme. Cependant ce livre odieux contient des traits magnifiques, et sur ce marais de sophismes errent des lueurs souvent extraordinaires de raison, même de génie !!

Il me suffira d'extraire quelques fragments du dernier ouvrage que ce grand écrivain a publié ; la table des chapitres du premier volume contient ces mots :

LIVRE PREMIER. — *La guerre est un fait divin.*
— — *La guerre révélation de la justice.*
— — *La guerre révélation de l'idéal.*
LIVRE DEUXIÈME. — *Théorie du droit de la force.*
— — *La conscience universelle déclare régulier le jugement de la force*, etc., etc., etc.

C'est dans ce même ouvrage que vous trouverez les lignes suivantes : « Gloire aux potentats ! *à qui seuls le monde doit le peu de sécurité dont il jouit !* » (Tome II, page 244.) Et plus loin : *La guerre, le plus grand acte de la vie sociale, le plus solennel et le plus divin !*.... (Page 300.)

La Guerre et la Paix de Proudhon. — J'ai avec peine

et répugnance pataugé dans ce marécage de métaphysique sanglante, dont le fond est l'identité absolue de la matière et de l'esprit, l'un et l'autre abolissant le sens moral et tuant l'homme moral ; la force étant la matière brute, elle est tout. Elle est donc à la tête de tout. Elle developpe tout. Elle est donc un droit. Les forces matérielles sont en guerre et les plus puissantes l'emportent. Donc la guerre est un droit. Si l'on répondait à Proudhon que l'intelligence condamne la guerre, et que le sens moral aussi condamne la guerre, il répondrait que la guerre est la fille aînée de la force, et qu'étant alliée d'une façon plus intime aux éléments primitifs, à la matière, on n'a pas le droit de la condamner. Tel est le fond de toute l'époque : un matérialisme abject, excusant le mal comme identique au bien, et admettant toutes les forces sur un pied d'égalité qui assimile le crime à l'honnêteté et confond tout dans un absolu effroyable. C'est la théorie du meurtre, du vol et de l'infamie, reconnus les équivalents de leurs *antinomies*.

GUSTAVE PLANCHE

OU

LE CRITIQUE OSSU

Sur le pont des Arts passe un homme-éléphant, immense et qui ressemble un peu à Samuel Johnson dans sa vieillesse ; il m'a heurté du coude. C'est Gustave Planche. Je ne lui ôte pas tout mérite ; et j'aurais voulu que répétiteur à l'École polytechnique, après avoir suffisamment étudié les coefficients et la trigonométrie, il eût joui d'un traitement et d'une considération d'accord avec ses facultés.

Mais l'autorité d'airain sonore, le sceptre de fer fondu qu'il a conquis, me le rendent intolérable ; ce type du mensonge dans le pouvoir intellectuel me révolte. Quoi ! sots ! vous ne voyez pas qu'il n'y a rien là, sinon l'amitié de Buloz — une grande chose, il est vrai ! — vous ne voyez pas que cette poésie est sans ailes ; cette caricature de l'art sans visée ; cette critique sans yeux ; cette vertu faite de plâtre ; statue creuse comme en créait Robespierre ? Négatif, éliminateur, ignorant, Planche avait le même don que Samuel Johnson, l'instinct d'une certaine phrase roide, dogmatique et pondérée, dont les angles et les lignes équilatérales satisfont l'ingénieur. Dans cette phrase il jetait son fiel. Cela cuisait comme dans un moule de cuivre. Puis il servait cela ; mets de l'envie et de la petitesse, de la banalité et du pédantisme. Dictateur, il était adoré de cette foule qui tend le dos et qui appelle la verge. Il ne restera pas deux lignes de lui, la postérité ne daignera rien lire de ses œuvres, « Ah ! dira-t-elle, combien ces gens-là étaient amou-« reux de la garcette et du fouet ! et quelle belle place « ils faisaient aux argousins ! Pendant l'apothéose de « ce lourd aruspice, le doux Gérard de Nerval se pen-« dait ; trente jeunes talents étaient sans pain ; et le « charmant conteur de la *Magdeleine* périssait sans « gloire, parce qu'il était timide, doux, mince, faible ; « tandis que Planche était *gros.* »

Il faut dire aussi que ce pouvoir assumé par l'un des plus stériles esprits que la France ait produits, tenait à deux causes, le besoin français d'être gourmandé, ce qui a rendu jadis Chapelain (le poëte !) une autorité si fière ; et l'autre besoin français de la bataille, ce qui donne un grand air à tous les polémistes : boxeurs, escrimeurs, gens de fleuret ou gens de *savate*, comme dit le peuple ; tir au pistolet, à la cible, à l'espingole ; ancienne passion du vieux Kelte. Au fond il y a le *væ victis !* Vite, un vaincu, que je l'abîme et que je l'écrase, que je creuse sa tombe et que sous la fange je l'enterre. Je dois avouer le talent assez développé de Planche dans ce métier. Il pose bien et en athlète. On voit ses muscles. Il a même ce *facies* solide et cet air altier du gladiateur qui se croit artiste. C'est l'abîmeur, autre type qu'il faut placer à côté de l'empêcheur. La nature les a créés mes ennemis de race, ces gens couvés par la haine et nés de l'envie, moi qui désire servir toute grandeur, tout talent, même celui de Planche le boxeur, le juge *Ossu*.

Les déceptions de la vie avaient aigri et ossifié le caractère de Gustave Planche. Je le voyais quelquefois chez Mme de Guiccioli, marquise de Boissy, et aussi chez Mme de Gabriac. Je le savais un des intimes de Georges Sand et un habitué chez Mme Jules Sandeau. Sandeau, mon vieil ami, ne m'en parlait jamais. Quel ne fut pas mon étonnement quand Sainte-Beuve m'envoya le billet qui suit :

« CHER AMI,

« Je n'ai pas répondu à votre aimable billet.

« Je reste ici ce mois encore.

« Sachez (pour avoir gré à qui de droit) que « G. Planche va tous les deux jours demander au mi- « nistère votre place de conservateur pour J. Sandeau : « *il n'y est pas écouté*. Ceci entre nous, mais à la ren- « contre remerciez-en Planche et Sandeau ; c'est « indigne !

« A vous de cœur,

SAINTE-BEUVE. »

En effet, j'ai gardé ma place, sans m'occuper de la malveillance de Planche. A sa mort, son frère me fit écrire la lettre ci-dessous par son cousin.

Mardi 8 mai 1860.

MONSIEUR,

J'ai une grâce à vous demander ; ne la refusez pas.

G. Planche est mort, et mort depuis cent ans ! personne de la presse ne songe plus à cet honnête homme ; faites, Monsieur, qu'il ressuscite quelques instants par vous. Son frère en sera bien reconnaissant, car il gémit sans cesse de le voir si complétement oublié.

Je m'adresse, Monsieur, à la générosité de votre esprit que je connais. Vous sauriez changer le mal en bien s'il y en avait à dire d'un homme qui n'était que *malheureux*, et si vous connaissiez sa correspondance avec son père quand G. Planche avait vingt ans, vous seriez édifié de la douceur naturelle de ce cruel écrivain. Lui-même était son ennemi, mais si vous saviez toutes les douleurs qu'il a subies, vous en seriez attendri. Mme Ménessier-Nodier pourrait vous en dire une qu'elle a connue et qui lui a fait pitié. Il y a de ceci vingt ans.

Croyez-nous et soyez bon.

A C. Augustin Planche.

Je lui ai fait un article dans les *Débats*.

Planche était un des trois écrivains dits « aux mains sales. » D'abord Villemain ! Henri Heine disait de lui, « quand Villemain voudra se travestir il n'aura « qu'à laver ses mains ! » Ensuite, Pierre Leroux, qui appela l'eau un corrosif dangereux pour la main d'un écrivain. Et enfin, Planche, plus sale que les autres. Il accepta un jour six cachets de bain de Mme Sand : sans quoi elle lui signifierait son congé, disait-elle, avec un air tout à fait sérieux. En effet ! Planche profita du bienfaisant cadeau, et se présenta le soir même chez Mme Sand : « Comment ! lui cria-t-elle ; encore dans le même état ? — Non ! dit Planche, sans se déconcerter devant nous, j'ai profité d'un de vos cachets. Touchez mes cheveux, ils sont encore mouillés. — Mais, malheureux, et vos mains ? — Ah ! les mains ! répliqua Planche, c'est bien possible : j'ai lu au bain, et naturellement j'ai tenu les mains et le livre au-dessus de l'eau ! »

RETOUR

DES CENDRES DE NAPOLÉON Ier

ET LA

GUERRE SOCIALE

La passion française pour Napoléon ne m'avait jamais atteint, ni même touché. Je méprisais cette rage folle d'une fille publique pour son immoral amant. L'un et l'autre s'étaient compris par l'électricité sympathique du crime et du mal. L'un, l'amant — Napoléon — plus robuste, moins usé, Corse sauvage, plaisait à la drôlesse par sa cravache retentissante ; il la menait *tambour battant*. L'autre, vaniteuse, vantarde, frivole, avait été infidèle à son drôle, quand elle avait vu, en 1816, le galant rossé. Mais au fond du cœur elle l'aimait toujours, comme le plus hardi, le plus fin, le plus féroce, le plus froid dans ses combinaisons, le plus rusé dans ses trames, le moins scrupuleux dans ses pillages. D'ailleurs, ne lui donnait-il pas en la battant de belles robes et des bijoux, des croix et des diamants, des fêtes ? Et l'argent des autres n'arrivait-il pas à la coquine ?

Puis, il était devenu malheureux. Ce malheur de

Sainte-Hélène, et cet exil, et cette mort, toutes ces auréoles, d'ailleurs dramatiquement disposées par le grand acteur de la Méditerranée italienne et gasconne, touchaient le cœur avachi de la vieille France blasée. De moralité, il ne pouvait être question. Mais l'émotion y était vive, profonde et romanesque. Le petit poëte gaulois, Parisien sublime, Béranger, en usa ; il chanta le héros, et le fantôme impérial se dressa de nouveau triomphant sur la couche illégitime du couple. La France oublia les autres maîtres, le jésuite Charles X et le fin latiniste Louis XVIII. Le sabre sanglant des impérialistes ne fit plus peur. C'est si beau, les armes ! Le chant populaire napoléonien de Béranger passa de bouche en bouche ; on se crut à la fois *libéral* et *impérial*, comme on se croirait *homme et femme — blanc et noir*. Cet hermaphrodisme politique ne blessa personne. L'esprit et la passion réconcilièrent tout. Ridicule mélange ! Au milieu de tant de faussetés, il fallait bien que le faux romanesque eût son tour ; et en effet, on imagina, n'ayant pas à réinstaller le mort sur son trône, de faire revenir son squelette, ou — comme dit la pauvre rhétorique romaine que nous empruntons en France aux latins — ses *cendres !* Toute notre phraséologie est fausse comme nos mœurs et mensongère comme nos idées.

Peuples et hommes, ne faussez rien !

J'assistai seul, méditatif et attristé, à la cérémonie du retour de ces cendres napoléoniennes, c'est-à-dire de ces débris. Lugubre, funèbre, effroyable et stupide illusion! Il y avait beaucoup de finesse là dedans, croyait-on. Les grands diplomates, les habiles, voulaient concilier le prestige triomphal de Napoléon et les devoirs du libéralisme nouveau. En réalité, ce n'était que mensonge, fraude et folie. Aimez-vous Napoléon ? Reprenez sa dynastie pour maîtresse. Si vous aimez la liberté, il faut maudire celui qui l'a tuée et qui l'abhorrait. Mais les réalités et les vérités échappent toujours à ceux qui, élevés depuis des siècles dans la servitude sociale, n'ont vécu que de mensonge. Pour fêter cet énorme solécisme politique et solenniser la rentrée triomphale du vaincu de Sainte-Hélène, ce peuple qui disputait au roi bourgeois une maigre pitance dépensa plusieurs millions ; dressa sur l'avenue des Champs-Élysées un million de statues de plâtre que la gelée fendit aussitôt ; replaça dans un grenier des Invalides le buste honnête de Lafayette qui avait orné le milieu de la place ; imagina de faire assister à cette représentation mélodramatique un nombre prodigieux d'aigles sculptés et de colombes vivantes, et prodigua le clinquant matériel pour dissimuler la puérile niaiserie de l'idée. Les aigles de droite regardaient venir le cortége ; les aigles de gauche se tournaient de l'autre côté. Vaudeville, mélodrame, calembours plastiques ! Il y avait de quoi soulever le cœur, et aviver la guerre sociale. Hi ! Guelfes ! Hi ! Gibelins ! Toujours la lutte des partis !

Rien ne me répugnait, rien ne me révoltait comme l'absence de cordialité et la prédominance de l'envie, de la haine, de la guerre sociale exprimée, même dans les salons, par le cancan féminin, l'intrigue assidue et la manœuvre sourde. Tout le monde se haïssait. Mais c'est là l'effet inévitable du vieux régime militaire et de l'idée de conquête, passion et habitude chez nous. On peut à ce propos lire les *Mémoires de Marmont*, l'ami de Mme Ancelot. Il trouve le massacre des pestiférés de Jaffa très-naturel, l'égoïsme fort convenable au soldat à cause du grand mouvement de la marche des armées, et se raille agréablement de ceux qui ont des principes : « ils ne sont pas (dit-il) du métier. » Les cadavres leur font mal : — « Sachez tuer ! »

Il faut lire aussi les *Mémoires de Fézensac* sur la guerre de Russie et sur l'horrible déroute de notre armée. Toujours *vaincre et tuer! Væ victis!* « La guerre n'est pas un jeu d'enfants, » dit Marmont ; « elle tue ! » O sauvages misérables !

Cette ardeur exotique était aussi présente chez Guizot, Molé, Bertin fils, Hugo, Sainte-Beuve, Buloz, Pichot. Tout cela tuait le rival. Tout cela pensait à la guerre ; rêvait, tramait, vivait uniquement pour la guerre, pour se détruire mutuellement. Louis-Philippe valait mieux. Le bonhomme était philanthrope. Comme les hommes de 1789, comme Bertin père, il disparaissait dans cette bagarre de haines, et les gens qui, ainsi que Lamartine, voulaient la paix et combattre pour elle en héros, ceux qui prétendaient faire blanc de leur épée chevaleresque, à l'exemple de don Quichotte, étaient ridicules. Quant aux justes et aux hommes qui, tout en guerroyant, avaient un principe et un amour supérieur du bien, tels que Montalembert, Berryer et le républicain que tua Émile de Girardin, Carrel, ils n'étaient sauvés du mépris que par leur drapeau, et enfin les Tocqueville et les Royer-Collard, les premiers de leur temps, attendu qu'ils possédaient une âme saine, une raison forte et de l'honneur, ils n'étaient rien. Quelques bouffons graves, M.... et Romieu par exemple, exploitaient la situation à leur profit, et quelques juifs madrés — les Troplong et les S.... — tiraient leur épingle du jeu en l'honneur de leur famille. Thersite même prospérait. Il s'appelait B.... Pour de tels gens, quiconque ne tuait pas le voisin, qui pensait à autre chose qu'à se conserver et à vaincre était un NAÏF, mot nouveau que M. Forcade La Roquette, ministre, a prononcé en l'appliquant aux Turgot et aux Necker ; un *niais*, un imbécile, incapable de comprendre la beauté d'une civilisation raffinée.

Malheureusement, il y avait trop d'habiles. Pressés les uns contre les autres, encadrés et serrés dans une société sans issue qui ne pouvait satisfaire toutes les cupides ambitions, forcés d'avoir recours à la ruse, ces engrenages d'habiletés hostiles, ces mille replis et ces complications entortillées de tromperies enfiévrées donnaient le spectacle le plus odieux. Véron détruisait Buloz qui rongeait Véron. En littérature, les mêmes fureurs nées du besoin de succès menaient à la même destruction, au même dégel universel. Pour ruiner les classiques, on fabriquait de fausses renommées romantiques. Puis afin d'abîmer le nouveau trône romantique, on créait la gloire de Ponsard. C'était un très-obscur et médiocre académicien de province, un instrument de guerre forgé contre Hugo le Cyclope.

Je le répète : ce qui condamne absolument cette société malheureuse et depuis trop longtemps civilisée, c'est cette haine du faible, née du dédain de la justice, et de la croyance à la toute-puissance de l'intrigue ; personne n'a plus le sens moral en France. Un nommé Bentley vient de faire un excellent travail sur le retour des Cendres de Napoléon Ier et sur l'état moral de la France. Il s'étonne de l'envie, de la haine et de la folle animosité contre les supériorités. Il ne comprend d'ailleurs pas nos engouements et nos haines subites ! C'est une maladie extraordinaire, pour M. Bentley ! C'est que l'on voudrait expérimenter une certaine manière de partager également les travaux de l'esprit et de l'art entre les gens d'esprit et les artistes, qui serait l'application la plus excessive et la plus ridicule du socialisme, et qui est la destruction même du talent. Thiers a fait revenir les Cendres de Sainte-Hélène en France, contre le talent et le pouvoir de M. Guizot. On a choisi Ponsard, pour contrebalancer Victor Hugo. Ce qui domine en France, c'est l'horreur DE CE QUI NOUS DÉPASSE !

Et le talent ?

LAMARTINE

Autour de M. de Lamartine s'assemblaient et se groupaient tous ceux dont la chute de Louis-Philippe était l'espoir et le désir, mais qui ne voulaient et n'appelaient ni l'absolu cruel d'un régime napoléonien, ni l'autre absolu insensé d'une démocratie violente. Il n'était pas conspirateur, et il en était incapable. Autant vaudrait demander à la grappe de raisin, transparente au soleil, de se changer en aconit, ou à la feuille exubérante du chêne de devenir poignard. C'était la plus étonnante créature de Dieu, la plus instinctive, la moins apte à conduire les affaires ou à juger les hommes, la mieux douée pour s'élever, planer, ne pas même savoir qu'il planait, tomber dans un abîme et un gouffre de fautes, sans avoir conscience d'être tombé ; sans vanité, car il se croyait et se voyait au-dessus de tout ; sans orgueil, car il ne doutait nullement de sa divinité et y nageait librement, naturellement ; sans principes, car étant dieu, il renfermait tous les principes en lui-même ; sans le moindre sentiment du ridicule, car il pardonnait à tout le monde et se pardonnait à lui-même ; un vrai miracle, une essence plutôt qu'un homme ; une étoile plutôt qu'un drapeau, un arome plutôt qu'un poëte, né pour faire couler en beaux discours, en beaux vers, même en actes charitables, en hardis essors, en spontanées tentatives, les trésors les plus faciles, les plus abondants d'éloquence, d'intelligence, de lyrisme, de formes heureuses, quoique trop fluides ; de grâces inépuisables, non pas efféminées, mais manquant de concentration, de sel et de virilité réfléchie.

Qu'il devînt le noyau des utopies, c'était indispensable. Qu'il leur sourît du haut de son nuage, c'était naturel. Qu'elles réussissent d'abord à le porter au sommet, puis à l'engloutir dans le creux de la vague obscure et noire, cela devait être. Cela fut. J'avais déjà vu chez Jouy, ami de Béranger, la chute de Charles X se préparer. Je vis chez Aimé Martin, ami de Lamartine, la chute de Louis-Philippe se tramer. Autour de Lamartine, espèce de dieu attendant l'apothéose, je vis s'opérer exactement le même travail qui avait eu lieu autour de Louis-Philippe, fétiche immobile et muet.

Il y avait une singularité grande, mais très-explicable dans cette ironie continue de mon destin. J'entrais dans toutes les coulisses, sans me charger d'aucun costume ni prendre aucun masque. Je n'étais pas même souffleur. N'étant rien, je voyais tout ; et ne voulant tirer des choses et des hommes aucun parti pour moi-même, j'étais plus ardemment intéressé de ce spectacle que nulle âme humaine ne le fût d'une œuvre théâtrale. Très-naturellement passionné, je restais froid à tous ces petits intérêts bouillonnants ; j'admirais la marche de la pièce en jeu et j'en méprisais les acteurs, les voyant si mesquins, si envieux, si puérils, si jaloux, si avides, si cupides, souvent si étourdis et si sots, toujours si peu préoccupés de la raison ou du bien à faire aux autres; je me rejetais avec un enthousiasme amer dans le sanctuaire religieux de justice et de charité, que tant de cupidités et d'ambitions vénales laissaient désert. On me croyait indifférent ou frivole. Le contraire était vrai. Je souffrais beaucoup et m'attristais. Mes visées auraient été à autre chose : au renouvellement du peuple par l'éducation ; à la métamorphose des mœurs par une reconstruction des mariages ; à la destruction de cette vaste hiérarchie catholique servile, de cette seconde hiérarchie universitaire misérable, de ce troisième mécanisme administratif et sépulcral, édifice du moyen âge, qui, appuyés et étayés l'un sur l'autre, cerclent et emprisonnent la France. Et l'on s'occupait de chimère ! On ne portait remède à aucune réalité ! On intriguait, on phrasait ! Que m'importaient donc les intrigues qui devaient remplacer un simulacre de liberté par un autre ? Mettre un Lamartine à la place d'un Guizot, à quoi bon ! Organiser une constitution par des phrases, à quoi bon ! L'état moral subsistait, les trois forteresses étaient debout. Les hommes restant les mêmes, rien ne changeait.

LA RÉVOLUTION

DE

1848

ET LA PRÉSIDENCE.

Cette révolution, profondément sotte, enthousiasma quelques âmes. En France, tout souffre ; chacun attend, maudit, espère ; et dans le désir d'un mieux possible, on embrasse l'orage qui gronde ; on croit qu'il va épurer l'air. En effet, il y avait en 1848 compression exercée sur une masse ardente et ignorante par une bourgeoisie vicieuse et intrigante, mais éclairée ; sur les pauvres par les riches ; sur les métiers manuels par les avocats ; sur les artisans par les plumitifs ; sur les non-fonctionnaires par les agents de l'État. Le salon pesait sur la chaumière et l'atelier ; le cuistre et le pédant sur l'ignorant ; l'université sur les écoles libres ; le confessionnal sur les consciences. Par suite du tempérament gaulois chacun de ces représentants de la supériorité sociale était un vainqueur, chacun des étouffés et des inférieurs un vaincu. Or les vaincus étaient aux vainqueurs comme 1,000 est à 1.

Les succès oratoires et les victoires politiques de Thiers, Guizot et consorts ne faisaient qu'exaspérer le monde d'en bas, non pas les couches abjectes que Louis XIV et Louis XV ont laissées dans leur pauvre boue, mais celles qui se trouvent un peu au-dessous de la bourgeoisie devenue directrice des affaires. Louis-Philippe représentait très-bien l'honnêteté parleuse, méticuleuse, criarde, commune, de cette bourgeoisie dépassée et défleurie ; Guizot, les ressources sophistiques du salon genevois ; Villemain, les ruses universitaires ; Thiers, la facilité des gasconnades, Molé, la souplesse fine des pages de l'Empire. Tout cela n'était plus de saison. Point coquins, dans le sens ignoble ; mais petits et puérils. Rien de moins grand que le cercle où leurs intelligences et leurs luttes s'exerçaient. C'était encore le cercle mesquin des paravents monarchiques et des canapés bourgeois ; ils ne comprenaient pas que sans expansion progressive aucune politique moderne ne peut durer, puisque la loi actuelle de la vie des peuples est l'expansion, puisqu'on ne parviendra pas à supprimer cette force, et qu'il faut la servir ou périr. Ouvrez, leur criait-on, la soupape de sûreté. Sortez de vos boudoirs, élargissez vos vues, soyez populaires, pensez à l'ouvrier. Je ne cessais d'écrire dans le *Journal des Débats* des pages qui correspondaient à ces idées. Elles blessaient les maîtres, ou plutôt ils les regardaient comme niaises, et me méprisaient comme paradoxal et fantaisiste. Je n'avais, à cause de cela, aucune place politique ; je n'en avais voulu prendre aucune, bien que M. Guizot m'eût convié à sa table et invité à marcher dans ses voies. Ni aristocrate, ni jacobin unitaire, ni bourgeois vaniteux, ni impérialiste sabreur, ni ecclésiastique voué à Rome, ni utopiste voué au bleu, que pouvais-je devenir? Je voyais l'inanité des efforts de chaque groupe hostile, et je n'en estimais aucun. Fidèle d'ailleurs à celui dont je portais les couleurs, je me contentais de regarder autour de moi ; rien ne me consolait ; rien ne me soutenait ; et je haussais les épaules, pleurant en dedans.

La nouvelle catastrophe s'annonçait. La révolution montait.

Je vis grandir la colonne d'ombre qui, sortant de terre, allait envelopper le trône jadis populaire. Cela se composait d'envie, de misère, de jalousie, de besoins réels, de sentiments excellents et spécialement de l'ignorance politique et du manque d'observation des chefs qui, pour se protéger, rétrécissaient avec effort et contre toute raison la bouche du souterrain, l'issue nécessaire qui aurait donné satisfaction et liberté. Ils restreignaient le plus possible le cens électoral, qu'il fallait élargir. Ils combattaient l'expansion qu'il appelaient Révolution. Ils faisaient rentrer dans le sol les fumées incompréhensibles, les flammes véhémentes, les vapeurs, qui demandaient un essor, les laves ardentes à se dégager.

Cette erreur énorme, soutenue doctoralement et spirituellement par M. Guizot, avec mille maximes et mille preuves d'éloquence, appartenait à tout le salon de M. de Broglie, héritier du salon de Mme de Staël, la coterie genevoise dont la Terreur avait tué les pères ; ce monde que le spectre rouge effrayait encore cédait à l'égoïsme de la peur, si puissante en France. La peur le tua comme toujours. N'oublions pas que le trait principal des mœurs dans ce temps misérable, c'était l'envie. M. Guizot avait passé pour être peu ambitieux, peu prétentieux, peu avide. Ces échelons de son succès le portèrent. Quand on s'aperçut que le ministre, le chef des affaires, le courtisan, le Richelieu, s'étaient cachés sous l'ascète, l'envie s'arma. Elle ne se reposa plus qu'au moment où la chute de M. Guizot l'eut satisfaite, apaisée et conso lée. Elle se sentait dupe. Aveugle comme toutes les passions mauvaises, elle avait fait une idole de ce savant modeste qu'elle avait imaginé Juste-Lipse ou Saumaise, et qui se relevait Mazarin. Elle était furieuse; comme il était certain que M. Guizot ne volait pas, n'accumulait pas, ne thésaurisait pas et ne vendait pas les places, cette pureté comparative achevait de l'enrager.

Les Sainte-Beuve, les D..... de H....., les Thiers, les Molé ne se reposèrent et ne sourirent qu'au moment où Guizot fut à *bas*. A bas Guizot! voulait dire : je *suis envieux!* Et les quatre-vingt-dix-neuf centièmes du pays criaient *à bas Guizot!* Petits et grands, écrivains et administrateurs, marchands, huissiers, avoués, répétaient la même clameur; la révolution de 1848, la révolution des lampions et de l'Eure n'eut pas d'autre but, ni d'autre satisfaction que de renverser ce qui offusquait; détruire le voisin, tâcher de jouir un peu davantage, boire mieux, se faire des rentes, et narguer le rival, surtout empêcher qu'il ne prospérât : voilà l'idéal de 1848, de cette pauvre France avilie par ses lâches doctrines et ses vices bas.

De vraie sympathie, de désirs honnêtes, pas l'ombre! quelques écrivains, surtout M. de Lamartine, dans la région élevée et éperdue de leur lyrisme, nourrissaient les fantastiques chimères d'une inconcevable utopie.

Mais pour tout ce que j'approchais, pour les hommes réels et les familles réelles, la grande loi, c'était l'égoïsme le plus intense, le plus sec et le plus féroce. Le lien du père et du fils n'existait plus. Ce que devait attendre et supporter dans un tel monde un cœur droit et un esprit romanesque, imaginez-le. Jusque dans le foyer domestique vous trouviez non pas la consolation ou le secours, mais l'envie, l'hostilité et la destruction. Chaque fils détruisait son père et se considérait comme une vague subséquente, destinée à effacer la vague qui précédait, c'était le contraire de la vénération pour le passé et de la religion de la famille. C'était l'individu sans père, sans fils, sans frère, se faisant place par la violence et la ruse, c'était le néant !

Pendant que M. Guizot, cramponné au ministère, assouvissait le double besoin de guerre et de pouvoir qui le dévorait usant, pour repousser ses ennemis, de son éloquence ferme, ardente et axiomatique comme une hache, repoussait Thiers, comme du haut d'un rempart on repousse un guerrier assaillant, plaçait son portefeuille sous le bouclier royal, refusait obstinément l'élargissement du cens électoral et l'adjonction des capacités ; d'autres folies, répondant par un écho souterrain à ces frénésies d'obstination ambitieuse et d'engouement, à ces habitudes mondaines d'intrigue et de salon, préparaient dans les caves et souterrains sociaux la destruction et la mort, la ruine et la misère. Il s'était formé chez les ouvriers des grandes villes, de Paris surtout, des associations terribles, qui avaient pour but de prendre le bien des riches, de même que l'association Guizot et de ses amis, la coterie de Thiers et de ses amis, celle de Molé et de ses amis avaient pour but de s'emparer du pouvoir. Aucun principe! chacun prenait sa passion pour un principe. Chacun affiliait le plus de monde possible à sa passion. Les bataillons populaires avaient pour drapeau *la Misère*. Les bataillons des intrigues supérieures avaient pour drapeau l'*Intrigue*. Les Guizot et les Thiers, puis les Marrast et les Lamartine, ayant à se combattre mutuellement, n'avaient plus de force pour se défendre contre les associations populaires. Celles-ci, dont les batteries étaient démasquées, outrageaient par leur cupidité insolemment furieuse le sens moral du genre humain. Elles étaient conduites à l'assaut par des théoriciens, assez honnêtes gens dans leur vie, mais théoriciens absurdes, escamoteurs de pensées et de doctrines, l'un ergoteur métaphysique, espèce de chat tigre riant, dialecticien scholastique, Proudhon; l'autre, un jeune Corse plein d'énergie et d'ambition, Louis Blanc. Ces pionniers avaient eu pour précurseurs : Fourier, Cabet, Saint-Simon ; tous hommes remarquables et dont les essais de doctrine, s'ils étaient tombés sur une société réglée, appuyée sur des bases fermes, aimant la famille, sachant se respecter, favorable au bien, consciencieuse, enfin aussi morale que la faible humanité le comporte, n'auraient fait qu'animer le mouvement social, exciter les esprits, aviver les efforts d'amélioration et éveiller les nobles efforts. Ici rien de tel. Partout métaphysique et passion; métaphysiquement la France avait tué la monarchie; elle se mit métaphysiquement à assassiner la propriété. La France est logique; la logique absolue, d'après Raynal, avait frappé Louis XVI; la logique absolue, d'après Proudhon, voulait que la propriété disparût.

La logique absolue, d'après les vieux catholiques, protégeait l'Eglise romaine et égorgeait les protestants. Voilà la France, théorique, logique, sans bon sens et meurtrière !

La théorie et la logique, en France, instrument de la passion, se sont baignées de sang humain, avec leur sœur la rhétorique. Le bon sens les en aurait empêchées ; mais le bon sens n'est pas logique, parce que la logique est parfaite, la vie imparfaite. Les choses humaines vont contre la logique ; elles sont irrégulières. Prétendre que tout le monde soit riche, beau, noble, puissant et égal à tous, c'est être logique et conforme à l'égalité humaine, c'est être stupide et s'exposer à devenir féroce. L'insurrection de 1848 le prouva.

Aussi rien ne fut-il plus hideusement atroce et plus effroyable que cette grande révolte que j'ai vue tout entière. Elle attaquait la propriété. Elle réalisait Babœuf et Proudhon, les non-possesseurs attaquant les possesseurs à Paris, elle était fanatique, religieusement convaincue. Dans les cerveaux populaires, dans les âmes populaires, il n'y avait pas seulement le crime, mais la foi. Les bras populaires agissaient, conspiraient, barricadaient, tuaient, massacraient, non-seulement pour le pillage, mais sous l'influence d'une croyance absurde et nouvelle qui ne laissait subsister aucune fraternité entre les hommes, aucune sympathie entre les classes, aucun lien entre les conditions. Les pauvres avaient souffert ; ils souffraient encore ; les femmes, les enfants, les familles, quelquefois sans pain, souvent sans ouvrage et sans asile, avaient entendu les philosophes et les orateurs leur prêcher l'égalité et le vol. A la conquête ! Réalisons l'égalité ! Tuons les riches ! Prenons leurs biens. Les habiles sont avec les riches ! Tuons tout ! Les forçats et les assassins soufflèrent le feu, et Paris, quatre jours entiers, roula dans le sang, parce que toutes les leçons de ruse, d'intrigue et d'iniquité avaient été données depuis 1789, et écoutées. Je voudrais que les leçons de noblesse et d'héroïsme le fussent aussi. Par une perversion atroce du sens moral, opérée par le sophisme, on a confondu les premières avec les secondes. C'est ce mélange de toutes les idées qui est à craindre. C'est lui, par exemple, qui a établi la fausse analogie de l'Empire napoléonien avec la République libre ; Fouché, Talleyrand, Sièyès et vingt autres, vrais sophistes en action, ayant admis et recommandé la concentration du pouvoir, parce qu'elle se recommandait des souvenirs de Rome et du Comité de salut public, ont donné au règne de la ruse et de la force la fausse consécration de la liberté. C'est que les défenseurs même sincères de la liberté nouvellement établie avaient eu le tort d'user de ruse et de force. Ils avaient tué leur cause par là-même ; ils avaient prêté le plus terrible argument à leurs ennemis, et surtout au socialisme qui continua la révolution.

LE SOCIALISME

LOUIS NAPOLÉON

1848

La révolution, de cataracte en cataracte, par-dessus toutes les digues, surmontant les derniers obstacles de Guizot, comme ceux de Necker, ceux de Villèle, de Louis XVIII et de Napoléon Ier, plus forte que tout, se précipitait toujours. L'héroïsme, l'intelligence et la rhétorique avaient coulé à pleins bords ; mais l'égoïsme, l'étourderie avec la déraison et la violence n'avaient pu réussir à constituer, soit par la guerre, soit par la tribune, un nouveau peuple debout dans une situation libre et juste, parce que l'équité manquait avec la sympathie. Chacun abhorrait son semblable ; la vindicte, l'envie, l'intrigue et la fraude ne cessaient de renverser l'édifice des penseurs. Marat avait détruit Turgot, la passion mauvaise dévorait sans cesse l'idée généreuse. La révolution suscitée par le besoin du juste se suicidait par l'injustice.

En 1789 le premier coup de trompette lancé par le lâche Sièyès provoqua la destruction du clergé et de la noblesse. Son pamphlet : *Qu'est-ce que le tiers état?* ouvrit large la gueule rouge des cupidités et des ambitions populaires. Les deux ordres, noblesse et clergé, furent aussitôt engloutis dans le sang. L'autre mathématicien, Proudhon, vint en 1845, par ses livres superbes, surtout *la Propriété, c'est le vol!* battre la caisse à son tour; ce fut encore la métaphysique qui sonna la charge. Ici, on tentait d'éliminer la propriété, comme auparavant on avait éliminé la supériorité de race et l'idée religieuse. Mais la propriété était plus difficile à détruire. Ici, l'on atteignait la racine sociale, la femme, l'enfant, la dot, le travail, le champ cultivé, le labeur gagnant le pain, la joie du vignoble, la santé rurale, le blé, l'espoir dans la chaumière; à la fin, la personnalité, l'honneur et ce qui restait de moralité en France. Car si la propriété touche d'un bout à l'égoïsme, elle s'appuie d'un autre sur le travail; et si elle a pour malédiction l'avarice cupide et cruelle, elle a pour bénédiction le labeur de chacun, qui profite à tous. Elle est une expansion; donc elle est un bien. Quiconque appellera l'homme à une expansion nouvelle sera utile. Quiconque la réglera sera un sauveur.

Vouloir comprimer l'expansion de l'individu en faveur de l'égalité de tous, est donc une sottise, une impossibilité et un crime. Tarquin l'essayait en abattant les têtes de pavot; heureusement pour Rome elle a tué Tarquin. Ce but, détruire la fortune, ou se venger des riches, ou répartir plus équitablement les patrimoines et les revenus, était sourdement ou ostensiblement celui que se proposaient les insurgés de juin. J'ai vu Paris alors; j'étais au centre. A droite du pont des Arts, en regardant le Louvre, toute l'insurrection. A gauche, du côté des Tuileries, tous ceux qui possédaient et que l'on attaquait. A chaque instant, des bataillons de provinciaux paraissaient, fusil sur l'épaule, sombres, sans costume militaire, et s'ils apercevaient un homme armé, seul, dans quelque rue, ils tiraient. Une de ces balles égarées, grosse comme un œuf de pigeon, conique et faite avec un art admirable, vint percer une fausse fenêtre de l'Institut, garnie de bois de sapin, et se loger dans le dos de mon fauteuil, tandis que j'écrivais quelques mots suprêmes. Le soleil était ardent, le ciel mat, le silence profond, la ville en apparence déserte. Il y avait, dans cette défense définitive de la propriété assaillie, quelque chose de sinistre, comme dans ces naufrages obscurs où l'eau noire, le nuage épais, l'absence de tout secours extérieur rendent plus étouffée et plus terrible la lutte pour la vie et la mort. On ne se parlait pas; les bourgeois s'armaient. Dans la muette et brûlante ville, retentissait à droite le roulement du canon; puis rien; des gardes nationaux, à la fois tremblants et décidés à tout tuer, tenaient leur fusil comme ils pouvaient. Je vis au coin de la rue Saint-Benoît une figure blême, des jambes flageolantes, un canon de fusil vacillant, des larmes sur de laides joues. C'était Buloz forcé de monter sa garde.

Le mouvement général se faisait vers l'émancipation, mais sans justice, chacun voulant dominer et l'emporter, chacun profitant de sa force pour atteindre un point supérieur. Il en résultait que chaque petite force se faisait tyrannie, et que plier, se cacher, s'asservir, ramper, devenait le seul moyen de rester debout ou d'avancer. Ainsi Louis-Philippe, affectant la nullité et se couvrant à la cour de Charles X d'un masque épais de bêtise avérée, ainsi tous les autres, en y comprenant Louis-Napoléon que l'Assemblée croyait un sot, ont trompé l'ennemi. J'avais autour de moi, aux quatre coins de l'horizon, des puissances grandes et petites; pas un canon pour leur résister; pas même l'apparence d'une arme ou d'une défense. Ni richesse, ni parti, ni camarades, ni famille. D'un autre côté, je n'avais pas d'ambition, et il me suffisait de cette simplicité indépendante; je croyais du moins pouvoir la garder. C'était difficile ou impossible.

La société parisienne qui dominait la France et lui donnait le ton, toujours spirituelle après coup, frappait toujours à côté; elle dirigea ses foudres contre l'esprit humain et comme elle avait adoré d'abord les sophistes, puis les vendeurs de papiers, elle cracha sur l'esprit. Ce fut le temps de la réaction contre la presse. La presse mal représentée par ces marchands, qui la dirigeaient, prétendait représenter la liberté ! Tout était dans le faux. Le mensonge de la liberté fit éclore le *socialisme* et le socialisme le *second Empire*. Le peuple se remua alors et vota pour un *nom ;* il s'enthousiasma pour un simulacre. La bourgeoisie épouvantée vota pour un idiot, qui la rassurait. La noblesse infidèle à son drapeau vota pour un protecteur dans l'anarchie présumable. Il se trouva en définitive que ce simulacre était un homme; que cet idiot était une tête forte; que ce protecteur de la noblesse était un *socialiste*.

Car Louis-Napoléon, fils probable d'un Hollandais, élevé en Angleterre et en Amérique, pas Français le moins du monde, avait très-bien et profondément déviné son temps et le pays qu'il voulait tenir sous sa main, instrument de Décadence, il le savait. Il fut sur le trône le dictateur du socialisme. A ce titre il y monta; ce fut à ce titre qu'il y resta. Les imbéciles, qui le croyaient imbécile, furent pris comme des mouches. Leur stupeur était d'autant plus grande que c'étaient tous des gens d'esprit, des sophistes, des rhéteurs. Ils ne voyaient goutte à l'état des choses : c'étaient eux qui avaient armé la société contre l'intelligence. Grâce à eux les classes inférieures marchaient contre l'esprit comme un rocher poussé contre un nuage. Sans doute ce dernier contient la foudre ; mais le rocher est le plus fort. La France avait appris d'eux le socialisme, et Louis-Napoléon venait gouverner au nom du socialisme. Au sommet, au bas de l'échelle il n'y avait que des socialistes : mon huissier l'était, M. Molé l'était, mon portier l'était, mon avocat l'était. Cet huissier que je prends au centre de la bourgeoisie bête, mérite d'être peint ; c'est un type que je ne dois d'aucune manière oublier. Un huissier socialiste ! L'homme chargé de poursuivre à outrance le recouvrement de la créance, le droit strict ! Ce représentant de l'argent qui pressure et de la force qui contraint ! Cet écrou légal, cette tenaille à l'usage du créancier devenue apôtre socialiste ! Singulière métamorphose ! Je vais l'expliquer.

Le mot socialisme n'a pas plus de sens que le mot romantisme. C'est une bannière et un exergue tout simplement. C'est une affiche et un logogriphe. *Romantisme* voulait dire *improvisation sans règle*. *Socialisme* veut dire *appétit*. *Oter aux autres, prendre pour soi, voilà le socialisme*. L'huissier voulait prendre aux magistrats, le greffier aux huissiers, le petit aux grands, chacun à tous. L'huissier socialiste était donc un phénomène nécessaire, inévitable. Tout prendre et tout garder, s'arroger la dictature sociale, voilà le but de tous les socialistes, et mon huissier l'espérait bien.

Il avait été opposant sous Louis-Philippe, partisan de Thiers, homme des banquets. Il s'était montré républicain en 1848 ; toujours huissier, toujours socialiste. Phénomènes et monstres de notre monde, anomalies extravagantes et extraordinaires.

Ce petit bourgeois avait tous les vices de l'ancienne noblesse, et ce faux gentilhomme toutes les bassesses sans aucune des vertus mêlées à l'envie populaire. Il s'appelait de son vrai nom J***, un nom de roture pure et simple auquel il joignait un faux nom comme la plupart des Français, parce qu'il y avait je ne sais trop quel souvenir d'alliance nobilifique dans sa famille maternelle. Imaginez un mandarin trapu, mafflé, gras, bouffi, le nez gros, rouge et pointu, enveloppé d'une robe de chambre de flanelle, environné du plus malsain des luxes factices ; cruel, et vaniteux de charité ; sot, et vaniteux de littérature ; avare, et vaniteux de richesse ; cuistre, et vaniteux de beaux-arts ; affectant la bonhomie, singeant l'érudit, prétendant au pouvoir ; tout près de penser que la république française était à lui et désirant le trône du monde, tout en colportant ses papiers timbrés ; caricature parisienne du dix-neuvième siècle, caricature incomparable et unique, qui ne pouvait naître que chez nous ; méprisant son état ; jouant le Vincent de Paul ; colère jusqu'à l'étouffement ; garde national accompli et croyant l'État sauvé quand il avait mis ses galons et ses épaulettes. Ayant des maîtresses, ou plutôt une femme d'un commerçant ruiné qu'il avait saisi, et qui se débattait péniblement. Toutes les fois que ce pauvre mari retombait sous la saisie, l'amoureux huissier craignait d'être forcé à payer et il quittait sa maîtresse. Quand le mari avait réussi à remonter sur l'eau, comme l'huissier n'avait plus peur d'être emporté par ses amours; il retournait vers la maîtresse abandonnée. Il ne donnait rien, recevait des cadeaux de toutes mains et criait comme un aigle qu'il était le plus honorable des hommes. Type bourgeois complet, d'un bête achevé, d'une inexprimable prétention. Sentant le palais, le greffe, la boutique et se huchant sur des affectations de marquis à mourir de rire, hantant le bal de l'Opéra, mais sans bourse délier : faiseur de politique, mais sans se compromettre et pratiquant la charité avec la bourse des autres ; plus factice que menteur, plus vain que tout le reste, et représentant si bien la portion inférieure de la bourgeoisie envieuse et malfaisante, opposée à la bourgeoisie parvenue et jouissante, que nous n'avons pu mieux faire que de le placer ici comme symbole achevé. Voilà ce que la révolution française, cet avortement colossal, avait fait du petit bourgeois de Paris.

Il était socialiste à sa façon, voulant détruire toute la société supérieure et l'abaisser à son propre niveau. C'était là le « socialisme ». Le nouveau dictateur, Napoléon III, comme on le nomma plus tard, pour être accepté de la France, ne pouvait se montrer que socialiste. Il devait même plaire à tout le monde, étant le représentant de tout le monde. Depuis le noble de race jusqu'à M. Guizot, depuis M. Guizot jusqu'à mon huissier, depuis l'huissier, léger et talon rouge, jusqu'à mon portier et mon coiffeur, chacun méditait la dictature. De même que sous Cromwell l'idée terrible de Dieu avait inspiré aux hommes du dix-septième siècle, une humilité et un abaissement excessifs, au dix-neuvième siècle l'idée de la grandeur de l'humanité s'emparait de la masse ; les individus en devinrent fiers, — les sots se gonflèrent à la façon de H*** ou de mon huissier ; les hommes de talent tels que Guizot, Villemain et Vitet, s'éloignèrent de cette fièvre ; et le grand dictateur, Louis-Napoléon, fin comme l'ambre, prit dans sa main tous ces petits dictateurs. Chez les parlementaires la stupeur fut générale et la lâcheté aussi. Pas un coup de pistolet tiré, pas un grand acte. *Verba et voces*. Le neveu du Corse, spirituel comme sa mère, avait bien jugé et bien vu.

Dans cette population socialiste, où chacun essayait d'arracher à l'autre un lopin et un écu, celui qui venait *de prendre tout*, offrait une grande espérance à tous. Les exilés, les foudroyés, les blessés de la politique réunis n'intéressèrent personne. Au fond la population était bien aise. Car elle ne vivait que pour l'envie. D'ailleurs qui frappait-on ? Des glorieux, des gens de lettres. L'homme de lettres avait assez régné. Le meilleur de tous, le plus désinteressé, le plus honnête avait été M. de Lamartine. Il s'était montré incapable de diriger l'État, c'est-à-dire de commander à des âmes de laquais. Ames de laquais ! C'était le mot de l'énigme ; c'était la population de la France. Parleur, enivré de mots, enivré de rimes, M. de Lamartine, de tempérament de femme et de lyriste, n'en était pas moins le meilleur de tous. Sans solidité, sans réalité, plein d'orgueil, mais d'un orgueil innocent et courageux, il n'avait rien des noirceurs, des bassesses et des vénalités contemporaines. Ce pigeon qui voulait être aigle, et que les oiseaux du monde becquetèrent jusqu'à la mort, personne ne le plaignit. Il est vrai qu'il avait fait une grande faute, en acceptant les adulations d'un peuple pourri. C'est le peuple qui le fit porter en homme de génie, cela suffisait pour être haï. On voulut le frapper. L'aristocratie du talent devait être atteinte à son tour; on avait fini par transporter sur elle toute la haine que les autres aristocraties avaient inspirée. Sous Louis-Philippe l'aristocratie du gros sou et du petit écu avait grandi. Elle avait fini par se trouver en face de la supériorité de talent qu'elle détestait. La lutte contre Guizot représente donc la lutte contre le talent. Les médiocrités armées et liguées avec les infériorités devaient assurément emporter la victoire. On voulait un coup d'État. On aspirait au néant.

Je veux que l'avenir apprenne, non ce que j'ai souffert (cela est de peu d'importance), mais comment se perdent les peuples. Ils se perdent par l'envie, la haine et la destruction des liens du cœur, des dégradations naturelles. Ils se perdent par la transformation des hommes qui s'efféminent pour devenir femmes et des femmes qui se virilisent pour devenir hommes et manquer leur but, les uns et les autres.

SUITE

DE LA RÉVOLUTION

DE 1848

LES JOURNAUX, MA POSITION PERSONNELLE

La société française était remplie d'hermaphrodites étranges. Chacun perdait son caractère et sa forme naturelle, s'élançait dans le monde contraire et brisait les lois divines. Ce personnage viril portait barbe et se donnait un air rogue et furibond ; il était femme ; le fonds en était lâche ; il fallait d'énormes terreurs comme celle de Juin 1848, la crainte de la mort et de la ruine définitive, pour armer cette lâcheté et la pousser au combat. Les doctrines des plus sévères, telles que celles de S.... et Cousin, ou du moins de ceux qui affectaient le plus de sévérité n'étaient que mollesse, concession et néant. S.... allait jusqu'à la religion de la décence. Ne pas bouger, ne rien dire que selon la prudence et la formule, c'était le bout de son code, l'*Alpha* et l'*Oméga* de sa doctrine. Je reparlerai de lui et du succès qu'il a eu en ménageant la grande faiblesse du temps, l'*envie*, en affectant l'absence totale de prétention, l'humilité, la timidité, la frugalité ; en portant un habit râpé, en souriant doucement, en toisant, en se cachant, en s'amoindrissant, en se dérobant. Le plus égoïste, le plus envieux, le plus jaloux, le plus nuisible des hommes, mais avec une prudence et une circonspection achevées ; petit, trapu, laid, socratique, tremblant au moindre vent, méprisant les faibles, tuant les morts, fidèle à lui-même et à lui seul ; spirituel, sensé, incisif; à vues bornées d'ailleurs dans un cercle très-restreint comme il arrive à ceux qui ne croient à rien. Jésuite achevé, qui passait pour faux, il a merveilleusement récolté les fruits d'une austérité prétendue dans le champ profond d'une dextérité subtile et incessamment élaborée. Après tout, il n'y avait rien à craindre de lui quand on l'effrayait. Mais aussi quand on était faible ou vaincu, on pouvait compter sur son abandon. Par là il représentait très-exactement toute une partie des conservateurs français, les petits Machiavels. Quand l'homme et ses papiers et ses intérêts se sont très-longtemps démenés dans un pays corrompu et qu'il reste bien et dûment prouvé que la vertu n'entre pour rien dans le succès, la théorie de Machiavel s'y établit et y règne nécessairement. Plus de famille, plus de sympathie. Aucun amour. A peine des services. Plus de réalités.

J'avais apporté dans cette arène de viles et ingénieuses passions toutes les dispositions contraires ; pour trouver matière à dévouement j'avais adopté l'étude désintéressée pour continuer un travail de Don Quichotte. Je n'avais cherché ni les honneurs, ni les dignités, ni les places, et me voilà au milieu de cette affreuse décadence, rêvant, méditant, observant, flairant toutes les finesses, au courant de toutes les subtilités, les détestant, ne m'y mêlant jamais, insoucieux du gain, faisant le plus de bien que je pouvais, attrapé incessamment, plus que niais, plus que dupe puisque je l'étais les yeux ouverts, sans ambition aucune, envié et dérangé dans tous mes plans précisément par ceux qui avaient les ambitions que je n'avais pas, et qui me les supposaient naturellement ; car le pays ne pouvait croire à l'esprit de quiconque n'était pas un peu escroc.

A titre d'homme de lettres, j'étais un des gens d'esprit patentés ; d'où il suivait que j'étais un faiseur de dupes ; l'opinion des vieilles races est arrêtée à cet égard. Et comme je travaillais constamment, n'ayant ni fortune ni intrigue, il suivait encore de là que je n'étais rien qu'un fripon qui ne réussit pas, le plus triste des personnages. Aussi, dois-je le dire, moi, dont tous les actes étaient une série de dévouements et de sacrifices, étais-je profondément et universellement méprisé : comme pauvre, comme dupe et comme fripon. Le monde de mon époque, tout vil et lâche qu'il fût, avait raison. Sa seule religion était le succès, et je vivais pour l'étude et la lutte, non pour le succès. De plus il avait tous les motifs imaginables d'expliquer sa rigueur envers moi. Je me trouvais sot de ne pas abandonner de vieux amis qui, il est vrai, n'étaient que le complet symbole de l'envie. Ceci mérite explication.

J'ai un goût particulier pour les curiosités humaines et une grande affinité pour la souffrance, une sympathie vive, ardente, profonde pour tout ce qui est malheur. Je n'observe pas l'humanité ; je la laisse venir à moi. Je souffre pour elle, je sens pour elle. Ce n'est pas mon esprit qui observe, mais je ne sais quel instinct magnétique qui se met en jeu chez moi et qui va au-devant des curiosités, des tristesses, des douleurs, des singularités de notre race. Ce sentiment excessif, ce mélange de l'intelligence qui voit et du cœur qui sème, cette étrange faculté et cette bizarre fantaisie de sacrifier toujours l'égoïsme et le bien-être personnel aux autres et à la jouissance des autres, ont guidé presque tous les mouvements de ma triste vie. C'était le résultat de cette jeunesse solitaire pénétrée d'ascétisme philanthropique de sauveurs chrétiens déguisés sous une apparence philosophique et dénués de principes sévères comme de discipline dont je subissais les conséquences. J'ai dit plus haut que, fatigué d'une vie sans sympathie, et plein d'une pitié expansive qui n'avait ni application ni probité de se satisfaire, sortant de cette triste fournaise de conspiration, de bel espoir, d'adultère et d'inceste, que m'offrait la maison de Jouy, je m'étais créé une existence de sacrifice, la plus sotte, la plus ridicule, la plus vertueuse, la plus honnête, et la plus bête.

Les mœurs françaises étaient devenues telles, que tout se rapportait à Paris, se modelait sur Paris, et se réglait sur le centre. Paris pris, tout était pris. Paris en révolution, elle s'emparait du pays. Le roi de France et le roi absolu était toujours celui qui saisissait, le premier, le télégraphe ; de là dépendait tout le reste. Or, Louis-Napoléon s'était rendu maître du pays par le télégraphe. Il était président de la république ; il portait le nom de Napoléon ; c'était son neveu ; c'était du moins le fils de la reine Hortense, femme très-séduisante et très-fine. Ses premiers malheurs avaient intéressé, ses premiers ouvrages avaient arboré l'étendard socialiste et populaire. Que de motifs pour qu'il s'emparât des choses ! Dans l'état des mœurs il était l'homme qui devait arriver. Le symbole d'un nom, l'autorité du silence, un vieux et fort parti derrière lui, beaucoup de résolution, de douceur apparente, de séduction profonde et réelle, l'art d'attacher les hommes, aucune attache personnelle, la faculté de capter sans se donner, tout cela n'eût rien été sans un art plus grand, plus magistral, plus sûr du succès : il CONTREFAISAIT MERVEILLEUSEMENT L'IDIOT. Pendant un laps de temps considérable, il apaisa l'envie et l'endormit par une apparence de presque stupidité. Dans un vieux pays comme le nôtre, nul ne réussira sans ce talent suprême. Endormir le cerbère, c'est la première nécessité. De 1848 à 1852, Louis-Napoléon fit le mort : et cependant il ne lâcha et ne concéda rien. On croyait revoir en lui un de ces personnages rares, complexes, profonds, curieux, que Florence nourrissait et dont l'exemple enseignait Machiavel.

Le matin du coup d'État, le 2 décembre, les affiches qui l'annoncèrent ne surprirent que les sots. La population, qui s'attroupa autour des bornes et devant les murailles, resta muette et n'osa pas avouer qu'elle était contente. Comment sortir de la République? C'est ce que l'on s'était demandé avec le plus d'anxiété depuis deux ans. On en sort. On a le droit de se dire opprimé ; on est content ; les parlementaires faisaient ombrage à la masse ; elle riait de les voir humiliés.

On était donc bien aise. Plus de République, plus d'orateurs, plus de chambres des députés, plus de parleurs, c'est-à-dire de gens qui se fissent applaudir. L'envie jubilait. Dans ces éternelles variations et ces tristes fluctuations des révolutions et des révoltes, une terrible passion conservait son autel, l'Envie ! Elle avait détruit Guizot. Elle avait chassé Louis-Philippe, parti en fiacre, — et ce fiacre avait donné beaucoup de satisfaction. Elle avait empêché Lamartine d'être chef de la troupe. L'Envie était la France. Le président ayant la réputation d'être un idiot, l'envie se sentit heureuse, Brutus contrefaisait jadis l'insensé. Notre Louis-Napoléon, en homme très-profond, comprit son rôle et joua le sot. Il avait l'œil terne, pâle, bleu, recouvert comme d'une draperie, et d'un voile de rêverie et de langueur: il était aimable, calme, amène, bien élevé, poli à l'anglaise, froid, subtil, gentilhomme d'aspect, sans cœur et sans attache pour les hommes, et méprisant tout excepté son but. Au fond de sa politique il y avait plus que de l'égoïsme, il y avait de la grandeur, du mysticisme et du fatalisme. C'était un homme du Nord teint de subtilité française et de résolution méridionale. Il dépassait de toute la tête ou plutôt de tout le corps les gens qui luttaient contre lui et qui n'étaient que causeurs, avocats, péroreurs, dissertateurs, sauteurs.

Cet homme était vrai, comme Cromwell, c'est-à-dire qu'il avait un vrai but qu'il voulait toucher par tous les moyens : et il le toucha.

La révolution de 1848 avait été l'éruption de l'envie. L'usurpation de 1851 donna le signal au *sauve-qui-peut* des égoïsmes : l'arrestation des chefs, Paris en état de siége, la République abolie, le régime parlementaire avili et battu, tout cela n'intéressa personne que les victimes; le reste de la population après tout resta satisfaite, chacun ne pensait qu'à son intrigue et n'aimait qu'elle et ne voulait qu'elle. Les dogmes que l'on avait appelés *doctrinaires*, avaient gêné un peu : 1848 les avait abattus.

Les républicains n'avaient pas cessé de concilier

leurs prétentions avec l'âpre ardeur universelle du gain, et l'appétit de faveur, de jouissances, de plaisirs, d'ambition, qui dévorait toutes les classes. Personne ne bougea donc après décembre. Le socialisme leva la tête. C'était l'expression dernière de la France; l'indestructible résultat de la Révolution. Ou plutôt le socialisme c'est la Révolution. La France entière, en 1848, était devenue socialiste. Nous l'avons vue professer de février à novembre le culte des jouissances, l'ardeur fanatique des richesses, et les manifester par les processions d'ouvriers et les travaux publics dits ateliers nationaux. La France n'était plus généreuse ; elle était avide. Elle l'était horriblement, car elle était pauvre ; et elle était paresseuse, son éducation était mauvaise. Depuis le sommet jusqu'à la base, la société était enragée de personnalité. Il y avait l'ouvrier enragé, le conservateur enragé, le rentier enragé, le journaliste enragé, le riche enragé: tout cela s'appelait patriote et disait soutenir la société. Tout cela voulait garder son bien et croyait le monde sauvé par une manifestation fébrile du MOI. Mais de leur côté ceux qui ne possédaient pas voulaient jouir. Tout se serait éclairci par la vertu, le travail, la sympathie, le patriotisme, la probité; la source morale manquait. Les enragés pauvres devaient naturellement l'emporter sur les enragés riches : et ce fut ce qui arriva, c'était l'esprit de la Révolution qui triomphait.

Toute la révolution avait procédé, non par la sympathie et l'amour, mais par l'envie et la haine. Elle avait éliminé d'abord les nobles, puis le clergé, puis le roi ; elle devait finir par s'éliminer elle-même en éliminant la propriété. Là elle rencontra un obstacle, la propriété s'étant subdivisée en un nombre infini de parcelles dans des mains diverses. De 1830 à 1848 le parti d'Orléans était arrivé à une possession assez complète des domaines, des places, des grades, et même de la gloire pendant dix-huit ans que cela dura : de là un soulèvement complet contre lui. La République succéda. Elle-même ne put s'organiser. Elle était essentiellement inorganique, puisqu'elle avait l'envie pour source, et que l'envie engendre la haine, et que la haine n'organise pas... Dans sa lutte contre le président, la République de la haine devait succomber, sans que le parti d'Orléans y gagnât rien. Il tenait à la Révolution par la haine ; il avait exploité et avait constitué l'autorité à son profit. On lui en voulait plus qu'au légitimisme précisément parce qu'il émanait de la Révolution et se rattachait à elle ; on lui reprochait de l'avoir niée. Je voyais de très-près tout cela, n'ayant aucune part aux affaires, et étant profondément oublié, obscur, méprisé, comme philosophe, comme désintéressé, comme idéaliste, comme travailleur pauvre, et aussi comme rédacteur d'un grand journal. On me portait envie, comme à un puissant, on me méprisait comme un pauvre. Nul ne me méprisait plus que les plus lâches, et entre autres *A*..... ***..... l'un des plus engagés dans le parti d'Orléans, chef de la presse périodique d'un journal important, cet homme très-complexe et très-singulier mérite un portrait qui n'est pas facile à faire.

Encolure épaisse, figure intelligente, sourire indifférent, le teint rose, les arcades sont altières, trahissant une grande aptitude et une vive jouissance des arts. Le front beau, mais en retraite par le sommet, ce qui annonçait l'absence totale des qualités métaphysiques, idéales et philosophiques; le nez petit, à la fois arqué et pointu, d'une forme singulière, les lèvres épaisses et riantes; la taille colossale, le corps chargé d'embonpoint et d'un embonpoint malsain; accueillant, affable, brutal quand il voulait, bien élevé, mais cynique et se permettant toutes les incongruités devant ses intimes, point malveillant, serviable et même sensible, d'une sensibilité matérielle; poltron au dernier point; homme à la chevalier d'Eon! secrète blessure; ne pardonnant point à ce qui ne voulait pas se courber; ne témoignant sa colère qu'aux faibles, cédant toujours aux forts, mais avec un grand discernement de ce qui était la vraie force et la vraie faiblesse; lettré et détestant les lettres; profondément commerçant, mais un des hommes qui brillent et dépensent; incrédule autant que possible, ne voulant admettre ni les vertus, ni les talents, n'y ajoutant aucune foi: et n'ayant pour religion que le succès, un dîner et un écu; admirable de tact politique, flairant les circonstances, devinant le vent, bas, insolent, servile; et d'un art très-délicat et très-fin dans la conduite des affaires; n'estimant au monde que la littérature, dans la littérature que la marchandise, dans celle-ci que le journalisme, dans le journal que la politique, et dans la politique que le succès; ramenant et sacrifiant toutes choses à ce but, à ce centre, à ce gros C..... définitif qui était lui-même; mais comprenant bien que pour réussir dans un chef-d'œuvre et un tour de force pareils, beaucoup d'amabilité et de ressources lui étaient indispensables; voilà A..... ***..... Nature envieuse, lâche et par conséquent de son siècle. Il passa toute sa vie à me garder dans son journal, comme on garde un cheval que l'on éreinte et que l'on empêche de sortir de l'écurie où il tourne la meule. Tout le mal qu'il pouvait dire de moi le servait lui-même, et il ne s'en faisait pas faute. Cet homme, l'un des grands et principaux maîtres des forteresses de papier qu'on appelait journaux, me nuisit infiniment et le fit exprès. Il avait pour concurrents dans cette œuvre deux hommes qui ne valaient guère mieux, mais qui avaient moins d'esprit que lui, le Directeur d'une grande Revue autre forteresse de papier, et celui d'une petite Revue.

Entre 1830 et 1848, le pouvoir véritable avait appartenu à ces hommes. Quant aux gens de lettres, ils les enrégimentaient, les parquaient et les exploitaient. Que pouvait dire la société? Elle jouait le rôle de Georges Dandin. Elle l'avait voulu. Elle avait commencé par crier, à bas le Christ! — puis elle avait crié : à bas le bon Dieu! A bas le droit, l'équité, la vertu! vive la raison humaine! vive l'homme! O pauvre raison humaine. Il s'est trouvé que l'homme c'était l'intérêt, et que l'intelligence n'était plus rien près de l'intérêt. MM. B..... A..... et autres, pour représentants du gros sou, ont donc passé pour les représentants de l'intelligence, voilà leur grande, leur extrême force. Ils en ont abusé pendant près de 30 années. Ils étaient des fantômes de rois intellectuels et en réalité des rois du gros sou; commerçants purs et simples, ils eussent été plus estimables. Ce qu'ils devaient abhorrer le plus cordialement, c'était le vrai travail de l'intelligence, et ils n'y manquaient pas. Ce qu'ils exerçaient également, comme toute la France d'ailleurs, c'était l'effort, le progrès, le labeur. Leur métier était un métier d'adresse, de ruse, de captation, de séduction, de transaction, fausseté tout entière. Ils donnaient la main de ce côté aux avocats menteurs, aux faux hommes de lettres et aux faux politiques. Ils étaient des déversoirs de mensonges et des arrosoirs de sophismes. Combien ne devaient-ils pas m'exécrer, moi, le travail, l'effort, le labeur, la pensée, l'esprit de persévérance et de pénible aspiration au mieux. J'étais par mes veilles et par le peu de prétention de leurs produits, leur ennemi naturel et nécessaire. Et nos rapports étaient inévitables ! Les mêmes gredins qui se prosternaient, leur chapeau à la main, devant Thiers, devant le dernier des financiers et le plus mince des administrateurs, calomniaient partout ma vie, ma personne, mes mœurs simples comme ma laborieuse probité. Me voir arriver à l'indépendance était leur terreur.

Grâce à l'importance qu'on attachait d'une part à la fausse littérature et de l'autre à l'industrie, grâce à la fusion de ces deux puissances, il n'y avait rien d'aussi important, entre 1830 et 1850, qu'un directeur de journal. Cette fausse impulsion avait été follement acceptée par la France qui dut s'en repentir. Au lieu d'aimer l'intelligence, elle aimait la jouissance qu'elle appelait l'Industrie. De là le pouvoir de A... ***..., de Véron et de B... sans parler de Girardin peut-être le meilleur des quatre et le plus attaqué Celui-ci était hardi, aventureux. Les autres n'avouaient pas leur métier franchement et se faisaient un faux rôle, une fausse dignité et une fausse probité.

En ce temps de simulacres, c'étaient des simulacres. Et comme cette société était privée de toute délicatesse et de toute vérité, elle trouvait bien que les idoles représentant l'intelligence, la raison et l'esprit, prissent le pas sur elle. Quelles idoles! L'un A... ***... était un gastronome moqueur et bas; c'était le plus spirituel. L'autre, Véron, était un Turcaret prétentieux et alambiqué; c'était le plus doué d'à-propos. L'autre était un Savoyard, illettré, borgne, sourd et surtout de méchante humeur. C'est celui-là qui devait le mieux réussir.

LES AUTOBIOGRAPHES

LE SUFFRAGE UNIVERSEL

LE COUP D'ÉTAT

1852

On continuait, les uns à pratiquer, les autres à professer, tous à regarder comme seule manière d'être, un certain positif appuyé sur le chiffre, la mécanique et l'algèbre, et excluant toute espèce de sens moral. On ne s'en rendait pas compte. On se croyait moral et supérieur. On se vantait par-dessus les autres siècles et les autres nations. Le mécanisme allait tout sauver. Napoléon l'avait introduit dans la stratégie, et les manœuvriers de la politique sous Louis-Philippe avaient essayé, en combinant leurs défenses et leurs attaques, de se sauver ou de détruire leurs ennemis. La machine s'était détraquée, malgré tout, dans les mains de ces habiles qui avaient oublié d'être honnêtes. Les vues désintéressées et élevées ne font partie d'aucun mécanisme. Une machine n'est qu'un grand égoïsme, elle manquerait à son devoir et à son but si elle admettait rien d'inutile. Chacun se mit donc à faire agir son égoïsme dans la direction la plus vive et la plus énergiquement consacrée à l'intérêt personnel, qui repoussa les autres moteurs de la patrie aimée, de penchant dévoué, de principes moraux, comme extrinsèques, ridicules, même dangereux et condamnables. Quand un ingénieur, artilleur et mécanicien, fut le chef de ce mouvement et qu'il se nomma Empereur, le succès de sa combinaison plut beaucoup. La masse se couronnait elle-même. Tout faire servir au but ; ne rien sacrifier à la chevalerie; mettre de côté tout ce qui ne rapporte pas; employer chaque force, et de cet emploi tirer son profit, organiser un règne de Sancho Pança moins le ventre, et exterminer Don Quichotte ; c'était le bas idéal qu'on se proposait. Si le mécanicien, moteur d'un temps mécanique, avait réussi, la preuve était faite ; l'esprit pur n'était rien, la morale n'existait pas, le monde était une machine que les habiles peuvent mener, abstraction faite du bien et du mal.

De cette idée sortirent les plus drôles de résultats. La femme qui n'a de valeur qu'en dehors du mécanisme, puisqu'elle représente l'irrépressible, l'impondérable et le démoniaque autant que le divin, annonça qu'elle était à vendre et que ses appas étaient une aumonière où l'on pouvait jeter de l'argent au lieu d'amour. On compta pour les payer les lignes écrites au lieu de s'embarrasser du sens ou du génie. On déclara qu'une idée dérobée valait cinq louis, et que Shakespeare s'emparant d'une vieille légende devait payer l'octroi. Ce mesurage, ce pesage, ce cadastrement, tuèrent l'idée ; et il n'y eut plus de critique. On fabriqua des histoires comme on bâtit un magasin, ou comme on construit un dock, et le plus gigantesque dock littéraire fut construit sous les ordres du César ingénieur, point méchant d'ailleurs, sous la direction duquel Duruy et vingt autres empilèrent leur science. C'est là qu'éclata l'impuissance de la matière et que se révéla toute la futilité du mécanisme importé dans le monde moral et intellectuel.

De là aussi la confusion du document écrit ou imprimé, gravé ou sculpté avec la vérité; comme si une chose fixée par la plume ou l'imprimerie était plus nécessairement vraie qu'une pensée vraie; comme si la justesse n'appartenait pas à l'instrument de la raison, exclusive maîtresse des choses. Les documents surabondèrent, c'était de la matière, non de la pensée. Il se fit un commerce énorme d'autographes. Un autographe! Chose palpable, pas d'idée. Pas de raison qui juge. Un dossier de notaire fut préféré à Tacite. Tacite avait le tort de la passion et l'on n'osait pas ajouter le tort du *moraliste*. Car c'étaient les moralistes qu'on abhorrait; ces exagérés qui croyaient au bien, ces ennemis de la machine réalisée pour le succès. Cette tendance grandit si démesurément qu'il se fit des marchés de documents, des trafics et des ateliers. Les falsificateurs entrèrent en jeu et les plus curieuses escroqueries se réalisèrent au moyen des autographes après lesquelles couraient essoufflés, comme après des loques de vérité, des lambeaux de réalité matérielle et des certitudes historiques, les esprits grossiers et subtils que séduisait la nouvelle religion des faits bruts.

Le mouvement social se précipitait sur la pente du chiffre. On conférait à tous les citoyens sans exception le vote politique. Le suffrage universel, base aujourd'hui universelle, c'est l'opinion de tous. Un suffrage donné par qui n'a pas d'opinion n'est pas; cette œuvre mécanique reste sans valeur. Il s'agirait donc, pour que le suffrage universel eût un sens, de déterminer ce que tous *veulent*, si *tous* veulent quelque chose, et ce qu'ils sont *tous;* mais ce mot *tous* implique une collection d'individus ; sans les individus *tous* cessent d'exister. Or, les erreurs de la France viennent d'un seul oubli puéril et rhétorique ; on ne se souvient pas qu'un *état* est composé d'*hommes*, et qu'un *tout* est composé de *parties*.

L'être essentiel qui est « l'individu » a-t-il une opinion ? Et sur quoi ? Et à propos de quoi ? Peut-on diriger cette opinion, l'entraver ? la réformer ? l'empêcher de s'en rendre compte ? l'empêcher de l'exprimer ? Toutes les questions politiques sont là. L'homme est-il une machine à suffrage, une boîte dans laquelle on puisse insérer une boule blanche ou noire ? Doit-il élaborer son opinion par soi-même ? Peut-on par l'éducation le rendre apte à une élaboration meilleure ? Si une nation se compose de deux mille brutes ignares et de trois gens intelligents, l'opinion des deux mille sera-t-elle maîtresse ? Que tant de gens d'esprit ne se soient pas posé ces questions simples, voilà l'étrange. Que l'on ait mis en œuvre le *suffrage universel* au nom d'une *théorie*, au nom de la seule théorie de la majorité et de l'*Humanité-Reine*, parce que (a-t-on dit) l'homme est excellent ; — parce que les *majorités* sont divines ; — que sans même se donner la peine d'observer l'état de la nation, le caractère des hommes, leur éducation, leur capacité, leur volonté, on ait fait jouer cette machine énorme dont le despotisme seul devait profiter, cela ne pouvait se réaliser qu'en France.

L'Amérique, il est vrai, avait essayé la même machine sur des éléments différents, sur un peuple tranquille, aimant le travail, sur une masse pieuse, solide, sans vanité, nation âpre, intéressée, cupide, un peu dure, entêtée, hardie, essentiellement honnête, ayant les qualités que la France n'aura jamais, et les vices qu'elle déteste. Encore le suffrage universel aux États-Unis n'avait-il bien fonctionné que pendant une période assez courte, entre Washington et Lincoln.

L'émigration irlandaise, altérant le caractère de la masse anglo-saxonne, avait *tout* changé. Une faute théorique, celle de donner à *tous* les individus la même valeur, au lieu de classer les valeurs de capacité, d'honnêteté, de mérite, et de services rendus, avait causé là guerre effroyable du Nord contre le Sud, et versé des torrents de sang dans une mer de désastres financiers que l'admirable courage de la race s'obstine à réparer. Il est évident que les Noirs, s'ils eussent été classés et admis à leur rang inférieur et les hommes du Sud et du Nord également soumis à la loi inévitable des inégalités humaines, auraient gravité dans le système général, en se heurtant peut-être, mais sans briser le cadre. Ni Littré, ni Lamartine, n'ont compris cela. Généralisant, utopistes et rhéteurs, entraînés par l'idée, dominés par la poésie du chiffre, ils ont lancé le pays dans une expérience qui est l'abîme, parce qu'elle résume un mensonge. Non, la majorité humaine n'a pas toujours raison. Oui, la majorité des hommes se compose de *mineurs* d'esprit. Qu'ils deviennent *majeurs*, et le système du suffrage universel sera excellent. Si vous l'appliquez aux Africains du Congo, vous êtes fou. Si vous l'appliquez aux Puritains de Washington, vous êtes sage.

La société parisienne, dans la bêtise profonde et incurable de son étourderie, avait accepté ces gens pour maîtres. Ils n'occupaient pas la position utile, active, militante des hommes de la presse anglaise, ni celle exagérée dans le même sens de la presse américaine ; ils avaient tout envahi. On se révolta. Ce ne fut pas moi, toujours observateur immobile et désolé d'une société pourrie dans sa moelle, qui me révoltais. Ce furent les admirateurs et les enthousiastes. Esclave et rebelle, voilà le Français ; esclave avec délire, rebelle avec fureur. Je n'avais jamais subi ces hommes ; je ne les maudis pas quand on les écrasa dans le mouvement de 1848. La grande affaire de 1851 acheva leur étouffement. Mais comme toute impulsion française est furieuse et folle, on ne se contenta pas de les frapper ; on tua l'intelligence dont ils s'étaient donnés pour les défenseurs mensongers et les factices athlètes. On sentait un besoin énorme d'absolu, de silence, de tyrannie et de mutisme. On voulait un coup d'État ; on aspirait au néant.

Ce fut le 2 décembre que la bombe éclata. En 1848, l'individualité et l'égoïsme avaient fondé le gouvernement nouveau, placé un président impuissant en face d'une assemblée entravée, qui se voyaient contraints, l'un et l'autre, à se combattre et à se détruire. Pendant les trois derniers mois les parlementaires avaient tendu mille piéges au président, que l'on s'apprêtait à faire entrer à Vincennes. Il joua le mort, les laissa pérorer et comploter ; puis, un beau jour, il leur mit la main dessus ; absolument le personnage et le jeu de Cromwell et qui réussit à l'un comme à l'autre.

Voyez si ce monde déchu, cette vie, ces intrigues, cette Byzance, devaient convenir à un mélancolique rêveur méprisant l'astuce et détestant la violence.

J'aurais été riche, que j'aurais encore été le plus malheureux des hommes, par mon peu d'adhérence à cet affreux monde. On ne fit, je dois le dire, aucune attention à moi, ce qui m'arrangeait. Tous les petits ambitieux se mirent à la poursuite de la nouvelle fortune ; tous les grands ambitieux fourbes pleurèrent, intriguèrent, hurlèrent et enragèrent. On les remplaçait et cela ne les arrangeait pas. Ils allaient perdre le fruit de tant de travaux et de peines. Je ne peindrai pas le gros matériel des événements d'alors ; cela ne signifie rien. Assez d'autres s'en acquitteront ; je ne m'occupe que des âmes et des esprits, voilà l'important. Que c'était triste ! Plus bas que Byzance, plus vieux que Florence sans Machiavel, plus sophiste qu'Alexandrie.

Dans cette population socialiste, où chacun essayait d'arracher à l'autre un lopin et un écu, celui qui venait écraser tout le monde offrait une grande espérance à tous. Les exilés, les foudroyés, les blessés de la politique récente n'intéressèrent personne. Au fond, la population était bien aise, car elle ne vivait que par l'envie. D'ailleurs, qui frappait-on ? Des glorieux, des gens de lettres. L'homme de lettres avait assez longtemps régné. Le meilleur de tous, le plus désintéressé, le plus honnête, avait été M. de Lamartine. Il s'était montré incapable de diriger l'État, c'est-à-dire de commander à des âmes de laquais. Ames de laquais, c'était le mot de l'énigme; c'était alors la population de la France. Parleur enivré de belles phrases, enivré de rimes, M. de Lamartine, tempérament de femme et de lyriste, n'en était pas moins le meilleur de tous. Sans solidité, sans réalité, plein d'orgueil, mais d'un orgueil innocent et courageux, il n'avait rien des noirceurs, des bassesses, des vénalités contemporaines. Ce pigeon qui voulait être aigle et que les oiseaux immondes becquetèrent jusqu'à la mort, personne ne le plaignit. Il est vrai qu'il avait fait une grande faute, il avait réuni autour de lui les derniers étais pourris d'un peuple pour venger sa vanité. Qu'il fut poëte et homme de génie, cela suffisait pour être haï. On voulait le frapper. L'aristocratie du talent devait être atteinte à son tour. On avait fini par transporter sur elle toute la haine que les autres aristocraties avaient inspirée. Sous Louis-Philippe l'aristocratie du gros sou et du petit écu avait grandi. Elle se trouvait en face de la supériorité du talent qu'elle détestait. La lutte contre Guizot représentait donc la lutte contre le talent. Les médiocrités liguées avec les infériorités devaient assurément remporter la victoire. Citons un exemple pour donner une idée de ce qu'était la société.

A... M..., député conservateur, offrait un représentant modèle des ennemis de la supériorité de l'intelligence parmi les gens d'affaires. Atteint de la maladie nationale, il ne respirait que l'envie. Il avait été notaire, avait fait fortune et s'était créé philanthrope. Comme l'huissier, mais plus élevé de vingt crans, c'était une de ces ambitions impuissantes que le régime dit constitutionnel avait éveillées. Blond, demi-bossu et cachant sa demi-bosse sous les coussins de l'habit noir le plus modestement cossu, le nez crochu et pointu, l'œil bleu, pâle et faux, le ton douceâtre et traînant, c'était Blifi de *Tom Jones*. Le fond de ce Tartuffe, la jalousie de l'impuissance, se déguisait sous l'emmiellé, sous le langoureux, sous le gracieux bénin et presque benêt, sous le ton moral, paterne, protecteur, demi-mystique. C'était Vincent de Paul usurier ; car c'est une des curiosités byzantines de ce temps byzantin chinois, que les complications ineffables et infinies qui embrouillent de toutes les nuances le tissu des caractères. La dernière et la plus plate des humilités sert de couverture au plus gros des orgueils ; l'abaissement servile, à la plus immense des vanités. Tel féroce devient agneau ; tel imbécile devient génie. L'humanité ainsi dépravée s'habitue à se travestir. Il n'y a rien qui veuille apparaître dans ses conditions propres et naturelles.

Celui-ci ayant été élevé par une mère Macbeth, virago effroyable et noble de province, avait surtout tendu à la grandeur et à la splendeur intellectuelle. Il avait remporté tous les prix de ses classes et n'avait rien pu changer à la subtilité, à l'exiguité, au faux, mais au faux très-raffiné, qui était le fond de cette nature menteuse, craintive, vaniteuse, impérieuse. Il portait des lunettes pour avoir l'air grave ; fondait des colonies agricoles aux dépens de son département pour sembler charitable ; épousait une vieille maîtresse qui avait 100,000 francs de rente pour avoir l'air sentimental, était membre de la société de Saint-Vincent de Paul pour avoir l'air chrétien, et buvait du lait. Je l'ai vu dérober la femme d'un de ses parents et l'entretenir, en jouant toujours le moraliste. Sa rage de discours pédantesques, d'endoctrinements moraux, de placidité sermoneuse et de simplicité puritaine s'accommodait comme elle pouvait avec son avarice sordide, sa taquinerie de vieux procureur, et ses cauteleuses intrigues. Toutes les hypocrisies confondues, toutes les duplicités combinées sous un masque souriant composaient son portrait et un ensemble unique. Il traînait les mots, bêlait les syllabes et se faisait ainsi un patois d'administrateur sentimental. Ame hautaine et dure, esprit faux et oblique, conduite captieuse et mièvre, médiocrité énorme et complète, usurpatrice de l'estime générale. Il aimait le mensonge ou plutôt il était le mensonge, d'où il se croyait la vertu. Toutes les tendances de la France ayant été depuis des années littéraires et tout le monde ayant voulu être homme de lettres, l'éducation de M*** en avait fait une sorte de savant de rhétorique; il tournait la phrase, il amplifiait, il pérorait, il ornait. C'était, comme tous nos grands hommes de bas étage, un homme de lettres manqué.

Cette situation d'homme de lettres manqué, je l'avais étudiée sur place et sur le nu, et je l'avais abhorrée, y voyant une des plaies de la France. Presque personne ne s'en était aperçu. On croyait depuis longtemps que faire des gens de lettres était créer des citoyens. Là était l'erreur; on confondait la rhétorique avec le génie, l'intelligence avec la raison. On faisait des gens de lettres comme des betteraves. Le triste M***, talon rouge sans élégance, et l'huissier J*** sortaient de cette école. On soufflait sur les vices que l'on avivait et l'on croyait activer les intelligences. Oui, pour la ruse, l'injuste, le faux; non, par la patrie, la liberté, la raison. C'était, en somme, une population avilie, perdue, abîmée, abrutie; et, chose étrange, par l'usage même et l'abus de l'intelligence mise au service des passions et des intrigues. Parmi ces milliers de gens de lettres en avenir, en herbe, en jouissance, il n'y en avait pas vingt qui ne fussent des destructeurs de la patrie et des haïsseurs de leurs semblables. Mais les uns étaient riches, avaient la puissance et dormaient en paix sur leurs sacs, comme M***; les autres aspiraient au pouvoir comme l'huissier; ces derniers n'ayant rien et se croyant tout, frémissaient et grinçaient des dents. Ce fut à propos de cette situation que j'écrivis un mémoire qui me mit en rapport avec Louis Napoléon.

Un autre homme de lettres manqué, — car la France, je le répète, en comptait beaucoup, — homme d'esprit d'ailleurs, d'imagination, et excellente âme, honnête, généreux, comprenant et aimant les arts, fut cause de ce nouveau tour que prit ma vie et de cette rencontre extraordinaire. Il se nommait Lefebvre-Deumier et se croyait du génie. C'était son feu-follet, sa marotte et la ruine de sa fortune. Mais quel cœur! Quel généreux être! Le charmant homme! Il était riche ou plutôt l'avait été. Tous les malheureux qui avaient approché de lui l'ayant sollicité, jamais ne l'avaient sollicité en vain; il s'y était ruiné. C'était encore un exemple littéraire très-curieux. Un génie passif, compréhensif, ému, violent même dans l'émotion et néanmoins incapable de rien créer de complet, de grand, parce qu'il était passif, réceptif et non actif, jamais patient, c'est-à-dire jamais fécond. Encore une victime littéraire, mais non hargneuse, haineuse, méchante, sourde, aveugle, destructive comme les deux types que je viens de citer. Une victime réelle, une victime vraiment dévouée et sacrifiée; du sentiment, mais pas d'étendue; de la verve, du jet, pas de doctrine. La perte de sa fortune avait complété le décousu violent de sa pensée. Notre manière d'être créée d'appétits littéraires et de dilettantes poétiques; gens qui aiment beaucoup, sentent, devinent et meurent dans la finale impuissance. Ce sont des récipients, non des agents. J'avais blâmé ses vers, ne connaissant pas l'homme. Il avait appris que l'on s'était un peu moqué de lui dans mon salon, à propos de vers violents, excessifs, quoique pleins de verve, qu'il avait écrits. Il se vengea par un article amer... hélas! et déloyal. Les auteurs de cet ordre critiqués sont féroces. Je n'y pris garde. L'ayant rencontré après 1850 dans le comité des Français dont il faisait partie, je lui serrai la main, ce qui lui sembla magnifique. Ami de Louis Napoléon, il lui parla de moi avec éloge. Me voilà annoncé, et une entrevue arrangée avec le président.

Cette entrevue avec le président usurpateur me rendit odieux à mes confrères, aux sophistes, — je l'étais déjà beaucoup, n'étant pas sophiste. Il faut ajouter que, fonctionnaire et sans fortune, envié pourtant de tous ceux qui tenaient une plume, possédant deux places peu lucratives et laborieuses, n'ayant pas assez de richesse pour imposer et pas assez d'intrigue et de manœuvre pour que l'on me comptât, j'étais dans la plus fausse des positions, et en France, parmi les singes-tigres et les loups-orang-outangs, parmi les perroquets de rhétorique et les courtisans constitutionnels, quel rang pouvais-je donc tenir?

Le Président, tel que je le vis avant l'Empire, était un homme à part, semblant plus jeune qu'il n'était, il avait les manières de gentilhomme viveur, un peu usé par la vie à grandes guides, avec une empreinte très-notable de douceur et d'aménité. La tête trop forte pour le corps, les jambes petites comme les écuyers et grêles en même temps. L'œil voilé et infiniment doux;

la tenue simple et charmante. On voyait qu'il avait passé par l'Angleterre. Jamais séduction ne fut plus ingénieuse. Personne aussi pour un dictateur populaire ne pouvait être plus suave. Il me reçut bien et parut presque étonné qu'un homme de lettres sût garder la tenue nécessaire et convenable. Je dînai. Les aides de camp étaient là ; Ney, Fleury et un autre, plus un homme de lettres vraiment Français et d'une vivacité prodigieuse. A côté de cette vivacité très-déplaisante, très-vulgaire, très-sautillante, le doux calme du fils de la reine Hortense se dessinait de la façon et avec les contrastes les plus tranchés. Sur la demande du Président deux mémoires successifs furent rédigés par moi et présentés à ce personnage très-singulier. L'un constituait l'Université, l'autre essayait de réglementer l'étrange situation des gens de lettres parmi nous. C'était hardi, neuf et tout à fait d'accord avec les faits. Cela le frappa. Il vit que je comprenais la situation ; que je n'étais pas de l'ordre commun des vulgaires sophistes, et que les faits m'apparaissaient dans leur réalité. Il m'accueillit donc avec beaucoup de grâce.

Lorsque la tourbe des avides et des ambitieux apprit cela, ce fut un orage, ce fut une rage. Un homme si faible, si simple, si peu de chose ! La coutume de ce temps est de ne supposer de force qu'à la force matérielle. C'est le retour à la vie sauvage, et notre civilisation y entre à pleines voiles ; elle va de l'extrême raffinement à la barbarie. Elle adore ce qui l'effraie ou ce qui l'écrase.

La bonne réception du chef de l'État accrut l'odieuse et épouvantable situation où m'avaient mis mon honneur et ma studieuse vie. Tout s'agita et s'enflamma autour de moi. Le ministre lui-même ne se trouva pas satisfait. C'était si bien depuis longtemps une société à genoux devant la force, que marcher en dehors et dans son indépendance devenait impossible!

En vain ce brave Lefebvre-Deumier et quelques-uns de mes amis intimes m'avaient répété que le nouveau régime impérial avait besoin de talents et d'hommes nouveaux. Je savais très-bien plusieurs choses : que jamais je ne simulerais habilement une dépendance que je n'avais pas acceptée dans la vie ; que les petites bassesses dont je pourrais charger ma conscience ne me serviraient à rien, et que le pouvoir se trouverait parfaitement à l'aise, comme cela lui est arrivé avec d'autres, quand il aurait compromis un homme de plus sans s'engager lui-même. Mes premières et agréables relations avec M. Guizot, les services désintéressés qu'il m'avait rendus et la comparaison si triste que j'étais à même d'établir entre les mérites réels composant le parti orléaniste et la ruse qui constituait toute la valeur propre des Persigny, Morny, Mocquart, fabricants du second empire, ne me permettaient pas de leur faire des offres qui, acceptées ou refusées, auraient été ou une infamie ou une duperie, peut-être l'une et l'autre. Si les amis de M. Guizot m'avaient insulté ou dédaigné, ce n'était pas une excuse de ma lâcheté.

Dans cette probité, ridicule pour l'époque, se trouvait une faiblesse de position si évidente, que tous ceux dont j'avais approché reculèrent, et je ne vis plus personne. D'un autre côté, Fortoul, Romieu, Peletin et le peu de personnes que je connaissais dans la zone impériale, sans me faire de grosses promesses, venaient à moi, me laissant entendre que je gagnerais tout à donner des gages et à passer dans leur camp.

Il faut que j'avoue aussi mon plaisir à les observer. La terreur de S...., ses lunettes bleues incessamment abaissées sur ses yeux pleins de pleurs, ses feintes maladies; ses rapports renoués avec tout ce qui n'était pas orléaniste; l'activité réveillée de A. B., qui allait déjeuner avec Morny, étaient pour moi d'un intérêt extrême. La peur dont les conquérants étaient eux-mêmes saisis m'amusait considérablement. Le coup était si injuste, l'aventure si hasardeuse, la tentative sur la France révolutionnaire si étrangement incroyable, qu'eux-mêmes, les restaurateurs et les résurrecteurs de tout ce qu'un peuple éclairé abhorre, ils s'arrêtaient et reculaient comme consternés de leur folie. Ce n'en était pas une. Le pays dans les classes civilisées était faible au moral. Dans les classes inférieures, il était avide et envieux. Ils avaient donc tort d'avoir peur. Mais, à l'exception de Morny, hardi aventurier de première classe, de Persigny, aventurier étourdi de seconde classe, et de l'empereur Napoléon, fataliste mystique, ils avaient tous une horrible peur. Je me rappellerai toujours ma rencontre de Fortoul, fuyant et glissant plutôt qu'il ne marchait, dans le foyer des Italiens. Son paletot sous son bras, son chapeau sur les yeux, comme il tremblait! comme il regardait autour de lui pour bien s'assurer qu'il n'était pas suivi et insulté. C'était, en effet, le monde supérieur et instruit, le monde de l'élégance et de l'exquis que la nouvelle conquête venait renverser. Il le sentait bien, lui qui, après avoir publié quelques livres médiocres, venait aider cette insurrection du matérialisme populaire contre l'intelligence. Il se trouvait là, aux Italiens, dans une des petites chapelles de l'Art, et il avait étrangement peur. Sa figure pâle, ses yeux effarés, son dos courbé, me sont restés dans l'esprit. Il me salua timidement, en passant, le triomphateur!

La nuée de coquins s'amassait autour de moi; je leur offrais un attrait particulier, séduisant, presque irrésistible. On disait que j'avais du talent, je semblais niais, j'aimais la bienveillance, et je la pratiquais volontiers. On avait répandu le bruit de mon étourderie et de ma facilité. Voilà bien des motifs pour m'entourer. Que d'escrocs! Mais ce qui était surtout étrange c'est que je les aimais. Approchez, leur disais-je dans le fond de mon âme, petits immondes, animalcules et infiniment petits! rotatoires, infusoires, vous que l'œil nu n'aperçoit guère. Les romanciers vous inventent, les philosophes vous maudissent en fermant les yeux, je veux vous comprendre, et plus vous serez complexes, odieux, menteurs, voleurs, misérables, plus je vous aimerai. Et ils accouraient avec d'autant plus de zèle et d'empressement que j'étais pauvre. A leur grand étonnement ils me trouvaient heureux de les recevoir, souvent de les accueillir. Cette curiosité philosophique a été un des grands malheurs de ma vie. Il y avait là quelque chose de si invraisemblable, de si incroyable. Je ne m'excuse pas moi-même; je me blâme.

Si je les comptais sur mes doigts j'aurais trop à faire. Le premier que j'aie rencontré était le fils du fameux Babœuf, le rénovateur de la loi agraire. Il se faisait payer pour maltraiter les ennemis du libéralisme et tenait boutique de calomnies; cela s'appelait *Dictionnaire des contemporains*. Le second fut Jouy qui achetait des pièces de théâtre et de la prose, se faisant une réputation avec son commerce. Et que d'autres! L'Italien Fiorentino, de Florence, et Fiocchi, de Venise! On peut l'affirmer sans calomnie, toute cette société latine-française était frauduleuse ; et sa fraude, base menteuse, a croulé sous ses pieds, quand elle a voulu s'ériger en république ou en demi-république. De cette énorme quantité d'escrocs, pullulant et bourdonnant autour de vous naît l'indispensable nécessité d'avoir, dans de tels pays, un rempart de famille; un père, un frère, un cousin, un fils, qui vous protégent. Le clan renaît, la tribu sauvage reparaît. Mais moi, j'ai toujours marché seul ; et ma naissance même me livrait en pâture à toutes les intrigues.

Le torrent précipitait la France vers la servitude. Cette servitude n'était pas seulement politique, mais morale, universelle, sociale. Comme on sortait de l'émeute sanglante, qu'on avait encore peur des insurgés, que les pavés des barricades avaient à peine repris leur place, que les bannières de tous les métiers traversant Paris, avec des fanfares ridicules, étaient à peine rentrées dans leurs fourreaux, que le jugement affreux du procès Bréa venait de laisser vivant dans tous les esprits épouvantés, le souvenir de cet assassinat hideux commis avec une rage indienne et une vindicte de Thugs sur des militaires innocents; les bourgeois ne virent plus clair ; on ne se souvint de rien ; une fumée de peur remplit les cervelles des notoriétés; une autre vapeur d'ambition monta aux têtes cupides et vénales. La masse épaisse des paysans et les blocs obéissants de l'armée s'ébranlèrent d'une joie bête, et la plus grande liberté fut donnée au pouvoir de se rétablir, de s'asseoir, de s'affermir, de plonger ses assises dans le pays et de tuer toute liberté.

Il agissait à son aise. Il avait pour lui ce qu'il y a de plus fort au monde, le vice; et ce qui domine tous les vices particuliers, le vice général, puis le plus invincible besoin de conservation, enfin la peur, la lâcheté. Le pouvoir avait raison. Il était d'accord avec la race. Il marchait avec elle. Il valait même mieux qu'elle, ayant des aspirations moins égoïstes, plus larges et embrassant un plus vaste horizon. Lui ne prétendait qu'établir sa dynastie. Pour y parvenir, l'ingénieur-artilleur, élevé moitié parmi les francs-tireurs de Constance, moitié chez les Américains et les Anglais, très-instruit des choses courantes du monde, suivait le mouvement qui le portait et qui n'était ni moral, ni vertueux, ni héroïque, mais après tout utile, matériel, d'amélioration et de progrès. Il traçait de grandes voies, créait des maisons pour les ouvriers, élevait des casernes, se fortifiait de toutes parts, perfectionnait les engins de guerre, creusait des canaux, et s'occupait des banques, de l'agriculture et de l'assainissement du sol. Il était le Médicis des ponts et chaussées. On l'applaudissait. Les autres dynasties enrageaient et il continuait son œuvre.

Je n'étais que l'atome le plus mince dans le flot violent et triste de cette société qui marchait contre moi; mais j'étais submergé en qualité d'atome. Personne en France, excepté peut-être l'honnête Tocqueville et un ou deux autres désintéressés, ne pensait et ne sentait comme moi. Tout me manquait. Mon bonheur unique, l'exercice de l'esprit appliqué à l'étude, au progrès humain, à l'observation libre, à la causerie indépendante, à la pure jouissance des arts;

était un scandale bizarre. J'insultais ainsi à tout ce monde guerroyant, et cependant j'avais mis une sorte d'acharnement à ne pas me laisser chasser par eux, à rester dans cette société de despotes bas qui me répugnaient. Jamais ils ne m'avaient pardonné ou accepté, jamais aussi ma plume acérée n'avait cessé de leur faire la guerre. Ils justifiaient trop mes dédains. Leur lâche retour à l'empire qu'ils n'aimaient pas parlait assez haut pour moi.

Après l'avénement au trône du métaphysicien-ingénieur, fils de la spirituelle et habile Hortense de Beauharnais, qui se fit appeler Napoléon III, on effaça trois hommes éminents sous la conspiration du silence. — Ils avaient, me disait-on, commis le crime de ne pas voter pour l'Empire (et moi non plus). C'étaient Villemain, Vitet et Cuvillier-Fleury.

TROIS VICTIMES DE L'EMPIRE

I

VILLEMAIN

Barante, Chénier, surtout madame de Staël et le trop inconnu Bonstetten avaient servi d'éclaireurs au dix-huitième siècle. Diderot le turbulent, puis les médiocres mais intelligents Suard, Arnaud et Grimm avaient faiblement annoncé l'avénement de la critique littéraire. Mais tout cela était incomplet et fragmentaire. — Le véritable initiateur, Villemain, armé d'une connaissance intime et d'une familiarité complète avec les grandes œuvres ouvrit à la France qui n'avait encore ni Tiraboschi, ni Salfi, la route des littératures comparées. Tous ceux qui sont venus après lui n'ont fait que creuser son sillon ; Ampère avec sécheresse et sans suite ; Sainte-Beuve en détournant l'Empire littéraire vers la physiologie et l'anatomie.

Quant à Villemain, tout en lui était bossu et charmant : en saillie, en contraste, en séduction et en grâce bossue. Ses facultés de mémoire, de finesse, de courage, de timide évasion se contrariaient. C'était une antithèse infinie. Si on voulait le décrire et le caractériser, on aurait l'air de courir après la phrase, de tourner une période et de chercher l'effet. Lui-même était rempli d'effets inattendus. M. E. Drumon, qui a peu d'esprit et beaucoup de prétention dans le style, le donne pour mesuré et calme. Ceux qui ont connu Villemain savent que la mesure n'appartenait pas à sa pensée, pas plus qu'à son corps. Il n'était médiocre en rien, pas même en poésie ou en philosophie dont il n'avait pas une goutte ou un atome ; mais les autres éléments de son être physique, moral, intellectuel, tous en relief et en saillie, se faisaient la guerre.

Son érudition était tenue en échec par son esprit ; ses habitudes universitaires par son désir d'élégance, sa grâce réelle par son cynisme, ses qualités de famille par son amour du monde, son élasticité de pensée par ses traditions classiques ; son goût pour les anciens, si délicat et si juste, est certainement aussi naïf et aussi vif pour Shakespeare, Milton et les modernes. Cette passion, pourtant, n'a pas survécu à l'accession de Villemain au pouvoir. Devenu ministre, il a voulu être bon Français et chef de l'Université ; alors il a reculé devant Shakespeare. Ces souplesses ont semblé à beaucoup être des faiblesses et des peurs ; jugement inexact. Trop d'intelligence montrait à Villemain trop de périls, il avait trop de lumière, pour ne pas deviner tous les écueils : et quand il n'était que clairvoyant, on le supposait timide. S'il avait eu moins d'esprit et une décisive volonté, peu de mortels l'eussent égalé. Villemain n'était pas ondoyant, il était élastique. Comme la décision et le parti pris sont nécessaires au style même, surtout à l'histoire, on ne consultera plus ni son Lascaris, ni son Cromwell. Comme l'humanité en a assez de la forme antique et que la religieuse et cicéronienne finesse de la période a cessé d'être utile, on ne lira que pour mémoire ses éloges de Montesquieu et de Montaigne. Mais Villemain conservera un beau titre. Il a fondé *l'histoire littéraire en France*. La postérité lui tiendra compte de ce qui a le plus servi l'avenir ; il a favorisé la connaissance internationale des races. Ministre, il n'a pas pu tenter, ce dont nul ministre ne viendra peut-être à bout : *Le renouvellement de l'Université, la réalisation d'une éducation populaire*. D'abord tous ses goûts, toutes ses passions, tous ses préjugés, toutes ses voluptés d'esprit, toutes ses gratitudes s'y opposaient, ensuite aurait-il gardé son portefeuille? J'en doute. La critique de Villemain était rhétorique: celle de Sainte-Beuve est devenue pathologique. Aussi dans notre époque celle de ce dernier devait avoir le plus de succès.

12 mai 1870.

Villemain est mort cette nuit à quatre-vingts ans passés. Il avait donc dix ans à l'aurore du premier empire, il a vu se développer notre étrange siècle : autant on aimait la rhétorique sous M. de Fontanes, autant on la redoute aujourd'hui. Ce qu'on appelle un styliste est devenu impossible. Villemain a voyagé glorieusement dans ces criques, ces détours, ces cavernes et ces cascades du siècle. Dans les derniers temps tous les rivages ont fui avec une telle rapidité que certes il ne pouvait plus se reconnaître. Il a vu disparaître tour à tour, et d'une cause violente, l'époque de la guerre, celle de la parole, celle de la phrase, celle du fait, celle de la spéculation. Où en sommes-nous maintenant? Qui le sait? Chrétien, il allait souvent à Saint-Germain des Prés, mais il lui arrivait de rester sous le vestibule. Philosophe, il cultivait les Pères de l'Eglise, il s'arrêtait aussi sous le portique ; de même pour toutes choses, et pour l'histoire qu'il a brillamment effleurée.

Quant à moi, je ne me souviendrai que de ses facultés de bienveillance, d'obligeance, de serviabilité. Il a été souvent bon et d'un cœur large et amène. Puis il s'arrêtait, car il voyait le dessous de carte, le revers, l'envers, la trame et les diverses faces de tout ; c'est alors qu'il montrait une espèce de morgue cachée ; et cette grossièreté ironique qui lui fit beaucoup d'ennemis, et fit dire au spirituel Ferdinand d'Orléans : « Villemain, c'est toujours l'affranchi devenu QUELQUE CHOSE, c'est Esope en personne ! ! »

Voici la dernière lettre que je reçus de lui.

Mon cher Philosophe,

Retiré comme vous, je regrette d'avoir si rarement l'occasion de vous voir, et je cherche celle de vous lire, que je trouve toujours instructive et précieuse ; c'est vous dire assez que je suis charmé de la double publication, que vous m'annoncez à part même toute place de faveur que m'y réserverait votre amitié. Seulement, je vous prie, que parlez-vous de puissants, lorsqu'il s'agit de moi si éloigné de tout, et en vérité aujourd'hui plus étranger (*magis externus et hospes*) dans la venteuse Alexandrie décrite par vous que dans celle du second siècle ? puissance de crédit, je n'en ai et n'en espère : Puissance de conseil, hélas ! je ne sais pas même persuader à des hommes de talent que j'estime de ne jamais vouloir nuire à leur succès par leur humeur. Dans cet humble regret de mon peu d'influence, je n'en suis que plus sensible à tout ce que votre bienveillance conçoit de favorable sur moi, et sur l'emploi de mon loisir. Je vous en remercie, non pas seulement, comme d'un suffrage fort envié, mais comme d'une partialité qui m'est encore plus précieuse. Vous savez aussi, mon cher philosophe, tout ce que de mon côté j'augure et j'attends de vos travaux, et de cette variété de connaissance qui aurait si heureusement pour nous la matière du talent et la chance de nouveauté. Agréez donc mes vœux, comme vous avez la bonté de m'offrir les vôtres. Vous avez, Dieu merci, bien plus de temps devant vous, pour remplir tout ce que l'esprit projette, et tout ce que la vie achève, si elle peut! Recevez donc ces vœux *pour une* et *pour plusieurs années*, et en même temps tous mes sentiments de haute considération et d'attachement.

VILLEMAIN.

Ce 2 janvier 1868.

II

M. VITET

Deux petits volumes, assez peu lourds, mais substantiels, composeront le bagage avec lequel M. Vitet, homme honorable et de mérite, se présentera devant la postérité. C'est encore beaucoup. Le balai implacable de l'ennui et du lieu commun repoussera doucement bien des volumes de M. Vitet : ses tragédies en bois, ses dissertations de coton et ses critiques à la Prudhomme. Dans les recoins oubliés et dans les cryptes où dorment, couronnés de l'estime publique, les volumes de Le Batteux et de l'abbé Dubos, on aura quelque peine à déterrer ces reliques.

Tout ce qui restera, le détritus balayé, sera excellent. On lira une *Histoire de Lesueur*, sobre, contenue, exacte, animée et comme inspirée d'un souffle très-pur et très-digne du héros ; l'*Histoire architecturale du Louvre*, moins irréprochable peut-être, trop polémique et trop contentieuse, mais correcte, sévère, à peu près inattaquable quant aux dates et aux résultats ; enfin de beaux *Fragments sur l'Architecture*, où nos petits enfants trouveront avec surprise la question historique du style ogival et du style prétendu lombard admirablement traitée et pour la première fois.

Ces gens de l'avenir, qui ne penseront à nous qu'en passant, mais auxquels il faudrait peut-être penser un peu, s'étonneront de trouver à la tête de l'*Histoire de Dieppe* par notre auteur, la description brillante d'un champ couvert de coquelicots rouges, à ce que l'auteur imagine d'abord ; lesquels coquelicots deviennent des poteries romaines de terre cuite rouge ; et les mêmes susdites poteries rouges, cessant d'être des fleurs, sont bien plus intéressantes, puisqu'elles prouvent que des Romains ont habité ces parages. Les Sainte-Beuve futurs (s'il y en a) se martelleront le cerveau pour comprendre la filiation d'idées et de sentiments qui a pu enchaîner ces fleurs à ces pots, ces coquelicots à ces briques rouges et inspirer à l'auteur ces étranges pages. Je me hâte d'éclairer là-dessus les critiques de mes successeurs.

L'honorable M. Vitet a commencé par être attaché à l'Université. L'École normale l'a compté parmi ses bons professeurs ; voilà l'explication naturelle de son admiration pour les cruches latines. Rien de plus simple. Où d'autres chercheraient la nature, les fleurs et la mer, il trouve et admire des pots romains. Ce qui suit est plus curieux encore. Mme la duchesse de Berry ayant donné quelque argent destiné à des fouilles sur la plage de Dieppe, l'historien prend l'occasion de cela pour maltraiter un peu la pauvre duchesse. Elle n'aime que les miroirs, colliers et bijoux. Elle dirige mal les fouilles. Pourquoi cette attaque si gratuite ? demandera la postérité.

On lui dira : « C'était un homme de parti ; et le premier devoir d'un homme de parti qui triomphe, c'est de médire du régime déchu. Jamais gouvernement n'a manqué à ce devoir, et ses amis vont sur ses brisées. Chaque pouvoir nouveau fait comme un directeur de *fantoccini* qui met de côté toutes les marionnettes du directeur précédent, tout au moins leur cache-t-il la tête ou bien il les drape autrement. Les gens des États-Unis entendent merveilleusement cette marche : tout président a son parti, tout gouvernement amène sa bande, chasse la bande ancienne, lui dit force injures et destitue les amis de ses ennemis ; chacun fait alors sa poche et s'arrange en attendant, sachant bien qu'il sera traité de même. Le pays y perd, on annule beaucoup de forces ; c'est injuste et immoral, mais le système va son train. Comment la duchesse de Berry, en 1831, pouvait-elle être ménagée ? Pas plus que Napoléon ne le fut en 1817 et que les partisans de Louis-Philippe ne le furent en 1850. *Væ victis !* » Voilà l'explication. En êtes-vous content ?

Rédacteur du *Globe*, affilié à M. Guizot, à M. Cousin, à M. Dubois et à ce noble groupe de talents que la pensée doctrinale de Royer-Collard enrégimentait, protégeait, dirigeait et couvrait de son ombre, M. Vitet n'a failli ni aux devoirs de la loyauté, ni à ceux de la coterie, ni aux engagements de parti, ni aux dictées de la conscience. Il est toujours resté ce qu'il a été : professeur, chef de bureau, ami de M. Guizot, universitaire : il n'a jamais cessé de rédiger le *Globe*, qui n'existe plus. Les premières assises de cette intelligence sont magistrales ; les secondes sont professorales, et toutes les superstructures correspondent à ces bases. Le rédacteur du *Globe* s'assied sur le professeur et soutient le conseiller d'État, lequel sert d'appui au secrétaire général du ministère du commerce. Non-seulement toutes ces fonctions, qui naturellement amenaient et nécessitaient la charge de député, sont pleines d'autorité et constituent par leur exercice et leur mutuelle dépendance un ensemble de magistratures presque souveraines ; mais le caractère imposé à celui qui porte tant de sceptres et s'astreint à tant de devoirs lui rend presque impossible le jet hardi de la pensée. C'est un véritable fardeau qu'une vie pareille. Pour avoir écrit et imprimé sous ce poids écrasant une vingtaine de volumes, qui tous brillent modestement par le bon sens, et dont quelques-uns joignent un vrai mérite à celui de l'exactitude et de la recherche consciencieuse ; pour avoir allié à ces travaux ceux d'une vie sociale menée, dit-on, admirablement ; — il a fallu que l'emploi des heures de M. Vitet et la distribution matérielle de sa vie fussent on ne peut mieux pondérées.

Quand a sonné l'heure de la révolte intellectuelle ; quand l'esprit français, se fâchant contre ses lisières et voulant les briser, se proclama « romantique », c'est-à-dire infidèle à ses traditions de raison pratique et de bon sens mitigé ; l'intelligence de M. Vitet (comme il arrive aux grosses charpentes qui n'ont pas de souplesse), s'ébranla d'un bloc. On criait : *Vive Shakespeare !* et l'universitaire devint « Shakespearien. »

Il fit donc un effort pour imiter Shakespeare. Ce fut un spectacle bizarre. Un Shakespeare sans liberté et sans caprice ! Ainsi, dans les premiers temps de la Révolution française, on voulut créer en France des mœurs politiques à l'anglaise. L'horloge manquait d'une chose, du grand ressort, la Liberté, qui donne la vie. On avait beau tourner les aiguilles, agiter le balancier ; régler les heures, arranger le cadran, rien ne marchait ; des soubresauts violents étaient suivis de repos atones. De même les drames shakespeariens de M. Vitet possèdent le cadre, la forme, les rouages, la grossière apparence ; ils n'ont pas le souffle, ils ne vivent pas. Transparence de ton, élasticité des personnages, accent naïf, rapidité des impulsions, vérité des passions, tout cela fait défaut ; froide vérité des faits, fidélité locale, compartiments bien assortis, exactitude pharisaïque, voilà les mérites. Shakespeare, comme il court à travers les faits, soulève les idées, éveille les passions, bouleverse le monde, creuse d'un coup de ciseau ses caractères, les remplit de chaleur, les imbibe de lumière ! On a prouvé, depuis Shakespeare, que le vrai Richard III ne ressemblait point à son Richard III. On sait aujourd'hui, à n'en pouvoir douter, que le vrai Macbeth, un sauvage couvert de peaux, ne possédait aucun château féodal où le « *moineau pût abriter son nid fécond* ». Que d'inexactitudes, d'incohérences, de taches, de fautes, de lacunes ! Quel désordre ! La *Vie* et la *Liberté* suffisent à tout. L'ordre ne remplace pas la *Vie*, l'exactitude matérielle ne supplée pas à la *Liberté*. M. Vitet a cru faire du Shakespeare matériel ; de même qu'en politique beaucoup de gens imaginent que la prospérité corporelle suffit ; ne se doutant pas que l'âme existe et que le libre exercice des droits humains est l'unique condition vitale de l'ordre. Un légitime sentiment, l'amour de l'exactitude, a entraîné M. Vitet à nuire considérablement à l'art. C'est à lui, à M. Duponchel et au « *Globe* » que remontent ces idées d'un matérialisme borné qui n'ont point cessé d'influer depuis trente ans sur les œuvres du théâtre et sur les produits littéraires de notre siècle. Il a tant prêché la stricte adhérence au fait, le culte des chiffres, la vérité des dates, la sévérité des documents, qu'il est né depuis lui une sorte de littérature morte très-singulière. Nous avons eu nos « Massorètes ». Pesant les syllabes, comptant les virgules, se claquemurant dans le technique ; amoureux d'une variante, pleins de scrupules sur la manière dont s'écrit *Pocquelin* ou « Poquelin » ; préférant Suétone à Tacite, Dangeau à Suétone, et ne pardonnant pas à Saint-Simon de s'être trompé sur la date de l'exil d'un courtisan, ils ont créé je ne sais quel Parnasse de notaire et de greffier. Mme de Sévigné s'écrivait-elle Sévigny ? La cour de Blois avait-elle 250 ou 251 pieds de large ? La belle affaire ! et les beaux problèmes à résoudre ! Et comme cela importe à la littérature, à l'humanité, à l'histoire ! Pendant que la sagesse descendait jusqu'à cet excès de minutie niaise, l'imagination s'exaltait jusqu'à la frénésie.

Séparation malheureuse, dislocation fatale de l'imagination et du bon sens. L'érudition a besoin d'imagination. La poésie a besoin de bon sens. Leur divorce absolu jette l'érudition dans les dernières puérilités, la poésie dans les insanités. Quand Sainte-Beuve le malin et le clairvoyant côtoie les unes et les autres, il se garde bien d'y tomber ; il s'en amuse un moment, discute en passant une date ; s'attarde un peu sur un document ; accorde quelque attention à tel poëte fou ; mais il ne fait qu'effleurer ces misères. D'un coup d'aile il repart, repousse ces débris, et le voilà dans l'air et la liberté.

De là aussi ce faux emploi de la couleur locale, cet *akribès* rigoureux, comme s'exprimaient les Grecs, déterminant les nuances d'un vêtement, les arêtes d'un profil, les variétés les plus insignifiantes de l'orthographe, M. Vitet a été l'un des principaux instigateurs de la vérité locale et matérielle et de cette manie d'exactitude technique qui nous possède. Je le crois très-porté à aimer consciencieusement l'art véritable ; mais il ne sait pas combien a été délétère l'action de ce culte voué à la matière, au chiffre et aux infiniment petits. Par le courant même de nos mœurs, qui ne sont guère idéales, on n'était déjà que trop porté à prendre le costume pour l'homme, la date pour le fait, la fidélité matérielle et brute pour l'interprétation supérieure de la nature et de l'histoire.

M. Vitet a favorisé et activé par ses livres et ses succès cette déplorable tendance. Non-seulement ses drames sont privés de saveur et d'arome, de séve, d'âme, de mouvement; mais ces manequins qu'il habille et fait parler sont mécaniques. Les noms propres qu'il leur impose ressemblent aux couleurs tranchées d'une fleur de papier. C'est une tulipe sans parfum et factice. De deux choses l'une : ou renvoyez-moi aux carrières de l'histoire, j'y trouverai du vrai marbre, de la vraie pierre, des matériaux ; — ou que Shakespeare m'enlève sur les hauts sommets, je découvrirai le monde, les collines vertes, les vastes forêts et les grands lacs lointains. Mais m'enfermer dans votre bureau de directeur des domaines, pour y faire parler Henri III à votre gré, vraiment ce n'est point la peine!

L'architecture, art qu'il comprend à merveille et qui lui a dicté de bonnes monographies, aurait pu l'instruire du peu de valeur de ces charpentes dures et sèches qui composent ses drames, trop massives pour plaire à l'œil, trop frivoles pour rien signifier et rien soutenir. Il y suspend des noms : Catherine de Médicis, les Guises. Mais ces draperies de quinze actes, ces dialogues sans commencement et sans fin ne cachent autre chose qu'un pur compte rendu, un *procès-verbal* des états de Blois ; on le trouverait chez le concierge, à meilleur compte, moins fastidieux, orné de moins de discours, et sans décorations encombrantes. M. Vitet a eu lui-même une idée admirable qui prouve son scrupule, non son goût. Il nous a fourni un plan exact du château de Blois. Voyez l'exactitude ! Imaginez dans un entr'acte M. Augier ou le pauvre Ponsard faisant descendre et se dérouler sur la toile cette carte architectonique et topographique représentant par des lignes rouges et noires le lieu même du sinistre. Que cela est touchant, et que cela est dramatique !

Je pardonne de telles minuties à l'histoire, qui doit se permettre jusqu'à l'archéologie. Mais je ne puis pardonner à Vitet de gâter l'histoire et de changer le drame en « surmoulage » de l'histoire. Peu m'importe le perron de droite ou le perron de gauche; que le château de Hamlet soit en briques ou en granit rouge. Je veux que l'historien me donne des certitudes vérifiées ; — que le dramaturge de génie Sophocle ou Caldéron, Racine ou Shakespeare, s'empare des faits, des caractères et des passions, et les élève à l'idéal. Son œuvre n'est pas de maçon, elle est d'alchimiste. Racine extrait de Tacite la quintessence du règne de Néron ; Shakespeare prend dans Plutarque tout Jules César ; et quand le métal précieux a quitté le creuset, ces artistes le fondent dans des moules sublimes qui sont les personnages, historiques et poétiques à la fois, de l'affreux Narcisse, de l'austère Burrhus, de Brutus et de Porcia. Pour tous ces artistes du Nord et du Midi, le but est le même, bien que selon les ateliers les procédés diffèrent.

L'idéal que Schiller fait jaillir est plus lyrique, plus conforme à la tendre moralité du *Sehnsucht* teutonique, plus moderne. — Celui de Shakespeare est plus national, plus anglais, plus âpre, plus investigateur du caractère et des personnages, plus scientifique. Son *Richard III*, je l'ai dit, n'est pas historique ; la *Marie Stuart* de Schiller est une chimère, sa *Jeanne d'Arc* aussi ; le *Don Carlos* de l'idéaliste souabe est encore plus faux. Mais l'humanité se reconnaît à ces types, vrais relativement à elle ; — vrais d'une vérité éternelle, non passagère, conforme à l'expérience du genre humain. Néron ne parlait pas en beaux vers comme Racine : il en faisait de très-mauvais, et ce n'était après tout qu'un cabotin terrible et un pédant méchant sur le trône. Il portait au doigt l'énorme diamant dont parle Suétone, diamant qui lui servait de lorgnon ; ses pieds étaient ornés de pierreries ; il se baignait trois fois par jour, et donnait à sa peau tous les soins qu'exigeait l'art théâtral des anciens. Voilà une vérité brute, stupide, banale. Je n'en ai que faire. C'est celle que M. Vitet met en scène. Je n'en veux pas. Il me faut une vérité plus vraie et plus haute. Il faut que mon poëte fasse *idéal* et fasse *vrai*; tantôt scientifique et analyste comme Shakespeare, il prend le *vrai* pour base et s'élève à l'*idéal*; tantôt plus artiste comme Racine, il plane dans l'*idéal* et ne perd pas de vue le *vrai*.

M. Vitet, malgré la justesse de son esprit, a été

(pour me servir du terme des mathématiciens) l'un des *facteurs* les plus résolus, les plus dangereux et les plus ingénus d'une théorie absurde, qui croit ramener l'art à la vérité en détruisant l'idéal, et qui ne réussit par la fidélité matérielle qu'à ruiner à la fois l'un et l'autre. Matérialisme servile qui copie les paroles, singe les gestes, compose des inventaires, formule des procès-verbaux, imite les meubles et les ajustements, étouffe l'art et la vérité supérieure sous la partie physique et la vérité infime de l'histoire.

C'est pour l'architecture, non pour le drame, que M. Vitet est un excellent conseiller et un historien remarquablement éclairé et sincère. C'est lui qui a le mieux élucidé cette transformation obscure de l'art, lorsque, allongeant la courbe antique des voûtes et la prolongeant en angle, on a créé les structures ogivales. Il faut lire avec grand soin tout ce qu'il a écrit sur l'architecture dite lombarde et sur les origines des cathédrales. C'est à la fois sensé et spirituel; toujours appuyé de preuves; vu de près, en homme du métier; analysé avec finesse et très-nettement exposé. Si des lignes géométrales de l'architecture M. Vitet descend jusqu'à la peinture, il est moins sûr de lui-même et juge moins bien. L'aérien, le coloris, les transparences, le clair-obscur, tout ce qui se rapproche de la fantaisie, tout ce qui s'éloigne de la précision des contours lui échappe. Il ne comprend guère ni la musique, ni Delacroix, ce Beethoven de la palette; Delacroix qui, espérant donner à la ligne l'émotion de la couleur, a fait trembler le contour.

Voilà mes griefs littéraires contre M. Vitet. Voulant être vrai comme un notaire, sérieux comme un greffier, circonstancié comme un rapporteur de contentieux, il a tué l'élan et étouffé le spontané.

Il a été de ceux qui ont mis à la mode les immenses monographies; un volume pour un atome; *Boisrobert*, trois volumes; *Mademoiselle de Scudéry*, cinq volumes. On emprunte à la science ce défaut de proportion. Des moindres réputations du passé on fabrique des volumes *sérieux;* les plus inconnus ou les moins méritants du temps passé, Dassoucy, ou Trublet, ou même La Calprenède, deviennent prétexte à documents, à dissertations infinies et à prix d'académie. Le *Mémoire à consulter* nous déborde. Dans un siècle on refera presque tous nos livres.

Le propre de M. Vitet est de prendre au sérieux les travers de son temps. Il ressemble à ces femmes d'un goût pesant qui ne savent pas corriger la mode; crinolines de trente pieds d'envergure, sarraux à étuis trop serrés. D'une histoire d'art pourquoi faire un mémoire judiciaire? Pourquoi près de cinq cents pages pour une affaire aussi petite que la querelle de la *Maîtrise* contre *l'Académie de peinture?* Cela manque de proportion. Mais cela est *sérieux.*

M. Vitet a brillé à l'époque des gens *sérieux.*

Ce barbarisme signifie à peu près que l'on est sévère, grave et composé.

Aujourd'hui nous sommes *pratiques;* sous Louis XV tout était *moral;* sous Robespierre tout était *vertueux;* sous Napoléon Ier tout était *français.*

Ces épithètes ou ces étiquettes se modifient chez nous de quinze en quinze années comme les gouvernements ont eu coutume de faire. Immédiatement avant la révolution, l'adjectif « *moral* » régnait sur toute la ligne. Marmontel lisait ses contes *moraux* à Mme de Pompadour. Jean-Jacques était éminemment *moral* et Crébillon fils assez *moral*. Mme de Genlis, maîtresse avouée d'un prince, écrivait les « Veillées *morales* de son château » et les « Annales *morales* de sa vertu. » Dans les discours de Mirabeau vous trouverez à chaque instant le mot *moral*. Les états généraux s'assemblent sous ce magnifique étendard. Entre 1790 et 1800 le mot d'ordre s'éleva d'un degré. Les *vertueuses* lois firent la *vertueuse* terreur. Après le 18 brumaire le drapeau social se broda d'un nouvel exergue. Le mot *français* domina lorsque la centralisation établie au profit de l'État le créa seul maître et seul souverain *français*.

Cela dura jusqu'au moment où les alliés amenèrent Louis XVIII. Alors commença le règne des gens *sérieux*, et l'emploi de cette épithète fut neuf. On parla de concurrence *sérieuse*; un chiffre fut *sérieux*, un arrangement *sérieux*. « Ce que vous dites n'est pas *sérieux !* » Et ce détournement de sens a si bien pénétré dans l'idiome que beaucoup de personnes, en me lisant, s'étonneront de ma remarque. La gravité réfléchie, le *soir* et sa demi-ombre constituent le vrai sens de ce vieux mot (*serius*), auquel on prête une nouvelle acception très-fausse, le sens de *réel* et *vrai*. Il est résulté de cette confusion qu'une chose *sérieuse* est toujours *vraie*, et qu'un homme sérieux est toujours sincère. Nos Français sont si légers qu'une tenue *sérieuse* leur a suffi, et que les solennels leur ont paru *sincères*.

Notre écrivain appartient donc à la famille des hommes *sérieux* et à l'époque où tous, même les romantiques, faisaient la leçon au monde ; j'excepte de cette critique deux grands noms, celui de Royer-Collard et celui de M. Guizot, l'un et l'autre philosophes, qui avaient le droit, comme autrefois Hobbes ou Descartes, de proposer et d'imposer leurs systèmes; de diriger la manœuvre, de rendre à l'équipage espoir et activité. Mais bientôt on vit se grouper une foule de petits précepteurs et de pédants subalternes autour des héros doctrinaines. Il y eut des Blaze en musique et des Mazade en politique; gens sérieux! Tout le monde prêcha, réprimanda, endoctrina; tout le monde devint *sérieux*, même les plus frivoles. Balzac, au lieu de créer de petits chefs-d'œuvre, comme la *Grenadière* et *Eugénie Grandet*, prétendit rivaliser avec Aristote et avec Humboldt; il embrassa l'univers. Quelles préfaces *sérieuses* pour de petits romans! Personne ne voulut marcher sans échasses, à l'exception peut-être de ce pauvre Alfred de Musset et de quelques bons esprits, comme Mérimée.

M. Vitet a donc été homme *sérieux*, même dans le domaine de l'imagination, qu'il a longtemps cultivé; et cette prétention surtout lui a nui.

Dois-je ajouter que M. Vitet a une portion très-*sérieuse* de talent : celle qu'il a consacrée à l'histoire des beaux-arts? L'idée que j'essayerais d'exprimer par ce néologisme serait très-juste.

Et, à ce propos, comment ne pas se demander si la société française, quels que soient les gouvernements qui la possèdent et la pétrissent, use bien de ses hommes, de ses talents, de ses puissances; — si elle les applique avec une parfaite adresse à leurs aptitudes et à leurs mérites; si, par suite de tant de haines, de souvenirs, de vengeances ou de faiblesses, décorés du mot de *partis*, on n'arrive pas à déplacer les aptitudes ; à user les capacités dans les luttes sans en faire emploi pour le pays ; enfin à dénuder, sans le féconder, le sol national de tout son *humus* naturel, si je peux me servir de ce mot technique ? qu'a-t-on fait de tel qui eût été un admirable *directeur des Beaux-Arts* ? De M. Vitet, par exemple ? Un inspecteur de ruines. Et de tel autre qui sait à peine lire ? Un maître, non de ministère, mais de l'œuvre littéraire ? Est-ce que l'Angleterre emploie ainsi ses Russell, ses Cobden et ses Layard ? Est-ce qu'elle fait de son Tennyson un proscrit politique ? Est-ce qu'elle frappe d'anathème John Stuart Mill, le radical ? Est-ce qu'elle place le *Quarterly* aux mains d'un illettré ?

Ici, les gouvernements ne sont pas en cause, mais la bonne ou mauvaise éducation du pays. « *Chaque homme a sa vraie place* » ; c'est là le mot d'ordre que l'on n'exécute pas toujours, mais que l'on doit ne déshonorer jamais, et essayer de réaliser.

L'activité jeune de M. Vitet a-t-elle été suffisamment mise en œuvre et utilisée ? La création de ses drames des *Barricades* et des *Guises* ne le prouve pas. Déjà on ne les lit plus. Le temps des postiches historiques est passé. Pour me renseigner sur M. Vitet, j'ai dû monter au grenier littéraire, chercher dans les cabinets antiques de lecture, tout près du plafond, et y dénicher ces drames morts, écrits par l'Immortel. Je les ai lus ensuite. Et quel ennui !

Possesseur de beaucoup de connaissances, et de sens, et de probité ; pourvu d'un style très-honnête pour un rapporteur de commission, très-suffisant pour un architecte, mais parfaitement gris, terne et opaque, — quelle fantaisie étrange, au lieu de l'interner dans ces *Beaux-Arts* qui sont sa patrie, a pu, comme dit Saint-Simon, le *bombarder* précisément dans l'autre Académie, — l'Académie française, — celle qui convient le moins à ses mérites solides et à sa rare capacité ?

III

CUVILLIER-FLEURY

« Il y a des gens qui emploient tout leur soin, tout « leur zèle, toute leur conscience, tout leur esprit, si « peu que ce soit, à écrire quelques pages qu'ils of- « frent de temps en temps à la foule, et que le courant « emporte..... Je suis de ceux-là. Il y a des gens qui « mettent leur plus bel habit, leur linge le plus fin, « pour paraître deux ou trois fois devant notre sei- « gneur et maître le public..... Je n'ai jamais donné « au public une ligne qui ne fût la meilleure que je « pusse écrire. »

C'est M. Cuvillier-Fleury qui se rend cette justice ; il n'a pas tort. Tout cela est parfaitement vrai. Mais la justice n'est pas entière. Sa probité, stricte et minutieuse en matière d'esprit comme du reste, se double et se fortifie d'une autre faculté honorable, d'une belliqueuse humeur, d'un courage dans la mêlée et d'un sang-froid dans la lutte, qui complètent son caractère. Non-seulement il est correct, mais brave. Non-seulement sa tenue est irréprochable et son épée brille, mais il marche à l'ennemi le front haut, résolu, l'air riant, comme le vrai Français du champ de bataille en a le don. Il me fait l'effet d'un soldat bien élevé et déterminé, aux allures élégantes, et qui, sûr de lui-même, ayant bien examiné son fourniment et passé sa revue, ajoute à ces mérites la dextérité, la fermeté, l'agilité, la vigilance, l'imperturbable aplomb sous la mitraille ; et, lorsque la balle siffle et que son sang coule, le sourire provoquant. Il est là, sous le drapeau, un peu narquois, mais digne, prompt à se retourner pour protéger ses couleurs contre toute attaque et les sauver de toute insulte. Il abat madame Collet, se rabat sur Georges Sand, ne ménage pas toujours M. Thiers, pousse une botte en faveur de M. Vitet, abrite sous son manteau ce pauvre et faible Hippolyte Rigault, s'élance d'une pointe formidable sur Michelet, s'attaque aux plus forts capitaines ; si enfin son drapeau est déchiré, il presse sur son cœur la hampe à moitié brisée, espérant bien qu'il lui viendra du renfort, que la charge va sonner ; tout prêt d'ailleurs à mourir sous le lambeau glorieux.

Ne lui demandez donc pas d'être lyrique, de s'abandonner, de s'oublier, de rêver, de regarder les étoiles, de prêter l'oreille au murmure du feuillage qui tremble là-bas sous le vent de la forêt. Il en a bien le temps ! Il est à son poste et le garde.

Il a fait comme nous tous. Il a recueilli ses articles, les a liés en gerbe, et la moisson de ses années précédentes a fait des volumes, et de bons volumes : pleins d'agrément et d'instruction, encore ardents de polémique, et précieux pour l'histoire de nos temps.

Cela fait crier sots et pédants.

Quel scandale horrible ! De vieux articles ! Que nous servez-vous là ? Donnez-nous du neuf et des ensembles ; surtout de très-beaux gros volumes, — d'une seule venue : — divisés en beaux chapitres et en livres, — (Livres I, II, III) — et inédits.

O Philistins ! O épiciers incorrigibles !

Est-il au monde une stupidité comparable à celle qui voudrait condamner le journal à imprimer ce qui ne se réimprimera pas? Est-il rien de plus idiot que cette adoration du tome systématique et du traité dogmatique avec table des matières ; que cette vénération de nègre pour la chaîne d'une régularité apparente ; que cette superstition qui préfèrerait les histoires de Varillas, coordonnées arithmétiquement, aux fragments épars de Voltaire, de Lessing, de Goëthe, de Macaulay, aux pensées de Vauvenargues, de Larochefoucault, de Labruyère ; aux chapitres assez lâchement soudés de Michel Montaigne ; à cette vive littérature européenne des derniers temps ; innombrables feux de la critique et de l'observation sans cesse éveillées ; — étincelles jaillissant du fer rouge sur lequel battent les événements contemporains ? Citez un esprit supérieur qui n'ait pas ou employé ou dirigé cet instrument moderne et terrible, le journal! Sans compter les hommes politiques, voici Robert Wilson le tory ; Walter Scott son acolyte ; Chateaubriand le catholique poëte ; le fin et délicat Magnin, l'érudit ; Nodier, le misanthrope déconcerté et soucieux ; Théophile Gautier ; Jeffrey, de la *Revue d'Édimbourg ;* Gifford, de la *Revue des trois mois ;* M. Saint-Marc Girardin ; — tous les modernes plus ou moins célèbres : Lowe-Weymar, Méry, Jules Janin, John Lemoinne, Scherer, Gustave Freytag. Ils n'ont pas voulu livrer leurs feuilles sibyllines au vent de l'oubli. Ils ont eu raison.

C'eût été dommage. Quelques-unes de ces feuilles,

et des plus légères, surnageront. Quelques-unes, comme celles du stérile Gustave Planche, en dépit de leur lourde autorité, sont tombées au fond du gouffre et ne reparaîtront plus.

Même les inutiles pédanteries de Planche ont leur utilité. S'il n'avait pas, comme cent autres, colligé ses articles, l'histoire de notre production littéraire au dix-neuvième siècle serait incomplète. Ce sont des fragments. Qu'est-ce que notre époque ? un fragment de doctrines, de dynasties et de trônes tous brisés. M. Cousin, qui a imprimé un livre complet sur le *beau et le vrai*, n'apprendra rien aux gens de l'avenir, sinon que de notre temps on savait composer de bons pastiches. Une page de l'essayiste Thackeray, de Leigh Hunt, ou de Gustave Freytag, ou de M. Cuvillier-Fleury sur les mœurs contemporaines, sera bien plus précieuse. C'est là ce que nous cherchons sous la poussière et les décombres des vieux siècles ; quelque chose qui vive encore ; une physionomie que les années n'aient pas effacée, un rayon ; un peu de passion et d'histoire ; tel portrait lestement troussé du bout de la plume. J'aime la formule, la vie ; et elle a bien son prix.

Ce procédé a ses inconvénients ; la fantaisie s'oublie à conter fleurette ; l'érudition va s'égarant ; les uns maintiennent trop la règle, les autres trop peu. Le polémiste comme M. Cuvillier-Fleury est nécessairement partial.

Il ne se contente pas d'attendre l'ennemi de pied ferme ; il fond sur lui et va le chercher dans les petits coins et les embuscades. C'est Lamartine, c'est le docteur Véron, c'est Michelet, c'est George Sand, — celle qui a contribué, dit-il malignement, *pro parte virili*, — *virili*, entendez-vous bien ? — à renverser la monarchie de Juillet. Il les harcèle ; il ne les laisse pas sans blessure et sans morsure. Il a des mots habiles, polis, aigus — d'*humaniste* inhumain — qui font des entailles. Mais rien d'envenimé ou de grossier. Il est vif, vert et contenu. Quand il taquine celui-ci et tourmente celui-là, il se respecte, et respecte les autres. Poursuivant, de 1848 à 1860 les exagérations ou les emphases, les ivresses de style ou les intempérances de doctrine, il en fait une atroce boucherie ; mais doctement, avec finesse et une galanterie acérée. Cet homme si sobre, *naris emunctæ*, et qui ne se permet pas une licence personnelle, va-t-il admettre la morale relâchée pour autrui ? Autant vaudrait exiger de la femme austère et de bon ton, élevée dans un couvent et dont la pudeur s'est conservée exquise, d'admettre sur un pied égal les pauvres filles, folles de voluptés et de douleurs. Henri Heine, Musset, même Théophile Gautier ne trouvent pas grâce.

Je serais plus indulgent, étant peut-être moins parfait. C'est tout simple.

Une dévotion sincère a des droits. Sur le temps qui court et qui courait, cette sévérité est une bravoure, comme elle est une utilité. Il est si facile de flatter son temps et de le dominer par ses vices !

M. Cuvillier-Fleury, dans la lutte acharnée et dangereuse qu'il a soutenue, a montré beaucoup d'humeur, de tact et de loyauté. A-t-il raison toujours ? C'est une question que je discuterai avec la sincérité dont il est digne.

La justesse de son esprit s'est-elle assez pliée aux nécessités de notre temps ? S'est-il assez souvenu de ce que nous avons souffert ? A-t-il assez plongé jusqu'à ce fond douloureux du siècle, où Murger, Musset, âmes éperdues, charmantes et misérables, que je qualifie et ne confonds pas, ont puisé leurs inspirations ? Misères, remords, folles aspirations, angoisses de toute sorte doivent-ils être mis au seul compte de ces pauvres êtres ? Voyez donc quelle est l'époque. Et si les dynasties et les monarchies, si les dogmes et les doctrines, si les talents les plus hauts et les courages les plus fermes ont vacillé sous l'orage, subi la meurtrissure et la souillure, exigerez-vous qu'ils restent fermes, comme les *justus* et *tenax* d'Horace, nos chers poëtes, les uns dans leurs bas-fonds et dans leur bourbe, les autres dans leurs essors, trempés de pluie, au fond de la nuit sombre et de l'orage ardent ?

Divisés comme nous le sommes, en groupes hostiles, nous écoutons avec respect celui qui nous conseille le culte de la pure morale et de la famille pendant que le vent chasse devant lui les gouvernements comme des tas de feuilles mortes. Oui, certes, il a raison de prêcher avec tant d'esprit la morale générale, la famille et la belle pureté de style. Il a surtout raison au milieu de tant de ruines.

Mais reconstruire? C'est le problème.

La *Famille* ?

Êtes-vous sûr que la *famille* actuelle soit parfaitement bien constituée en France ?

Êtes-vous certain que les prescriptions du Code, émanant de la vieille loi romaine, soient d'accord avec les besoins actuels et ceux de l'avenir? Pensez-vous que l'éducation de nos colléges et de nos séminaires n'ait aucune réforme à subir? Notre auteur semblerait l'indiquer ; et cet optimisme me semble dangereux.

Un jour, George Sand va visiter son fils au collége ; elle est très-bonne mère, et M. Cuvillier-Fleury lui rend cette justice. Elle s'afflige, s'étonne et s'effraie pour son fils — « de ces grandes cours sans arbres, de ces cloîtres uniformes d'une architecture moderne, de ces tristes clameurs de la récréation, de ces voix discordantes et comme furieuses des enfants prisonniers, de ces mornes figures des maîtres d'études, jeunes gens déclassés qui sont là, pour la plupart, esclaves de la misère et forcément victimes ou tyrans ; tout, jusqu'à ce tambour, instrument guerrier magnifique pour ébranler les nerfs des hommes qui vont se battre, mais stupidement brutal pour appeler les enfants au recueillement du travail, tout me serra le cœur et me causa une sorte d'épouvante..... » M. Cuvillier-Fleury, à ce propos, attaque la mère comme exaltée. L'excellent critique accuse George Sand ; elle est *hallucinée*. L'homme du monde qui dans son temps a remporté le grand prix d'honneur a donc vu le collége sous un aspect bien aimable ! Quelles que soient mon amitié et mon estime pour lui, c'est avec George Sand, avec Michel Montaigne, avec Frœbel l'Allemand, avec Fénelon lui-même, que je me range contre les abus de ces « tristes geôles de la jeunesse captive. » Elles réclamaient déjà du temps de Montaigne plus d'air, plus d'honnête liberté, plus de développement physique servant le développement moral et intellectuel. Certes l'éducation publique appelle plus que jamais la main qui la renouvellera, celle surtout qui la reliera définitivement à la famille ! Le collége dans la famille, destruction de l'enfant au profit du soldat, serait la ruine de la force morale au profit de la servitude universelle.

On voit que M. Cuvillier-Fleury et moi nous différons souvent d'opinion, si ce n'est quant au but, du moins quant aux moyens. Sur les qualités du style nous nous entendons parfaitement. Ses instruments de précision sont admirables, et il s'en sert merveilleusement. En fait de pureté et de fermeté on ne peut guère aller plus loin. Tout est net chez lui : la pensée, le but, l'image, le style. La justesse et le poli lui donnent l'éclat; rien de vague; pas d'atmosphère, comme autour de certains astres. Nul ne sait mieux ce qu'il doit dire, ce qu'il va dire et ce qu'il a dit ; nul ne sait mieux d'où il vient et où il va. De là quelque chose d'incisif, de coercitif et d'impérieux; quelque chose de vert et de guerrier qui se grave en ligne droite. Ce sillon donne comme *repoussé*, — si l'on peut emprunter ce mot aux arts artificiels, — une forme particulière de style qui ne force jamais l'idée, dont elle est le relief.

Souvent il trouve sur sa route une perspective morale et comme une échappée de vue sur la société et sur le cours des mœurs présentes; il s'en empare avidement, s'élève de la critique à la philosophie, et prend toute son ampleur sans perdre de sa vigueur. Ce sont là ses jours de fêtes et de triomphe. La politique et la polémique relâchant leurs liens, il fait d'excellents tableaux de nos émancipations féminines et des mille travers du temps. — « Pourquoi, dit-il, toutes ces œuvres d'aujourd'hui, signées de noms, les uns illustres, les autres nouveaux, se ressemblent-elles, malgré leur diversité superficielle, par le même défaut ? Pourquoi le naturel et le vrai manquent-ils à toutes, plus ou moins, soit dans le fond, soit dans la forme, quoique le talent ne manque, et tant s'en faut, dans aucune ? Sont-ce les œuvres qui, par la fantaisie sans règle et l'indocile engouement des esprits, réagissent, au contraire, et par un juste retour, sur ce siècle même qui a le plus exagéré le réel dans l'ordre des intérêts positifs et qui l'a le plus dédaigné dans les produits de l'intelligence ? Je ne sais ; mais quand tout est faux dans la politique, dans les mœurs, dans les institutions, dans le langage même d'un pays, comment tout serait-il vrai dans le roman ? le naturel, qui, dans les grands siècles littéraires et chez les nations d'esprit vigoureux, est un fruit de maturité, comment serait-il encore la moisson de leur vieillesse et le produit de leur décadence ? »

Il a raison ; mais une éducation moins servile, des mœurs plus libérales, la famille mieux assise, les intolérantes maximes de Louis XIV à jamais repoussées, l'abnégation définitive des vieilles manœuvres sociales et des vieilles intrigues ; un but donné à toutes les activités légitimes, ne seraient-ce pas là, je ne veux pas dire des remèdes définitifs, au moins des palliatifs actuels à cette décrépitude des âmes ? Une fois plongées dans les eaux fraîches de l'action énergique, libre et réglée, ne retrouveraient-elles pas un peu de jeunesse ?

Ces mêmes manœuvres, chères à la vieille France et dont les meilleurs et les plus spirituels esprits ont gardé la tradition, ont trop longtemps éloigné M. Cuvillier de l'Académie française. Bien des années avant d'être nommé l'un des quarante, il était l'un d'eux. Toutes les qualités qui donnent droit à ce titre, il les possède. De bonne compagnie, d'esprit actif, correct, incisif et d'une verdeur qui n'est jamais vulgaire ; auteur de onze excellents volumes ; que demander de plus ?

Depuis 1848, M. Cuvillier-Fleury, épée au poing, bannière déployée, s'est noblement battu, et pour les vaincus. Après avoir lu attentivement son œuvre entière, j'y ai retrouvé tous nos combats ; les analyser en détail, ce serait remettre en cause tous les partis, juger tous les événements, apprécier tous les hommes, réveiller toutes les flammes et faire reparaître toutes les taches, même celles qui sont sanglantes. Ce n'est pas mon devoir ou mon plaisir. Ce n'est pas même mon droit. Sa fidélité honore sa vie, qu'il a soignée comme ses actes et son style. On n'y voit poindre ni une ambition, ni une ruse, ni un intérêt. Je m'arrête donc sur la limite de son œuvre littéraire, très-honorable et très-brillante.

J'avoue que cela m'est facile. J'aborde avec douleur ce qui a trait aux révolutions de mon pays. Il me semble, en touchant à ces matières, que j'entre dans la chambre d'un malade qui m'est cher. Ma vue se trouble et mon cœur se serre, et je me rappelle toutes les scènes du grand drame sanglant. Que de plaies, de blessures, de douleurs secrètes ou publiques, d'injustices et de représailles ! que de vertus perdues ou méconnues, de calomnies involontaires, de fureurs explicables si ce n'est justifiées ; et de fautes qui avaient des mobiles de vertu ou d'honneur ; de générosités égarées dans le mal ; et de vengeances enfantant d'autres vengeances ! que d'excuses malheureuses ou pour les torpeurs qui déshonorent ou pour les violences qui ruinent ! que de fausses opinions, de souillures inutiles, de coups portés et rendus, de vieilles cicatrices qui se rouvrent et de jugements à réformer ! quel antre d'Eole, où tous les vents contraires soufflent les fictions et la haine !

Qui donc voudrait ajouter foi à ce que la France a dit d'elle-même par l'organe de tous ses groupes guerroyants ? Dans ma petite jeunesse je découvris chez mon père un réduit où se trouvait une vaste armoire, contenant à peu près tous les pamphlets publiés depuis l'époque où il fonda le *Correspondant d'Eure-et-Loir*. Il y avait là les journaux royalistes et les journaux républicains; les *Actes des Apôtres*, dont je faisais mes délices tant que c'était spirituel, mordant et vif ; le *Père Duchesne*, auquel je ne comprenais absolument rien et qui m'avait l'air d'un monstre de carnaval; Camille Desmoulins, dont les citations de Tacite me paraissaient bien déplacées ; — et le *Télégraphe* de Louvet, et les mille feuilles réactionnaires ou jacobines ; et le *publiciste* de Ginguené, et l'*Anti-publiciste;* et les premiers journaux des *Débats*, grands comme la main, fertile création de ces deux hommes étonnants, j'allais dire de génie ; — l'un si pénétrant et si calme, l'autre si généreux et si large; l'un le Talleyrand , l'autre le Mirabeau de la presse ; — Bertin jeune; et Bertin l'aîné, que l'on ne peut avoir connu sans aimer, presque adorer cette noble mémoire. J'étais d'une curiosité sans bornes, et je me jetai à corps perdu dans cet océan. J'y appris d'étranges choses. Selon la coutume de l'écrivain , Malesherbes était Tibère ou Socrate ; et Marie-Antoinette n'était autre que Messaline ou une sainte. Les journaux blancs ne ménageaient pas plus leurs infamies que les journaux bleus. Dans ceux de 1814 et de 1815, — car nous allions jusque-là, — je me trouvai vingt fois en face de l'*Ogre de Corse*, Napoléon, — lequel faisait le pendant de Louis XVIII, traité d'infâme. Necker déifié, traîné sur la claie, immolé, réhabilité ;

Robespierre sublime, Robespierre Tibère ; Mirabeau vertueux, Mirabeau sans génie ; Danton Jésus-Christ, Danton Cartouche ; tantôt Barras qui devait sauver l'État, tantôt Bonaparte qui allait le perdre ; quelle cacophonie horrible ! Pas de vertu qui ne fût un vice, pas de vice qui ne fût une vertu. Les iniquités folles allaient sifflant autour de mes oreilles, comme les balles dans le combat ; et je n'entendais de droite et de gauche que la rage des calomnies. Je passai plus de trois mois dans cette étrange étude. Je me demandai ce qu'il y avait de vrai là-dedans, et je reconnus que rien n'était vrai, si ce n'est la passion qui fausse tout. Elle avait souillé des héroïsmes admirables. Elle avait exalté des bassesses hideuses. Elle avait doré des médiocrités vulgaires. Elle avait couvert d'ombre des talents réels. Je ne devins pas sceptique, au contraire ; mais j'appris à voir. Au-dessus du champ de combat, au-dessus des vapeurs de la mort et de la poudre, des armes brisées, des éloquences éteintes, des entassements de sophismes, d'injures et de mensonges, n'y avait il pas une lumière supérieure, et n'était-il pas bon de l'atteindre ?

Ce qui est certain, c'est qu'il n'était pas temps.

Je me suis accoutumé néanmoins à ne point prendre au sérieux le furieux et le frivole ; à estimer pardessus tout la courtoisie, le bon goût et la loyauté. C'est ce qui me fait apprécier si haut M. Cuvillier-Fleury, chez qui le tempérament essentiellement polémique, et la situation précise, impérieuse, imposée, d'homme de parti n'ont pas éteint la justice. J'admire chez mon honorable confrère ce que j'aime chez Vauban et Catinat ; — qu'il ait su concilier avec la position et le métier, avec la nécessité et le devoir, avec l'épaulette et le mot d'ordre, tant de délicats ménagements, tant de ferme courtoisie et tant de liberté d'esprit.

Ici je reviens à cette autre justice incomplète que M. Cuvillier-Fleury se rend à lui-même ; tout polémiste qu'il soit, il aime les lettres autant que la lutte, avec sincérité et avec ardeur. C'est un littérateur dévoué à son œuvre : un prêtre des saintes Muses,

Quârum sacra fero ingenti perculsus amore,

et un soldat qui porte Horace dans sa giberne, en le sachant par cœur.

Peut-être aime-t-il les lettres mieux et plus complétement que nous tous, critiques ou philosophes ses amis. Il y a les partisans de la fantaisie qui s'attachent au nuage poétique et passager; les archéologues ; les dilettanti; les curieux; les gens qui veulent devenir préfets, ou faire du bruit, ou se créer des rentes. — M. Sainte-Beuve (l'imite qui pourra) étanche incessamment sa soif scientifique et délicate, ouvre toujours des sources fraîches et se renouvelle en se désaltérant. D'autres cherchent (ceci me regarde) à savoir comment les esprits se diversifient, se groupent et mènent le monde. M. Cuvillier-Fleury, lui, se renferme dans de plus strictes limites ; il est plus sévère et plus tendre. Il a des ombrages de maître jaloux, d'amant passionné et de mari légitime ; il réglemente et surveille. Il est inexorable. Rien ne lui coûte pour protéger la dignité de ce qu'il aime et en conserver la pureté. Il se corrige lui-même avec un soin fait pour servir d'exemple ; peut-être le désirerait-on moins parfait. Pas une infraction à la grammaire. Pas une dissonance d'analogie. Encore moins une faute de français. La loupe du professeur le plus rigide chercherait vainement chez lui une phrase mal construite, une expression impropre, un vocable hasardé ou *hargneux*, comme disait Mathurin Régnier. Le mot *métaphorisme* me déplairait, je crois. Encore est-ce discutable. Et cela dans quelques six mille pages semées à travers le *Journal des Débats*, et recueillies en onze volumes.

LES GROUPES DE L'EMPIRE

M. JULES SANDEAU

Une des intimes amies de M. Sandeau me demandait l'autre jour, sachant que je m'apprêtais à le placer dans ma galerie des écrivains notables de ce temps-ci, et que je relisais tous ses romans l'un après l'autre :

« Direz-vous, comme tout le monde, que ses livres sont moraux ; qu'il est moral ; et qu'au lieu de décerner le prix de vertu, il devrait le recevoir?

« Oh ! non, certainement.

« — Et que direz-vous donc ?

« — Qu'il est le peintre délicatement honnête des mœurs qui ne sont point honnêtes ; et qu'avec chacun de ses romans on ferait sans peine le plus immoral des livres ; mais que, de situations équivoques, il a composé des livres charmants.

« C'est la magie et le prestige. Ce magicien n'a rien nié ; il a tout orné. Certes, il y a des ruines, de mille espèces, dans notre monde ; les révolutions les ont accumulées ; le magicien les enguirlande, comme on disait au seizième siècle. Sous le pampre rouge, sous le lierre lustré et parfumé, les débris moraux, les crevasses et les pans de murs croulants disparaissent. Les plaies béantes des remparts et des tourelles brillent d'incarnat et d'or. Le doux soleil d'automne les éclaire : c'est la plus agréable vue. Un style coulant, suave, savoureux, — entre celui de l'abbé Prévost et de Bernardin de Saint Pierre, plus pur que l'un, moins maniéré que l'autre, — achève la séduction. Nous subissons deux prestiges ; nous reconnaissons que ces vieilles ruines sont vraies ; et que cette vive et neuve végétation qui les pare ne l'est pas moins. »

Voilà les romans de M. Sandeau.

Très-adoucis, ils sont vrais d'observation ; très-ornés, ils sont vrais de forme ! Même dans ce roman, dont la première partie est un bijou, — *Sacs et parchemins* — et où certes les portraits de la bourgeoisie et de la noblesse penchent vers la caricature, on ne peut méconnaître cette qualité.

La vérité ! la plus rare des qualités littéraires !

M. Sandeau la possède et l'aime. Il s'est dévoué sincèrement à l'observation et à l'art. Il n'a point écrit dans le sens d'une seule coterie, afin d'être lu. Il a patiemment élaboré chacune de ses œuvres. On le taxe encore de paresse après qu'il a donné quelques trente volumes qui ont eu du succès et le méritent ; sans parler des heureuses comédies dont je ne m'occupe pas ici, les collaborateurs ayant eu leur part de ce succès.

Il n'est pas tombé dans l'erreur du puissant Balzac, dont les types, trop accusés et trop approfondis, ressortent sous la lumière électrique et ne sont plus exactement ceux de notre société détrempée, mais bien des caractères aux ombres plus fortes et aux plus rudes clartés que la nature ne les donne. Une molle pénombre baigne l'œuvre de Sandeau, y rend les débilités aimables, et les âpres élans de la passion tolérables. Il n'a rien poussé à bout, et il a très-excellemment reproduit cet affaissement des caractères et cet amoindrissement des volontés qui nous distinguent. Tous ses héros veulent et ne veulent pas. Ils aiment ici, ils s'attachent ailleurs. Toutes ses héroïnes sont dans le même dégel et la même décomposition morale. Les plus accomplis de ses personnages, comme le docteur Herbeau, — création charmante, — sans prendre part à ses défaillances, cèdent plutôt à l'attrait du bien qu'ils n'offrent au mal une résistance énergique. L'auteur a fait germer sa leçon morale, s'il y en a une, du milieu de cette décomposition même que je n'appellerai pas putréfaction ; son esprit sensé, naturel, élégant, tendre plutôt que vif, fécond en nuances de sentiment et de passions vraies, a compris que l'exagération n'est pas de notre temps. Témoin du grand écart romantique, il a vu qu'en l'imitant on lasserait bientôt le spectateur et soi-même. Il s'en est abstenu ; il a bien fait. C'était contre notre intérêt et contre son génie.

On sait de quelle époque il date. Né en 1811, il suit immédiatement la génération qui a inauguré cet étrange siècle. Dès que M. Sandeau a touché Paris, vers 1830 ou 1831, il a dû y trouver ce bouillonnement, prendre part à ce frémissement, ressentir ce beau frisson fébrile des premières années de Louis-Philippe. Il s'est développé dans cet orage ; ce chaos et ce tumulte, désordonnés si vous voulez, mais féconds, l'ont créé. Quel temps ! j'en étais aussi, et je n'en médirai pas aujourd'hui, bien que je l'aie averti alors et très-inutilement des dangers qu'il courait. C'était une belle époque éperdue. Elle voulait trop, elle espérait trop, elle comptait sur ses forces, elle jetait trop de sa séve aux vents du Midi et du Nord. Elle ne s'arrêtait pas pour s'écouter vivre ; mais elle vivait. Elle avait l'ardeur, la séve et l'élan. Partout singularités et phénomènes : femmes émancipées, phalanstériens, vintrassiens, saint-simoniens ; on faisait des drames en trente actes et des vers de quarante pieds. Trialph jaillissait de la plume de Lassailly, et le pauvre Pétrus Borel, qui est allé mourir de folie et de faim en Algérie, se disait lycanthrope. On imaginait qu'une loi votée pourrait ouvrir le paradis sur terre ; un seul noble discours allait de la tribune retentir dans toutes les poitrines.

Exubérance, excès ! Ne voyez-vous pas que telle est la loi de la vie ? Elle veut le bouillonnement et le *trop-plein*. Le siècle de Francois Ier, des Valois et de la Renaissance, avec ses beautés, ses grandeurs et ses grâces, regorgeait de faiblesses, de ridicules, d'extravagances monstrueuses. N'apercevez-vous donc que celles-ci ? La folle écume vous dérobera-t-elle le ciel et l'horizon, les rochers superbes, la plage fumante et la mer splendide ?

Il y avait des Musset, des Hugo et des Lamartine. La nuit d'orage qui trouble tout avait tout vivifié. Les puissances élémentaires s'étaient agitées, et frémissantes avaient rempli la terre et le ciel ; toutes les essences, développées à la fois, — poisons et parfums, — s'élevant et se croisant dans l'espace, composaient un spectacle sans égal, de nature à étonner et à effrayer, admirable et confus.

Avec quelle sympathie ardente et quel pressentiment triste ai-je contemplé tout cela !

Les grandes époques malades sont les plus curieuses. Leur développement et leurs misères, leurs fautes et leurs noblesses, leurs créations et leurs avortements sont plus dramatiques cent fois que la règle et la santé. On se trompait, mais noblement; on errait dans les sentiers et sur les roches, mais on marchait. On était dans la tempête, non dans la mort. Même les supérieurs et les génies, portés un moment sur la crête du flot et en triomphe, se sont brisés. Comme ils ont payé leur triomphe! On avait éteint les fanaux, — qui sont la force morale, la raison droite et l'étude patiente; — on avait surtout imaginé que le mouvement intellectuel est analogue aux guerres civiles, qu'il lui faut une mêlée, des fanfares, des morts, de la poudre, un étendard, un chef et le bruit du tambour. On avait escaladé à la française les vieilles forteresses classiques et donné l'assaut à Racine. On avait oublié que rien de ce qui a été créé par l'intelligence ne s'anéantit; que c'est ravaler sa divine grandeur que de l'abaisser jusqu'aux puériles ambitions, aux coteries exaspérées et aux mensongères intrigues: — et qu'elle ne marchera point au pas, dans le bataillon, puisqu'elle a des ailes. La plupart des maîtres, emportés dans le tourbillon glorieux et poudreux, suivis d'une foule enthousiaste, avaient bu la flatterie, accepté l'enivrement social, négligé la chère solitude si nécessaire pour la création des œuvres de grand prix. Enfin quelques habiles sans lettres ayant pénétré dans le domaine des lettres, comme le renard et le loup parmi les colombes et les aigles, les avaient facilement dominés, parqués et souvent égorgés au profit des illettrés et des cupides. Les femmes s'y étaient mêlées, et n'avaient pas apporté dans ce tumulte la règle et la raison. C'était le théâtre le plus fascinateur et le plus étrange, dont les détails, les anecdotes, les figures, les contrastes, les lumières, les ombres, les folies, les beautés et les grotesques s'agitaient parallèlement à la scène supérieure ; — scène politique, plus désastreuse encore et non moins confuse ; — celle dont je parlais récemment quand je touchai M. le duc de Broglie et sa vie.

Il fallait que tout cela fût reproduit quelque jour ; — et je l'ai fait.

Je croirais volontiers que l'activité fébrile de 1830 a réagi sur le jeune Sandeau. Il se sera dit : « Voilà bien des effrénés et des violents! Je serai paisible! Ils gravissent les cimes : je me tiendrai dans les vallées pleines d'ombre. Ils prodiguent les peintures extérieures ; je m'occuperai des passions intérieures et de leurs nuances. Ils remuent la curiosité par de grands coups ; j'intéresserai par les délicatesses et l'ardeur intime, fine, contenue. » De là *Marianna*, *Fernand*, *Madame de Sommerville*, et cette longue série de fictions suaves qui ont fait couler bien des larmes honnêtes sur de fraîches joues de jeunes filles.

Ces œuvres de Jules Sandeau ne sont d'accord ni avec l'impétueuse fureur et la véhémence effrénée des uns, ni avec la moralité didactique des autres. Il n'est point moral, il est candide et malin. Notre sociabilité trop avancée, très-faisandée, lui fournit ses sujets et ses héros. Jeunesses délabrées, vieillesses frivoles, superstition idiote du présent, crétinisme du passé, orgies sans volupté, mariages dépareillés, vices plus pesants que la vertu, âmes féminines qui croient s'élever à une virilité malsaine et qui se dépravent par orgueil, liaisons plus énervantes et plus lourdes que le mariage, assaut de roueries entre les deux sexes, amours froidement menteurs, esprits dégoûtés avant d'avoir goûté à la vie, tout y est; mais rien ne choque. La morbidesse est extrême, l'adoucissement délicat; on a mis tous les bémols à la clef. C'est un peu du Prudhon, excellent peintre, vigoureux avec sa grâce; — le *flou*, la douceur, abondent. L'artiste fait un peu « rond », comme on dit dans les ateliers; mais il est puissant, correct, et ne tombe ni dans la fadeur ni dans la violence.

On louera un jour M. Sandeau, non-seulement pour les qualités qu'il a, mais pour les défauts qu'il a évités. Quand il élève le ton, il évite l'emphase. Quand il est simple, il n'est pas vulgaire; s'il exprime l'émotion, c'est sans forcer le ton. Il ne pose pas ses figures pour les draper ensuite comme les mannequins d'un atelier, et ne les fait pas grimacer au milieu d'actions et de péripéties inutilement furieuses. Cette absence même de caractères, ces âmes à demi vivantes, ces amours équivoques, ces volontés incertaines, passionnées et vacillantes, ces langueurs et ces flammes indécises sont si bien comprises, — ce sont si bien les sentiments et la vie esthétique d'aujourd'hui; c'est si complétement notre France morale, — admirable pour les faits et déplorable pour les caractères; — telle qu'elle est sortie de la fournaise allumée entre 1785 et 1850; que cette faiblesse même, accusée avec une finesse subtile, atteste le talent de l'observateur et de l'artiste!

La force et la tenue pouvaient-elles donc survivre à la furieuse tempête, à la terrible mobilité des circonstances?

M. de Talleyrand, le maître de ces circonstances, l'apôtre des oscillations, le législateur des faiblesses (qui disait : « N'aimez pas trop! *cela embrouille!* ») — savait bien que les énervements suivent les grands efforts et entraînent toujours l'indifférence. Il formulait comme une loi ce qui était un résultat, il faisait une nécessité morale de cette immoralité politique, dont les héros de M. Sandeau sont une autre expression; — gens qui ont mal aimé et qui ne savent plus aimer. Que de phénomènes inouïs, dont la trace unique, étrange, — française et du dix-neuvième siècle, — ne survivra que dans ces œuvres, adoucie, mais vivante et nette! Parmi les écrivains qui, en Europe, exploitaient récemment le sillon idyllique ; ni le charmant *Andersen* le Danois, auteur de tant de légendes adorables; ni *Dickens*, le fécond et ardent moraliste; ni *Thackeray*, le satirique incisif; ni *Paul Heyse*, le narrateur passionné et élégant, ne pourraient remplacer Sandeau. Ces étrangers ont vécu de mœurs et d'idées toutes différentes. Leur sentiment poétique est aussi vif, mais n'a point passé sur une forêt aussi touffue de civilisation mêlée, aussi chargée d'âpres saveurs. Comment auraient-ils deviné ces déplacements des sexes, ces perversions bizarres, que notre romancier indique d'un trait fin, toujours juste ; — l'amour transformé, le mariage détruit ; — l'homme plus faible qu'une femme, et n'ayant même plus l'énergie de quitter la faute qui l'ennuie et le perd ; — la femme plus forte que l'homme et lui ouvrant *école* de virilité?

Aucun d'entre eux n'aurait deviné ce patronage décerné à une jeune fille, qui prend son fiancé comme en tutelle et en sevrage! Madeleine, Mentor sans barbe blanche, remet son Télémaque sur la voie de la raison. Faux idéal qui remonte jusqu'à l'intolérable

Julie de la *Nouvelle Héloïse!* Madeleine ment pour éprouver le jeune homme, comme un père cache à son petit enfant la vérité pour le corriger. « *La pauvreté de Madeleine n'était qu'un pieux mensonge. Elle avait trompé Maurice pour le sauver.* » Lorsque le jeune amoureux va retrouver ses amis, elle lui dit : « *Ils ont été témoins de vos luttes et de vos efforts ; il est juste qu'ils soient présents au moment où vous recevrez la récompense que vous avez si bien méritée !* »

Oh ! quelle est aimable et bonne, Madeleine ! qu'elle est charitable ! Elisabeth pardonnait ainsi à Essex en lui conférant l'ordre de la Jarretière. Moins sûre de sa perfection, moins prête à humilier celui qu'elle aime, plus disposée à recevoir le bonheur qu'à octroyer le pardon, elle me plairait davantage. Jeanne d'Arc de Schiller ne fait pas la leçon à Dunois. La Juliette de Shakespeare n'accable pas de gronderies despotiques l'heureux Roméo. Les Béatrix qui ont rendu la santé et la vie à celui dont elles avaient fait choix ont opéré doucement, sans bruit, sans orgueil, comme sœurs de charité, non comme « femme de sauvetage ».

Je ne critique pas ici M. Sandeau ; tout au contraire. Il a très-bien vu l'âme féminine qui essaie de se civiliser quand l'âme de l'homme s'affaiblit.

Je ne critique pas même mon époque, que j'accepte en la regardant passer.

Dans ces derniers temps, une idée s'était enracinée et accréditée parmi les femmes : faire la leçon aux hommes ; leur apprendre à vivre ; les remettre au pas. Le rôle de Mme de Warens, ce triste rôle que Jean-Jacques a déshonoré en se déshonorant, est devenu l'objet de mille aspirations. Dans une excellente nouvelle de ce pauvre officier de spahis bien oublié, — *Gaschon de Molènes*, — homme d'une trempe de talent tout à fait contraire à celui de M. Sandeau, — on voit une héroïne prêchant la communion universelle, triste et « résignée comme le Christ », qui veut bien communiquer, en faisant l'orgie, *un peu de sa divinité*. C'était très-vrai alors. La sphère morale pullulait de ces phénomènes.

M. Sandeau, qui en use discrètement, n'élève ni les aventures d'alcôve ni les fragilités du cœur à une dignité fatale. Peut-être nos autres misères, tendresses ou caprices qui n'empruntent pas à un esprit résolu la force sérieuse de la volonté et de la passion, reçoivent-elles de sa plume naïve et chaude une certaine teinte de volupté décevante. C'est le danger de toutes les peintures de cette espèce. On ne peut demander à l'artiste que de respecter la convenance, et surtout d'être *vrai*.

M. Sandeau est vrai, de deux genres de vérités distinctes, — le monde actuel bien compris, — un style parfait, onctueux, un peu lent, où le *molle atque facetum* abondent.

Il y a certaines limites où par délicatesse et par estime la critique s'arrête. Et, bien que les ressorts et les mobiles secrets d'une société enfiévrée, devenue lyrique à force d'aspiration et d'impuissance, me soient parfaitement connus, puisque j'ai vécu au milieu de ses vapeurs et de ses combats, je m'arrête sur ces limites, comme je le dois, et je les respecte. L'expérience et même la désillusion sociale ont dû être pour M. Sandeau l'étoffe originelle du talent. Les âmes éprouvées sont les seules qui sachent toucher les autres âmes. Je ne doute pas que le romancier, s'il veut descendre dans son for intérieur, n'y retrouve deux sources opposées, comme éléments premiers de son œuvre, d'une part, — l'ingénuité inaltérable dont j'ai parlé ; — d'une autre, ces expériences sociales que l'ingénuité ne semble pas comporter.

« J'ai bien le droit de les réunir, me dira M. San-
« deau. Ce sont deux côtés vrais de la vie. Ne sont-
« elles pas vraies, les tendresses du cœur, les aspira-
« tions honnêtes ? Ne sont-elles pas vraies aussi, ces
« situations fausses ? ces trahisons mutuelles? ces
« unions sans sincérité ? ces passions où le cœur
« ment au cœur ? plus illégales devant Dieu qu'elles
« ne sont illégitimes devant les hommes ? »

Alors le philosophe réplique :

Artiste charmant et délicat, vous m'entraînez et je vous admire. Vous avez le droit de confondre, — doux sorcier que vous êtes, — les deux éléments contraires : l'artifice social et la passion naïve ! Continuez votre alchimie. Elle est un bien, puisque de ce mélange elle fait jaillir encore quelque étincelle de vie morale. Continuez !

Je citerai comme exemple de ces deux vérités contraires, réunies par une magie et un doux mensonge, le passage suivant :

« Voyez, dit M. Sandeau, ce jeune homme : il a vingt ans au plus. Il entre dans la vie, qu'il n'a fait jusqu'ici qu'entrevoir à travers les songes enchantés de la solitude où il a grandi. Son enfance s'est écoulée à l'ombre du toit paternel, dans la profondeur des vallées. La nature l'a bercé sur son sein : Dieu n'a placé autour de lui que de nobles et pieux exemples. Le voici qui s'avance, escorté de tout le riant cortége que traîne la jeunesse après elle. La grâce réside sur son front, l'illusion habite dans son sein ; comme une fleur éclose sous le cristal de l'onde, au fond de son regard on voit la beauté de son âme. Il croit naïvement, sans efforts, à toutes passions honnêtes, aux tendresses sans fin qui se perpétuent par delà le tombeau, aux serments échangés à la clarté des nuits sereines. Il n'a qu'une ambition, c'est l'amour. Eh bien ! tandis que vous vous demandez sous quel souffle assez embaumé de si précieux trésors achèveront de s'épanouir, tandis que vous cherchez quelle est la Béatrix dont la main assez pure osera cueillir cette virginité charmante, tout cela est déjà la proie de quelque cœur vicieux et corrompu. Les Béatrix n'arrivent jamais à temps, et lorsqu'enfin l'ange se présente, il ne lui reste plus qu'à glaner où le démon a moissonné. »

On aurait pu dire ces douces et redoutables choses d'un ton moins orné et plus austère ; alors elles auraient blessé. Gauchement et rudement exprimées, elles auraient semblé la fantaisie bourrue d'un moraliste mécontent. Elles auraient fatigué l'auditeur, comme paroles âpres, insolites, et d'un paysan du Danube qui ne devrait point apparaître nu, au milieu de civilisés. Que dit en effet M. Sandeau ? Que le jeune provincial, plongé tout à coup dans la vie parisienne, s'y perd et s'y corrompt ; que cette habitude de mœurs et cette atmosphère de sensations et d'idées agissent avec une puissance effroyable sur une nature encore vierge ; que la première impure ou la rouée résolue, la Manon du carrefour ou la madame de Merteuil des *Liaisons dangereuses*, — araignées des vieux murs, — sont là, prêtes à saisir la jeune proie, le pauvre insecte ou la larve à peine éclose, qui, enveloppée bientôt de fils de soie et de glu trompeuse, périt, desséchée et dévorée. Mais quelle dureté ce serait de parler ainsi! Et à un monde qui a pour lui vingt siècles de rhétorique amoureuse, trois siècles de la vie aimable des salons, six siècles de la vie classique des colléges; qui a été civilisé par François Ier, amant de tant de belles; par Henri IV le vert galant; par Louis XIV et toutes les cours galantes; à un monde rompu et roué, comme il le dit lui-même; à un monde qui plie sous le faix du Directoire de 1798, de la Régence, des vieilles perfidies et des gaudrioles surannées, plus pardonnables que ses raffinements; à un monde dont ces mœurs si élégantes ont été l'existence même! Il reculerait et mettrait le coupable en pénitence. Notre ami et charmant philosophe lui parle sa langue, celle des indigènes, comme font les missionnaires: « Ce sont les *songes enchantés!... C'est le démon qui moissonne... la fleur éclose... l'illusion qui habite dans le sein... le cristal de l'onde... les précieux trésors... la virginité charmante...* Gazes de style, draperies transparentes, douces et académiques façons de dire, qui ressortent du monde et du courant d'idées qui ont créé cette civilisation séduisante! Une adresse si permise donne au moraliste le droit de se faire comprendre.

Il ne dit pas:

« Votre milieu social corrompt les honnêtes, donne la prime aux pires, encourage le mal, et étouffe les faibles. »

Oh! certes, il n'a pas dit cela!

Il ne monte pas en chaire, et n'a pas de tribune. Il ne pense pas à *réformer* les mœurs, à endoctriner et à *moraliser*, mot qui est un barbarisme, ainsi qu'une niaiserie et un non-sens absolu. *Moraliser!* les législateurs les plus sagaces et les plus honnêtes n'y réussissent pas. Comment un écrivain s'en mêlerait-il? Donner aux âmes humaines assez d'énergie pour aimer la liberté, aux intelligences assez de force pour la régler, aux caractères assez de tenue pour en user!

Comment s'y prendre! Par l'exemple? Par l'éducation? Par la contrainte? Par des livres?

Une grande souveraine, Marie-Thérèse, mère de Marie-Antoinette, voulut *moraliser* son peuple, qui en avait grand besoin. La religion mal comprise, l'imitation ridicule de nos mœurs avaient tout gâté. Elle solda des écrivains moraux, parla aux confesseurs, enrégimenta les officiers de morale. Elle imagina des moyens administratifs qui devaient « moraliser » parfaitement cette cour, livrée aux faciles plaisirs. Cinquante *commissions de chasteté* furent établies. Des *escouades virginales* balayèrent les rues et les places, chassant vers le bercail les brebis égarées. On prit note auprès des servantes des allures de chaque maison. Toute femme n'ayant pas un rosaire à la main ou un *missel* sur le cœur fut arrêtée et incarcérée. Bientôt les rosaires pullulèrent dans les rues; et tout le sexe féminin, en quelque lieu qu'il se rendît, marcha muni d'un livre de messe.

Ce fut l'unique résultat.

La cour donna l'exemple des pratiques les plus scrupuleuses. On veilla au salut des âmes d'ambassadeurs en les forçant comme des valets à suivre l'empereur à toutes les cérémonies religieuses, qui se multipliaient indéfiniment. Le duc de Richelieu, ambassadeur de Versailles, n'en pouvait plus. « Le capucin le plus robuste, écrit-il au cardinal de Polignac en 1726, n'y résisterait guère. J'ai été, de

« compte fait, *cent* heures à l'église depuis quatre « jours ; j'ignorais posséder ce trésor de dévotion que « je découvre à mes dépens ! Et je ne puis m'empê- « cher d'en marquer ma mauvaise humeur à Votre « Éminence. » Le duc, assez peu « moralisé », comme on voit, recevait du cardinal cette réponse plus spirituelle que morale : « Sur la peinture que vous me « faites de la manière dont vous avez rempli tous les « devoirs du carême... je vous félicite d'en être sorti. « Peut-être n'en avez-vous jamais fait autant de votre « vie. Imaginez-vous précisément la même chose « d'un cardinal à Rome. *Il est vrai*, ajoute-t-il, *que « nous sommes payés pour cela !* »

Marie-Thérèse, la *moralisatrice*, n'eut aucun succès, vu l'état misérable où elle laissa les mœurs qu'elle voulait épurer. Elle les corrompit en les étouffant. Casti écrivit alors à la cour les plus obscènes de ses poëmes ; la compression de l'hypocrisie activa les ferments vicieux, comme un vase hermétiquement fermé active la putrescence.

Il fallait donner l'air et la vie, elle donna le méphitisme et la mort.

Elle s'était trompée ; elle avait voulu *moraliser* par force, comme un médecin maladroit qui fermerait nos bronches, et, de peur de la contagion, empêcherait l'oxygène de renouveler l'homme. La morale est une aspiration libre, non une compression pneumatique. Elle ne peut être composée et refoulée. On la favorise par la délivrance du corps, de l'esprit et de l'âme ; on la déprime par les diverses servitudes. Elle s'opère à l'air libre : elle meurt dans les cavernes. Elle n'est pas une débilité qui se ploie, elle est une puissance qui se déploie.

Une moralité naturelle émane toujours de la probité dans l'art et de la conscience du travail. La postérité ne s'inquiétera pas si M. Sandeau, merveilleux peintre de nos mœurs hybrides et de nos secrètes faiblesses, était *moral* ou *moraliste*. Elle le couronnera comme un des plus délicats artistes et un écrivain excellent.

Ces mots *moraliser*, *moralisateurs*, appliqués à l'intelligence et à la politique, sont donc burlesques. On *fertilise* un champ, on *organise* un bataillon, on *macadamise* une rue. *Moraliser* un homme ou un peuple est absurde. Un arrêté ou un livre n'y peuvent rien. L'homme politique agira sur l'enfant par la famille, sur la famille par les lois ; — enfin sur les lois par l'exemple et la liberté régulière ; — c'est le dernier terme de toute moralité, terme auquel il faut revenir toujours.

M. LEGOUVÉ

LES ENFANTS ET LES PÈRES

Ne disons pas : *les pères et les enfants*, comme M. Legouvé l'a mis sur la couverture et sur son titre. Les enfants doivent passer les premiers ; c'est le but de l'ouvrage. Ou plutôt, il faut supprimer les pères. Je crois bien qu'on l'aurait fait tout de suite, si les termes n'étaient pas corrélatifs.

Voyons un peu comment a pu éclore cet ouvrage, l'un des plus absurdes, j'en demande bien pardon à l'aimable auteur, qui aient paru dans la dernière époque. Je conçois et comprends l'enthousiasme et l'enchantement du poëte qui s'enivre du parfum d'une fleur, sans se demander si cette jolie corolle, transparente et nuancée, exhalant un encens délicat, et attachée par son pédicule à l'arbre paternel, va mûrir sous le soleil et nous donner la pomme ou la pêche. Les poëtes ont leurs droits ; mais ce sont les poëtes. M. Legouvé dans ce livre de philosophie et d'enseignement l'a été beaucoup trop.

Donc, le livre de M. Legouvé est un charmant livre de prix. La couverture en devrait être rose brochée

19.

d'or. On le dédierait à M. Mame de Tours. On le donnerait comme second prix de sagesse aux enfants des gens riches. Il faudrait changer un peu la couverture et effacer le mot *Pères*, ou du moins, comme je l'ai fait, reléguer les pères sur le dernier plan, à la queue de la famille. Il serait mieux de les supprimer. Voilà l'idée de M. Legouvé qui ne s'est pas rendu compte des résultats de son système et de son travail. Tout père, à son avis, est un serviteur que l'État donne à l'enfant. L'enfant, espérance, avenir, promesse, se substitue naturellement au souvenir, au passé, au vieux, au mort. L'enfant, pour M. Legouvé, est l'instinct qui vaut mieux que l'expérience. Il est l'imagination qui vaut mieux que la sagesse. Il est l'ignorance qui vaut mieux que le savoir. Il est la grâce que le maître à danser n'a point altérée. Il est l'ingénuité qui vaut mieux que le devoir. Il est le feuillet blanc sur lequel rien n'est inscrit. Il est le loisir plus poétique et plus doux que le travail. C'est du communisme élégiaque.

Nous voilà revenus par l'adoration poétique de l'enfant à l'adoration de la nature, doctrine de Jean-Jacques, surannée et condamnée, que j'avais crue reléguée, avec les vieilles lunes, dans les limbes des théories absurdes. Mais en France la théorie reparaît éternellement. C'est donc un nouvel Émile de Jean-Jacques que M. Legouvé nous donne sans le génie, sans la couleur, sans le parfum des bocages verts; sans l'inique et ardente colère du fils de l'horloger, sans les amertumes de la misère vagabonde, sans la douleur et le remords qui avaient oblitéré chez Jean-Jacques ce sens du bien et du mal. M. Legouvé est un galant homme, un homme de talent, un honnête homme très-bien élevé. Dans une série de causeries paternelles, d'un style orné, facile, poli, avec quelques fautes de français et d'anglais, il explique avec une élégance d'exposition remarquable ce qu'il pense de l'éducation en France ; et nous associe aux meilleurs sentiments que puisse nourrir un cœur, aux pensées les plus estimables dont une intelligence puisse être occupée.

Eh bien, ce livre est à son insu très-immoral. C'est une immoralité aussi savante qu'elle est étudiée, aussi profonde qu'elle est involontaire. Partant du principe de l'instinct-maître et de l'enfant-roi, minutant le journal de ses actions relativement à son fils, auquel il devrait en effet apprendre à lire et à écrire ; humilié de sa propre ignorance, que la fine et vive curiosité du petit être met en défaut ; cherchant partout des lumières pour éclairer ce jeune cerveau ; il subordonne la raison maîtresse à la compréhension sourde et asservit la puissance active à l'impuissance inquiète de l'esprit. Il veut développer son élève au moyen d'exemples ridicules.

Ayant entendu ce père parler d'amour du beau (pourquoi ce père en parle-t-il à son enfant ?), l'enfant le poursuit de questions sur ce terrible sujet dont Schopenhauer et Kant sont assez embarrassés. M. Legouvé imagine de mener son fils chez un paysan maniaque, amoureux de belles fleurs, et qui, au lieu de cultiver les pommes de terre et de herser son champ, cultive des géraniums roses sous une bâche qu'il a construite à grands frais, se privant de vin pour satisfaire sa passion, et probablement infidèle à sa charrue, à sa femme et à ses bœufs. D'abord la manie de ce paysan m'étonne, nos athlètes agricoles étant peu accessibles à de telles erreurs. Ensuite la goutte de vin dont il se prive, afin d'obtenir des géraniums roses, que ne la donne-t-il à sa femme? Elle n'est ni bien nourrie, ni bien vêtue ni heureuse, la pauvre créature! et si Thomas prenait d'elle un peu de soin, même au détriment de la bâche et des fleurs, la famille du paysan n'en irait que mieux. Le fils du paysan imitera son père; nous révoltera-t-il par ces traitements horribles dont les mères sont victimes dans nos villages? Quant à l'épouse du paysan modèle, Mathurine, il faut qu'elle travaille rudement, pendant que le fleuriste (qui aime trop le beau) surveille et arrose ses géraniums roses. Je déteste ce fleuriste. Chaque minute dérobée par Thomas est un crime. La femme, pendant qu'il s'amuse, dépérit et succombe à son triste labeur. Et ce monstre de laideur morale, Thomas, est votre argument pour l'amour du beau.

On le voit, la plus profonde ignorance de la vraie morale caractérise cet ouvrage. L'auteur ne connaît pas mieux le siècle et notre époque que l'espèce humaine. Pourquoi M. Legouvé l'a-t-il écrit? Pour la masse? Mais quelle masse? Cultivateurs, ouvriers, marchands, petits propriétaires, si nombreux en France, ne sauraient en rien faire. Je viens de nommer les deux tiers de la population française. Subdivisez le dernier tiers en six autres fractions: cinq tout au moins, médecins, avocats, artistes, employés, fonctionnaires, hommes de professions libérales, emportés par l'activité prodigieuse et le flot envahissant des affaires actuelles, sont également hors de cause.

Cet inutile ouvrage ne peut donc convenir qu'à un ou deux gens oisifs, riches et instruits, qui seraient capables d'imiter les causeries paternelles de M. Legouvé. Ils n'en feront rien ; ils s'en garderont bien. Et leurs électeurs ! et leurs clients ! et leurs actions ! et le Saragosse ! et la Bourse ! Notre philosophe, sans se préoccuper des choses de son temps, se place vis-à-vis d'un homme d'esprit, et c'est lui-même ; d'un académicien, qui est, lui, d'un caractère aimable, généreux et brave, tout le monde lui reconnaît ces qualités : il est heureux et le mérite ; la vie a brillé pour lui de toutes les chances dont on fait aisément le succès, et il croit que tout le monde est lui-même : il se trompe.

Cette exception dont la rareté et la beauté ne le surprennent pas, tant il y est accoutumé, devient pour lui la règle. Il oublie de quels éléments la société se compose et met en oubli les vraies douleurs. Il ressemble à ce jeune roi qui disait à son gouverneur : « Puisqu'ils manquent de pain donnez-leur de la brioche. » La brioche de M. Legouvé, c'est son livre. Je le vois, le soir, un joli enfant sur les genoux, un volume dans les mains, sous la douce lueur bleue d'une lampe modérée ; une mélodie de Schubert, légère et suave, le berce ; les sourires du petit l'enivrent ; une compagne (je ne parle que d'après son livre), douce, raisonnable, fière de son mari et de son fils, capable de résister à l'un sans révolte, de châtier l'autre sans cruauté, est près de lui. Voilà la mise en scène, voilà les personnages. A la soie et au velours des caractères et des humeurs se joignent, comme accessoires naturels, rideaux de brocatelle, statues de Pradier et glaces de Venise. Les fermiers payent leurs redevances. La journée s'est passée, moitié au Théatre-Français, moitié à l'Académie, entre les belles actrices, les spirituels et les érudits. Après mille baisers donnés au cher être, on se sépare, et notre philosophe, ou plutôt notre auteur dramatique, ayant disposé ses praticables, arrangé ses portants, ménagé la lumière de sa lampe, se met à l'œuvre. Il s'assied à son bureau, rêve, inaugure son dialogue, y jette de la morale, de l'action, de la grâce, des anecdotes, des raisonnements, du mouvement, de l'élégance, de l'émotion. Jusqu'à minuit, peut-être jusqu'à l'aube, il traite ainsi de la situation respective des enfants et des pères et agite la terrible question de l'éducation en France après la Révolution. Question terrible, en effet, et qu'il faut résoudre ! Il vous rédige pour cela des sermons sur le courage, des pages pleines de sensibilité sur les femmes, des scènes destinées à développer la conscience, des péripéties sur le beau moral, une tragédie du roi Lear au village, puis la visite au paysan fleuriste et l'apologie de la démocratie.

Je préfererais à ces élégances et à ces inventions un grain de vérité vraie et d'observation sévère ou riante. Dans cette fade apologie des instincts primitifs d'une part, et d'une autre de la vie opulente, tout est faux. Ces costumes sont de théâtre. Ces fleurs de papier sont fanées ; le fard s'écaille et tombe des visages ; ces masques sont vernissés et factices. « Venez donc, aurait dû dire à M. Legouvé quelqu'un de ses amis ; quittez votre bureau et votre joli enfant, rien que pour une soirée ; allons ensemble visiter quelques vrais pères et quelques enfants réels. Vous généralisez trop. Cette visite vous guérira. Vous renoncerez à vos vitrages colorés et à vos nuances chimériques. Venez. » Alors, de famille en famille, et du faubourg

Saint-Antoine aux nouveaux quartiers, nous pourrions parcourir toute une gamme d'existences et de conditions variées dont pas une ne se prête à la béatitude et à l'églogue de M. Legouvé.

Il y a des vices plus violents et des héroïsmes plus nobles qu'il ne les imagine : ceux-ci lancés à la poursuite effrénée d'une ambition ou d'un capital ; ceux-là pratiquant sous le faix de la nécessité des vertus ignorées ; le pauvre ouvrier, resté veuf, et laissant son enfant aux mains de la portière, trop heureux, après avoir gagné sa journée, d'embrasser le petit ; d'autres dénaturés par l'intérêt ou dépravés par l'ennui ; quelques-uns sublimes ; ménages bien ou mal appareillés, employés ahuris par la besogne et restreints dans leurs moyens, voltairiens, marguilliers, professeurs, spéculateurs, gens de course ; tous triturés par la grande roue sociale et plus ou moins forcés de livrer leur enfant à l'État, c'est-à-dire au collége.

Sur cent citoyens de toutes les classes il y en a quatre-vingt-dix au moins que le soin des affaires agricoles, industrielles, commerciales, administratives, financières, enlève à la famille, et qui, sur ces douze heures du jour, consacrent nécessairement de huit à dix heures à la question des intérêts ou à l'accomplissement du devoir. L'enfant, en bas âge, jusqu'à son entrée dans l'année scolaire, reste donc livré à la mère, que M. Legouvé oublie trop, ou à la nourrice, ou aux femmes qui l'entourent ; c'est la mère, à laquelle M. Legouvé ne donne pas la moindre place, qui doit diriger les premiers pas de petits pieds chancelants, apprendre l'*a*, *b*, *c*, et faire répéter les premières prières.

Le premier pli que reçoit cette âme vient des femmes. Pour suppléer à cette impuissance à laquelle le père est réduit, voici le collége ou le pensionnat qui s'ouvrent, c'est-à-dire que l'État se substitue à la famille, soit représenté par des professeurs officiels, soit par des instituteurs privés, qui sont également sous la surveillance de l'État.

Quelquefois l'enfant entrevoit ses père et mère, quelquefois il ne les voit pas du tout, selon qu'il est externe ou interne. Il peut arriver qu'une mère, d'une âme forte et d'un esprit sagace, reconquiert un peu d'influence sur son fils ou sa fille. Mais que de difficultés! La pente naturelle des mœurs entraîne tout vers la destruction de la famille. Et elle n'est pas, sachez-le bien, une agrégation numérique composée de ces trois termes : père, mère, enfant ; pas plus que la patrie n'est le sol physique et matériel, habité par quelques millions d'hommes. La patrie, c'est l'union spirituelle, morale, aimante des cœurs. La famille, c'est la même union, plus resserrée et plus ardente. Amour dans les âmes, sympathie dans les esprits, perfectionnement dans le devoir, voilà la famille qui fait la patrie. Si l'on poussait les choses à l'excès, on pourrait dire qu'il n'y a plus de famille en France. Un petit être que l'on met en nourrice dès qu'il a été inscrit sur les registres de la loi civile, et qui passe des mains de la nourrice physique à celles de ses nourrices mâles du lycée ou du pensionnat, pour être ensuite ou bachelier ou conscrit, comment appartient-il à la famille? Comment peut-il la constituer? il n'est ni fils ni père. A moins qu'il ne soit fils ou père à la façon de M. Legouvé, c'est-à-dire armé d'un beau patrimoine et d'un beau nom, maintenu en équilibre par la dot de sa femme et porté en triomphe sur le flot social. Reconstituer la famille, c'est le point essentiel. L'entreprise est difficile, il faudrait que les âmes humaines imprimassent au mariage un caractère nouveau, non plus d'intérêt servile, matériel et pécuniaire, mais libre, moral et d'élection sainte.

Voilà le problème. C'est un tour de force redoutable; c'est la transformation totale des mœurs. On doit, pour cela, procéder à l'éducation de la volonté. Et nous entrons ici dans un domaine élevé que M. Legouvé n'a pas même entrevu. Les trois éducations de l'homme par la famille, par le collége, par la société, doivent former une harmonie absolue, complète. La question est donc de savoir quel est le but de la société elle-même, ce dont elle a besoin et ce qu'elle veut. Si elle n'est pas libérale ; si elle tend à l'absolu et à l'unité ; si elle prétend diviniser l'État, ce que de très-grandes nations ont accompli ; elle subordonnera la volonté personnelle et même effacera la famille, donnera au collége la puissance de l'État ; absorbera enfin les élèves dans le corps enseignant, comme le citoyen s'absorbe dans la cité. La société a-t-elle un désir contraire? Penche-t-elle vers la libération de l'individu et la mise en œuvre de sa valeur propre? Il faut alors exalter la famille, lui subordonner le collége, activer la force morale de chacun, et faire en sorte que toute volonté d'homme, maîtresse d'elle-même, respecte les volontés et les libertés environnantes, toutes égales en droits.

L'une des éducations, celle du régime absolu, la première, celle du passé, dont nous ne sommes pas encore sortis, a beaucoup d'unité et de grandeur ; elle corrige l'homme, être imparfait, incomplet, bizarre, elle égalise ses variétés trop originales, qui disparaissent, soumises à un plan général, comme ces beaux ifs de la pelouse de Versailles, taillés dès l'enfance, creusés en dedans, dont pas une feuille ne déborde ou ne passe l'autre, et dont les colosses verts et symétriques, coordonnés au château, produisent un si bel effet. Ici la règle est en dehors. C'est le ciseau du jardinier qui émonde.

L'autre éducation, celle du régime libre, est plus difficile. Elle place la règle dans la conscience, au dedans de l'homme, il faut à cette éducation (à peine ébauchée aujourd'hui chez quelques races) des mariages excellents, la fidélité, la sévérité, l'honneur dans la famille, et surtout là enfin la vraie vie morale, la vie intérieure. L'enfant grandit alors pour s'obéir à lui-même, comme dans l'autre éducation il grandit pour obéir aux autres. Ce sont deux modes contradictoires, inconciliables, hostiles, qui s'accordent avec deux régimes opposés.

Aujourd'hui quel père se conduirait comme le père de Mirabeau ? Sous Louis XIV on aurait été bien malavisé d'agir comme un Américain ou un Allemand moderne, de suivre la règle intérieure ; de choisir tout seul un état, une femme pour soi, une religion personnelle ; d'élever ses enfants à la guise protestante ou catholique ; de se faire navigateur ou commerçant, malgré noblesse ; de prendre part aux affaires de l'État, d'élire des représentants politiques ; de mourir dans une communion particulière, et de parcourir ainsi résolûment, avec un égoïsme odieux, l'ellipse de la vie active. C'est que personne n'avait encore songé à faire l'éducation de la volonté ; c'était une prétention criminelle. On peut encore aujourd'hui se diriger par ces maximes de Louis XIV. C'est bien vieux ; mais c'est une façon peu pénible après tout et qui a sa douceur particulière. La conscience étant supprimée, l'examen anéanti, on ne juge plus pour soi, mais pour la société ; on ne se marie plus pour soi, mais pour autrui ; on ne s'arroge aucune propriété, on prend femme pour arrondir sa caisse, comme on fait des vers latins sans y avoir goût, par obéissance et coutume. La famille devient inutile ; l'État remplace tout, il est la famille.

« L'État, dit Bodeau, fait de l'homme ce qu'il veut. » C'est de cette conception antique des vieux criminalistes depuis Justinien, de cette conception de l'État dieu, que procède l'éducation ancienne. C'est l'idée spinosiste, annihilant l'individu, idée qui détruit nécessairement la famille, groupe partiel, fragment de révolte. Dans la théorie de l'identité absolue de l'être que M. Legouvé adopte incessamment, sans le savoir, l'enfant, qui est un homme futur et une raison non éclose, est égal à l'homme, ou plutôt est son supérieur. Dans cette théorie, la propriété est à tous ; il n'y a que des usufruitiers ; l'individu, qui appartient à la masse, ne se possède pas, et, ne se possédant pas, il n'a le droit de rien posséder. L'État, c'est-à-dire l'ensemble, lui concède une fraction d'action, comme il lui concède un usufruit de propriété. Selon cette même théorie, l'homme, n'ayant pas la propriété réelle, mais l'usufruit, ne peut léguer une propriété qui n'est pas à lui.

Cette dernière théorie, favorable à l'État, abîme la volonté personnelle ; l'autre, favorable à la volonté de l'homme atténue la force de l'Etat. Il faut choisir. L'éducation du collége sert les intérêts de l'État, celle de la famille sert les intérêts de l'individu. M. Legouvé, partisan de la famille, ne s'aperçoit pas qu'en la faisant rentrer dans la masse des forces élémentaires, en subordonnant le père (représentant de la raison) à l'enfant (représentant de l'instinct), en diminuant les droits de propriété et les droits testamentaires, en écrivant l'apothéose des facultés instinctives au détriment de la sagesse active, il est l'ennemi et le destructeur de la famille. Elle ne subsiste précisément que par la spécialisation, par l'autorité assurée à la raison, à la volonté individuelle. Ici je ne juge pas les deux formes. Je dis qu'elles sont contradictoires et que M. Legouvé les confond.

Il ne soupçonne même pas, encore moins pense-t-il à résoudre la vraie question de l'éducation actuelle en France, celle-ci : *Quel peuple serons-nous ? quel peuple voulons-nous être ?*

Quand la France voulait la science, la Renaissance italienne nous a fait le règne de François Ier ; puis quand la France a désiré l'ordre, l'Université et la Sorbonne nous ont fait le règne de Louis XIV ; enfin les PP. jésuites, en sécularisant le savoir, ont fait la Révolution. Ainsi le seizième, le dix-septième, le dix-huitième siècle ont institué chacun leur éducation spéciale. Quelle espèce d'éducation donnerons-nous aux générations suivantes ? Il y en a une toute prête, c'est celle des anciens Jésuites. Elle est excellente à certains égards, elle préserve ou peut préserver la jeunesse de beaucoup d'excès, elle prépare des sujets obéissants ; elle détruit les nationalités et les spécialités, elle anéantit la volonté et la conscience ; elle tue l'individu, elle mène au communisme par la prépondérance de l'État ; elle abolit les libertés municipales au profit de la force centrale. En casernant les enfants, elle institue des pépinières de très-bons soldats ; elle constitue une organisation presque sacerdotale, redoutable et complète, au profit du pouvoir. Elle enlève au père de famille toute influence. Elle confond l'individu dans la masse et peut lancer à un moment donné cette masse redoutable contre l'ennemi. La voulez-vous cette éducation ? Continuez. Cette éducation monacale et guerrière, dont le grand ressort est l'État, a produit Voltaire et Robespierre, tous les philosophes du dix-huitième siècle et tous les grands révolutionnaires. Elle tend aux révolutions et les nécessite, précisément parce qu'elle réunit deux dangers ; parce qu'elle est trop despotique pour la conception de l'individu et trop libre pour la conception de l'État. On peut la réformer aujourd'hui de deux manières : soit dans le sens du passé, en reprenant les austérités pures de l'antique Sorbonne et reculant vers l'éducation du moyen âge et du Midi ; soit dans le sens des races nouvelles qui donnent un immense et vif développement à la volonté humaine. Ici nous avons des corollaires redoutables. Ce mode libéral suppose la spécialisation des écoles, la nécessité pour tout citoyen, même pauvre, d'élever et d'instruire son enfant, la famille chargée du devoir sacré de l'éducation, le mariage et la communion libres ; enfin l'ouverture de grandes écoles supérieures, placées sous la surveillance de l'État mais indépendantes et vouées à la licence seule. Avec ces créations si fécondes nous assurerons les beautés et les forces de la liberté. Mais nous courons les risques de la pensée et de l'enquête, risques effroyables!

Nous voilà bien loin de M. Legouvé et de ses enfantines conversations sur messieurs nos enfants, et sur le paysan fleuriste, qui cultive des géraniums sous une bâche. Ces conversations pour un père si respectueux, si timide et si humble dans son amour, me semblent bien fréquentes, et pèsent d'un poids redoutable sur ce pauvre et cher enfant. Je voudrais le voir courir tout seul, les cheveux dénoués et un peu débraillé, dans la forêt et dans la plaine ; je blâme ces continuelles instructions qui, au lieu de laisser l'âme fleurir indépendante et s'ouvrir au soleil, la dirigent, l'entravent, la courbent, la ploient, la contournent. J'aimerais qu'on lui apprît à se suffire, à prendre en lui-même son point d'appui, à se gouverner et à aimer.

Il en aura besoin de ces deux forces. Il faut que l'homme ait devant lui de grands hommes et un grand but, sans quoi il perd ses forces, comme l'aimant perd les siennes lorsque, pendant longtemps, il n'a pas été exposé en face du Nord.

SAINTE-BEUVE

Nul peut-être parmi les contemporains n'est mieux préparé que moi à juger M. Sainte-Beuve en connaissance de cause; nul plus que moi n'a le droit d'analyser sa vie intellectuelle et d'en préciser le détail. Dans ses quarante volumes il n'a jamais parlé de moi, je pense, si ce n'est pour me contredire en passant, une ou deux fois. Mes paroles ne seront donc prises ni pour une satire ni pour un compliment banal.

Nos opinions diffèrent sur bien des points. J'ai pu le suivre d'un œil attentif pendant qu'il montait, — tantôt sous le nuage, tantôt dans la lumière, — à travers le ciel inconstant d'une popularité qui a eu ses jours de péril et ses jours de triomphe; spectacle varié, d'autant plus intéressant pour moi, son aîné, que depuis nos deux naissances, assez rapprochées, nous ne nous sommes guère perdus de vue. Nos familles même n'étaient pas étrangères l'une à l'autre, et je crois me souvenir que le petit drame de mon enfance se joua sous le toit même de ses parents.

Aujourd'hui le voici *Symbole!*

Lui! M. Sainte-Beuve!

L'étude de cette nouveauté, l'un des phénomènes moraux de ce temps-ci les plus curieux, m'attire.

M. Sainte-Beuve pourrait dès à présent marcher à la tête d'un parti s'il l'avait à cœur. Un drapeau flotterait dans ses mains; fort beau drapeau, sur lequel seraient inscrits les mots très-nobles : *Examen libre, vérité, enquête*. Je ne m'en étonnerais pas; il s'en étonnerait seul. Être chef de parti, il le pourrait; mais il ne s'en soucie guère.

Pas d'homme plus éloigné de toute emphase. Il n'y a pas en lui un atome de Mirabeau ou de Jean Huss. Poser des dogmes n'est point son affaire; les renverser ou les assembler lui conviendrait mieux. Analyste et poëte, érudit et homme de salon, toujours occupé d'idées; philosophe et historien, insatiablement voluptueux de science, de livres et de pensée, comment dégusterait-il encore son *Thucydide*, comment savourerait-il son *Rabelais*, comment approcherait-il de ses lèvres la coupe divine de *Théocrite*, s'il acceptait le rude métier de réglementer les âmes enivrées ou de discipliner les partis religieux? Il reste donc fidèle à ses travaux.

Cependant, voici qu'à la tribune il vient de dire quelques paroles. On s'agite aussitôt, on s'empresse, on fait foule autour de lui. On se groupe. Il devient centre. Il a prononcé au bon moment le mot nécessaire. Ce mot d'ordre est donné, et chacun le redit. Dans une église de Pouzzole on l'appele *Maudit! Scélérat. Athée, Misérable* et « *Parnassien* » *révolté* ou *endiablé*, ou *échauffé*, ou *enragé* (je ne sais lequel); ce sont les épithètes dont l'aspergent des goupillons plus éloquents que chrétiens, et plus piquants que charitables. Quel est donc son crime?

D'autres le porteraient volontiers en triomphe au Capitole. Quel est donc son héroïsme?

Il se retire, lui, bien tranquille, au fond de sa petite maison charmante, retraite ou sanctuaire, entre ses pigeons et ses fleurs, soignant sa santé, souriant à tout ce tapage, l'œil arrêté sur quelque bouquin ou quelque nouveau livre, et y cherchant quelques parcelles d'or. Cependant le bruit continue autour de lui.

Qu'a-t-il fait?

Il a frappé juste. L'airain a vibré et retenti au loin. Tout s'est ému. Un seul et divin besoin de l'homme est en jeu; j'entends de l'homme intellectuel, « l'examen ». M. Sainte-Beuve l'a défendu. Il s'agit de la liberté des esprits, de la voie à suivre pour continuer la civilisation, et de l'éducation des âmes.

L'occasion, comme toujours, a été fort peu importante. Il y a de bons et de mauvais livres, et la lecture a ses périls ou ses hasards; l'idée de l'inquisition et de la censure est donc revenue à certains esprits, et d'honnêtes citoyens l'ont émise naïvement.

« Il ne faut plus d'*Index*, » a dit M. Sainte-Beuve.

L'écho répond; un écho prodigieux. Deux mondes sont en rumeur; deux armées en présence, à propos d'une seule commune de France dont les ouvriers désirent une bibliothèque. Donnez-la-leur, disent les uns; qu'ils s'instruisent et qu'ils choisissent. Non pas, disent les autres; mesurons-leur selon notre bon plaisir la pâtée de l'intelligence. Aux yeux des premiers elle est l'aliment salutaire, aux yeux des autres elle est le danger. Sur cette question, comment voulez-vous que M. Sainte-Beuve se taise? Lui, le contemporain le plus minutieusement examinateur, le plus inquisitif et le moins inquisiteur, l'infatigable curieux?

« Donnez toute lumière et toute nourriture! s'écrie-t-il. Les paupières s'ouvriront et les estomacs vont se raffermir. Vous faites des malades et des aveugles qui se vengeront. Si vous brisez ou détendez le ressort de l'esprit, vous n'aurez plus que des corps; et il faut des âmes raisonnables pour soutenir les États. Enlèverez-vous la virilité parce qu'elle est un péril? et détacherez-vous la cervelle de cet organisme trop nerveux ou trop ardent qui vous effraie? Que ferez-vous ensuite de la masse inerte et de l'animal *décérébré?* Je sais que certains animaux vivent avec une demi-cervelle, un quart, un huitième; ils ont l'air très-joyeux; ils sautent sur le gazon; ils grouillent; ils se reproduisent; ils ont de belles couleurs; ils font de belles gambades et opèrent leur digestion sous le soleil. Les naturalistes tentent ces expériences et se frottent les mains. Mais, croyez-moi, n'expérimentez pas ainsi sur les peuples, ce ne sont pas des batraciens à sang froid! Ils ont besoin de cervelle. Élevez le peuple. Refaites, si vous pouvez, son caractère et sa force morale. Bien élevé, il saura s'instruire. Mal élevé comme aujourd'hui, il ne s'instruira nullement, pas même avec saint Augustin et Thomas A-Kempis. Au premier moment favorable il vous brûlera vous-mêmes, dans vos bibliothèques choisies et sacrées, avec vos fagots bénits. Ce que vous voulez faire, on l'a mille fois essayé; les classes inférieures d'Espagne et d'Italie n'ont-elles pas été soumises à ce régime? Ni les cuisiniers ni les convives ne s'en sont bien trouvés. La raison vient de Dieu, comme dit saint Anselme. Quiconque veut se substituer à Dieu, distribuer et fractionner la raison, est fou, ridicule, sacrilége. »

Ces paroles expresses sont de moi, non de M. Sainte-Beuve. Le papier seul tolère ces vérités simples qui choqueraient les oreilles émues, les cœurs troublés, les passions vives, les intérêts vivants, les préjugés anciens des hommes réunis en assemblée. Mais il a soutenu la même thèse, celle de la liberté et de l'esprit, qui se règle et se guérit lui-même; il l'a soutenue d'une manière aussi puissante que sincère et décente. Avec quelle finesse et quelle force, sans déranger ses draperies de gravité, dans un discours d'une admirable convenance, a-t-il montré que l'anathème déversé sur Voltaire tomberait sur Aristophane; de là sur Virgile: de là sur Aristote, sur Fénelon, même sur les intelligences hardiment orthodoxes et raisonnablement catholiques, les catholiques de bon sens; et qu'il n'y a point de milieu en fait de lumière : le jour ou les ténèbres, la prohibition ou la liberté!

A cette voix les deux camps se sont formés: on a vu se dessiner les deux armées, éternellement en guerre: les amoureux de l'intelligence, et les autres.

Je ne suis point des *autres*, on le sait; mais comment a-t-on imaginé ou supposé que M. Sainte-Beuve pourrait jamais en être? Autant vaudrait demander au soldat de renier son drapeau, de le déchirer et de le souiller. L'éclair perpétuel de l'esprit, voilà sa vie, voilà son œuvre. En place de la science qui examine et fait le progrès, de celle qui civilise et creuse l'éternel sillon de nos industries, de nos perfectionnements et de nos sociétés, qui l'éclaire, le rectifie et le vivifie, vous venez lui proposer la science sans science, celle d'*Adam*, celle de la déchéance, qui ferme les portes du sanctuaire, et qui, pleurant la chute humaine, frappe sa poitrine et se soumet à genoux. Je n'entre point dans la question théologique et ne veux pas grossoyer de mandements, mais je demande en passant à ces maîtres de la théologie comment ils réconcilieront l'amour divin avec l'abrutissement humain.

Quant à M. Sainte-Beuve, on ne peut même le rêver en dehors de l'examen et de la critique. Il ne vivrait pas deux jours en pays d'inquisition et de compression intellectuelle.

Ce jurisconsulte éloquent lui affirme-t-il que les gens de lettres sont tous *esclaves du lecteur* (*acheteur*, mot plus fort), M. Sainte-Beuve bondit.

« Eh! mais, lui répond ce flexible et cet indompté; je ne suis pas même mon propre esclave. Celui qui me lit est fait pour me suivre, et je ne me suis pas toujours moi-même. Qui m'achète n'achète que mes feuilles imprimées, ou plutôt celles de l'éditeur; affaire qui regarde mon libraire. Cet homme honorable n'est pas plus que moi enchaîné ou inférieur à son chaland. Vous faites là, monseigneur, une étrange et triple confusion, bien digne de ce courant industriel qui nous emporte. Quoi! vous prenez pour le libraire un ballot vendu et enveloppé; ce libraire pour l'intelligence, et nous pour des esclaves! Voltaire qui a mené le monde, Cervantes et Rabelais qui se sont moqués de lui, Dante qui l'a puni, Luther qui l'a transformé, quels esclaves! Et le *Sermon sur la montagne*, la plus magique parole qui ait renversé l'ordre des sociétés, ne l'a-t-on pas imprimé? On l'a vendu. Était-ce une parole servile? »

Nul n'est moins servile que M. Sainte-Beuve. Il échappera toujours au lieu commun et à la servilité. Il a le sens vif et pénétrant des époques, des phases, des changements, des filiations, des transformations. Le caractère de sa vie littéraire, jetée dans un siècle de fluidités incomparables et de complications inouïes, est d'éclairer ces mille filons et de détailler leurs veines contrastantes. Il saisit et décrit merveilleusement ces nuances bizarres, multiples, contradictoires.

S'il aborde madame Roland ; il voit d'un coup d'œil vingt madame Roland ; la bourgeoise Phlipon, l'héroïne de Corneille, la passionnée, la platonique, la femme de vérité et le personnage théâtral, toutes ces figures diverses et unes lui arrivent tour à tour et le saluent, il les accueille, et même la page cynique où cette femme pure, par respect pour Jean-Jacques, décalque les polissonneries du maître, ne le surprennent pas plus que ces autres pages où l'amante de Buzot, en pleine Terreur, parodie et reporte dans la réalité sincère le mysticisme amoureux de l'Astrée et de la Nouvelle Héloïse. Voici encore un protestant, préfet, conventionnel, doux et brusque, honnête et farouche, Jean-Bon Saint-André.

Pour l'étude subtile des variétés complexes de l'humanité, M. Sainte-Beuve aujourd'hui n'a pas d'égal. Il est de la belle école de Montaigne, Shakespeare, Tacite, Saint-Simon ; école longtemps négligée et redoutée en France, grâce aux pédants de la formule et aux fats des boudoirs, grâce aux serfs de la mode, figés dans la crasse des scolastiques et dans la sociabilité des salons. De madame Roland à la princesse des Ursins, de Ronsard au pauvre Ponsard, de Catinat à M. de Broglie, de Chapelain à Shakespeare, notre homme, avec une facilité prodigieuse, fait glisser le courant de sa lumière électrique. Il quitte Baïf, revient à madame Swetchine, se repose avec Théophile Gautier, caresse l'antiquité, coquette avec la nouveauté, effleure tout, illumine tout, ne se contredit jamais, se modifie sans cesse, fait étinceler les points saillants, arrive aux profondeurs, ne s'y attarde pas, et ne s'arrête que si un scrupule de millésime ou une erreur de nom propre le met en désarroi.

Oh! alors, c'est une désolation!

Une date! Pour le coup, il est ému et démonté. Toute sa conscience crie. A-t-il imprimé que Pierre Larrivey s'appelait *Lassiré*, ou que M. de Vigny, né en 1804, est né en 1802 : cette grosse puce à l'oreille le tourmente; il gémit, il est malheureux, sa paix ordinaire est troublée. C'est la seule faiblesse de ce merveilleux esprit, une faiblesse scientifique de naturaliste et de botaniste. « Compterons-nous quatre antennes ou seulement deux? le pistil est-il *bifurqué* ou le calice *trifide?* » Mais il se rassérène, il repart, il est parti. Il va trouver les jansénistes dans leur cellule, M. de Chateaubriand dans son triptyque de l'Abbaye-aux-Bois, les poëtes anglais au bord de leurs lacs, le P. Lacordaire à Notre-Dame, la pâle et tragique figure de Lamennais sous ses vieux chênes. Il entre dans toutes les petites chapelles, dérange tous les sacristains, furette dans tous les coins, met à sac les petits temples, trouve des documents, sème des anecdotes; c'est un miracle.

Un tel esprit doit inquiéter et agacer singulièrement les hommes qui n'ont qu'une idée, ceux qui sont sûrs de leur affaire et qui ont des accroupissements et des assoupissements tyranniques. Il les effraie tous; chacun cependant espère en lui et le veut pour soi : « Faites halte, lui crie-t-on, arrêtez-vous ici, dans notre « zone, dans notre coin spécial. Il n'y a que cela de « vrai. Moi je suis la Théologie, moi je suis le Ro- « mantisme, moi je suis le Naturalisme. Restez ici. « Clouez-vous un peu. » Et comme sa nature est de glisser; de fuir et d'éclairer, il va toujours. Voilà, disent-ils, un grand perfide et un terrible traître. Vous le jugez perfide, il n'est que lumineux et fugitif. Si vous étiez sensés, il resterait avec vous.

Depuis l'époque où, sous le nom de Joseph Delorme, il s'éprit de la poésie familière et essaya, non sans succès, de nous donner un Wordsworth mélangé de Hœlty, jusqu'à celle où, traversant la douce lueur et la pénombre des âmes austères dirigées par M. Lenglet, il aboutit à ces improvisations nouvelles du lundi, toujours l'éclair de cet esprit extraordinaire a changé de place, illuminé ceci et cela, et de son zigzag aventureux et net ébloui tour à tour, instruit et séduit les frères prêcheurs et les jeunes douairières, les salons féminins et les universités. Il y a eu tel moment d'extase où tout un petit monde de jeunes filles connaisseuses et de dames expertes en métaphysique pressait idéalement M. Sainte-Beuve sur son cœur; un autre où les hommes de la politique grave accueillaient en lui et saluaient d'avance le rapporteur de commissions à naître, un second duc de Broglie dans son mode le plus édifiant.

> Comme sur le métal la lumière,
> Glisse, fuit sans repos, tremble et se renouvelle (1).

Le rayon errant de cet esprit ne faisait point de halte, et tous les enfants espéraient l'emprisonner dans leur bocal, ils l'espèrent encore. Les exclusifs se sont bien trompés! Il est resté ce qu'il était, quelque chose qui rappelle Bayle sans être Bayle. Le dix-huitième siècle a passé entre eux deux.

(1) Sicut agna tremulum, etc.

Le grand Gœthe lisant les premiers essais de Sainte-Beuve, imprimés dans le *Globe* de M. Dubois, avait bien vu cette maîtresse passion d'infatigable enquête.

Chacun a sa maîtresse passion; la pièce d'or tombant derrière Shylock et frappant le pavé retentit dans l'âme de l'avare et l'éveille; Shylock se retourne; il aime sa fille, mais après son argent. De Vigny, le tendre mystique, était plus près de Swedenborg que de Cicéron. Cousin adorait le grec, mais il préférait être chef d'école. « *Prenez la littérature*, me disait dans ma jeunesse un des coryphées de cette puissante et féconde génération qui m'a précédé; *c'est une bonne échelle pour le succès. On la repousse du pied quand on est arrivé.* » Et le balcon peut choir, ô maître!

Les passants se moquent et les corbeaux croassent.

Pour celui dont nous parlons l'exercice de l'esprit a toujours été le but. De son incontestable vocation, poursuivie avec un zèle que rien n'a refroidi, est sorti l'un des livres de notre siècle que la postérité gardera et consultera, l'*Histoire de Port-Royal*, étonnante analyse du spiritualisme chrétien par un sceptique spiritualiste; peut-être de tous les produits du siècle le plus riche en aperçus profonds, en lumières historiques, en délicates investigations! M. Sainte-Beuve, que l'on dit *matérialiste*, et qui le croit peut-être, ne s'est jamais contenté de la sphère matérielle. Destiné aux sciences naturelles et physiologiques, c'est dans l'étude des âmes et des esprits qu'il aime à vivre, essayant avec passion d'en déterminer les courants et d'en noter les phases.

Il s'y est complu, il s'y délecte; peut-être avec excès. On connaît ces mouches brillantes qui allument la nuit des tropiques, et qui, égayant et éclairant la route, font briller d'un éclat trop vif l'obscurité des vieux feuillages. Ainsi Ronsard et sa Pléiade ont été illuminés par lui. Plus tard, et du même vol, il est venu s'abattre sur les lauriers grecs, et Quintus de Smyrne et les poëtes de la décadence hellénique ont peut-être semblé trop étincelants sous des lueurs de délicatesse et de grâce qui ne leur appartenaient pas. Il n'y a pas grand mal assurément.

Il faut plutôt bénir que blâmer cette pensée toujours vibrante et en émoi, qui se colore d'une flamme nouvelle et d'une plus fraîche vie à chaque renouvellement de ses études et de ses amours.

Active sagacité, ardeur d'études psychologiques, qui se sont portées sur tous les points, ont fait brèche dans toutes les directions, et, semblant se jouer, ont éclairci toutes les questions et tous les sujets; phénomène merveilleux de la mobilité contemporaine, reproduite dans la littérature, et qui reçoit tout son sens moral et toute sa valeur réelle de cette dernière défense de l'esprit par l'esprit, complétant ainsi son *Symbole* et affirmant ses droits de liberté :

— « Quiconque favorise l'action intellectuelle est un « bienfaiteur. Tacite et Horace, Hérodote et Newton, « Homère et Galilée sont des bienfaiteurs.

— « Les plus infimes des barbares prétendent seuls « abolir les communications, éteindre les fanaux, en- « lever les rails et détruire les chemins de fer.

— « Qu'as-tu fait? Comment as-tu avancé la grande « œuvre? Voilà ce que chacun doit se demander à sa « mort.

— « Il faut pouvoir se dire : J'ai lutté dans les me- « sures de mes forces pour ce que j'ai cru bon et « juste.

— « Il n'y a pas de christianisme sans perfectionne-« ment, pas de perfectionnement sans progrès; pas « de progrès sans lutte.

— « La liberté du choix est l'honneur de l'homme et la lutte de la raison (1). »

J'emprunte ces paroles à un petit livre où se résument et se classent les résultats philosophiques d'une longue vie d'étude.

On voit quel accord relie mes idées aux habitudes intellectuelles de M. Sainte-Beuve. Nous nous rencontrons à la cime : examen et non demi-savoir; enquête et non aveuglement; analyse et non tradition; le travail, pour mieux comprendre; lutte en faveur du vrai.

Cette lutte, M. Sainte-Beuve l'a vaillamment soutenue. Le représentant le plus complet de l'activité intellectuelle à notre époque, il n'a pas déserté son poste. Il ne risquait certes aucun martyre. « *Mais tout Français* (dit Gœthe) *qui ose ne pas penser comme les autres est un HÉROS.* » Or, M. Sainte-Beuve, l'homme des sympathies délicates, actives, exquises, a osé cela. Il s'est trouvé seul de son bord, environné d'excellents et honnêtes esprits, même de supériorités de divers ordres, qui ont brillé dans le monde et à la guerre, qui y font très-bonne figure, qui ont du poids, de la considération, de l'autorité, et qui avaient peur de la liberté de l'esprit.

A cette peur politique (dangereuse peur) il a opposé le courage philosophique si rare; le courage social, plus rare encore; la vérité. C'est pour cela que j'ai dé-

(1) *Problèmes d'autrefois et questions du jou* (Germer-Baillière. 1 vol., dédié à M. Sainte-Beuve, juin 1867).

dié à M. Sainte-Beuve mon livre des questions du temps, où les mêmes idées, avec des nuances, sont déduites en peu de mots. Je m'honore d'inscrire au-dessous de son nom une date importante pour l'histoire de l'esprit français. Elle rappellera à la raison libre combattant la terreur de la raison ; la Réalité repoussant la Formule ; la vraie MORALE se levant debout contre le simulacre de la MORALE.

Voici la réponse de Sainte-Beuve à la dédicace des QUESTIONS DU TEMPS.

Ce 27 août...

« Mon cher ami,

J'ai déjà reçu depuis hier quantité de compliments. C'est comme si c'était une fête. Savez-vous bien que me voilà nommé? J'aurais bien longtemps moi-même cherché ce nom sans le trouver, je me perdais dans toutes mes variantes et mes variations successives ou simultanées, et voilà mon vieil ami qui veut mettre à tout cela son cachet avec une devise. Le vrai critique, je l'ai souvent pensé, est celui qui *nomme* les esprits et qui leur assigne juste leur caractère. Mais, mon cher ami, que vous êtes donc aimable et large et généreux. L'autre jour, j'admirais de vous un article sur Taine dont il était impossible de mieux parler, avec plus de supériorité de coup d'œil et d'aisance de procédé. Il semblait, en jugeant un de ces jeunes et vigoureux héritiers, que vous n'aviez rien à revendiquer vous-même et que vous vous contentiez de faire avec équité et libéralité la part d'autrui. Aujourd'hui avec moi, vous vous montrez plus libéral encore. Vous me faites dire toutes sortes de choses que je pense, et vous y mettez un accent *sui generis* et *shakspearien* ou *gœthien* que je n'ai jamais su atteindre à ce degré; c'est tout profit de passer par votre plume. Quant à vous, sachez bien ma pensée quoique, en malin que vous êtes, vous sembliez dire que je ne l'aie nulle part exprimée; vous êtes un critique apparu en France vers 1826, lequel n'émanait d'aucune école française. d'aucune routine domestique, mais qui sortait tout droit du commerce de Shakspeare avec des mots à la Johnson. Vous avez eu bien de la peine à vous faire reconnaître comme nôtre, car vous ne portiez aucune cocarde ni bout de cocarde. Vous étiez d'avant et d'après le romantisme, l'enjambant avec vos idées et votre lorgnon d'outre-Manche et d'outre-Rhin. Aujourd'hui vous êtes à votre place (je ne parle pas de la place officielle); mais considéré de tous comme un libre et riche esprit qui a semé plus d'idées que personne et qui n'est pas en train de s'arrêter. Vous appartenez à la race des critiques de l'avenir, et vous les avez devancés.

« A vous de cœur.

« SAINTE-BEUVE. »

APRÈS LA MORT

DE

SAINTE-BEUVE

Sainte-Beuve étudiait les livres et ne les classait pas. Cependant le classement et le discernement des dons variés, des diverses forces, des diverses valeurs, sont indispensables. Si l'orgue de barbarie vaut le violon de Paganini ; si le dernier des barbouilleurs équivaut à Michel-Ange, où est l'art ? Si la saltation des Corybantes qui distingue le spirituel musicien Offenbach est égale aux mélodies de Weber, Bellini et Rossini, ne voyez-vous pas que l'art périt tout entier ? Cette promiscuité d'observation atteint la promiscuité d'admiration et de dénigrement. Le brillant et profond Sainte-Beuve, estimant tout d'égale valeur, a penché à son aise du côté de ses relations et de ses amitiés. Vieux et jeune, il a changé de critique dès qu'il a changé de relations. Il a loué Hugo, quand il était l'ami de la maison. Ensuite, il a diminué Hugo. Un peu plus tard, il a relevé, puis brisé la statue de Hugo. Naturaliste comme Balzac, et non pas moraliste, il avait, disait-il, le droit de tout contrôler. Le physiologiste naturaliste cueille un fruit de l'amandier. Il brise l'enveloppe et, enlevant la pellicule, il trouve en dessous le sucre, l'amidon, la gomme, les substances nutritives, savoureuses, excellentes; il les catalogue. Une seconde opération le met en présence du gluten, de l'ozone, et d'autres éléments plus vulgaires. Il les note. Par une troisième épreuve il démontre que le poison le plus violent est caché dans la pulpe du fruit et dans la séve qui nourrit la feuille : l'acide prussique. Il le vérifie. Grâce à ce triple procédé, excellent en chimie, celui du naturaliste, Sainte-Beuve a charmé son siècle. Il a montré dans Hugo tour à tour la pulpe, la séve, le venin. Il l'a trouvé adorable, médiocre, exécrable. Son esthétique, subtile, profonde, rapide et variable, s'est ainsi métamorphosée. Il a inféodé sa critique à chacune de ses passions et de ses amitiés. Non-seulement il usait du *relatif*, mais il en abusait. Non-seulement il adoptait la variété, mais il ruinait toute certitude. Non-seulement il était mobile, mais fugitif. Non-seulement il croyait que tout se vaut dans le monde, mais il pensait que le génie critique consiste dans la constatation de la négation et de l'infidélité. Il était *traître* par principe. Non que je nie ou veuille diminuer en rien l'immense, la presque infinie valeur de cet admirable et fluide esprit. Je parle de sa valeur morale et de son influence. Rayon de soleil ou onde fugitive, il échappait toujours et passait sa vie à fuir. Il se déjugeait incessamment. Voulez-vous son dernier mot ? Lisez l'appendice qu'il a surajouté à la dernière édition de son *Port-Royal :* « Jadis, dit-il, quand j'ai fait ce livre, j'étais chrétien ou voulais l'être ; mais je déclare hautement que je ne le suis plus. » Qu'est-il donc ? A quoi s'arrête-t-il ? Il ne s'arrête à rien ; au moment même où les draperies impériales le couvrent et le protégent de leur pourpre, il est antiimpérialiste dans l'âme ;

déjà réfractaire, déjà révolté, plus que républicain. Il n'est jamais de son opinion. Étant non traître aux autres, mais déterminé à ne pas croire; non pas infidèle à une doctrine, mais infidèle à lui-même, et perfide d'avance envers ses propres pensées, il n'est coupable envers personne. Et ce phénomène de notre temps n'a pas déplu à notre temps, parce qu'il nous représente, hélas ! l'époque même, toute flottante, incertaine, pleine de retours, de repentirs, de trahisons, de remords et de négations, pleine de nuages entrecoupant des jets de soleil et de lueurs brisées sous les nuages; pleine de piéges dans les espoirs et d'abîmes dans les défaillances, n'offre qu'une illusion éternelle. Sainte-Beuve en a vécu, disciple de Bayle et indifférent à tout. C'est un bouddhiste véritable : « *Je reconnais*, s'écrie-t-il à la fin de Port-Royal ; *je reconnais et m'aperçois que je ne suis qu'une illusion des plus fugitives au sein de l'illusion infinie.* »

Ce qui m'éloignait souvent de mon vieil ami sceptique, c'est que je ne suis pas né sceptique, ayant la plus profonde foi dans la causalité. Sainte-Beuve a été à la tête du bataillon des sceptiques-chercheurs. L'homme flottant, la pensée errante, le nomade volontaire, le Don Juan fascinateur du harem intellectuel. Il glissait entre toutes les idées; s'affiliait tour à tour à toutes les doctrines, fugitif, divers, perfide, faisant le tour de tout, s'y incarnant un moment pour tout détruire, naturellement faux, insincère, cancanier, amoureux du petit. Capable de se transformer pour pénétrer tout, incapable de rien saisir au cœur, d'atteindre le centre et l'essence de quoi que ce soit; fin jusqu'à la supercherie; atteignant une solidité apparente, pour se volatiliser de nouveau, à force de se prêter à tout, finissant par représenter le *Rien*. En un mot, un nuage plutôt qu'un penseur et un phénomène sans antécédent,

Par l'effet des développements scientifiques nouveaux, la critique positive, minutieuse, de détails avérés l'emporta vers 1856 sur toutes les autres, même en littérature ; ce triomphe donna une extrême autorité à Sainte-Beuve matérialiste, ancien élève en chirurgie. Il était l'homme sans conclusion, et ses jugements se perdaient souvent dans les minuties, un esprit mobile analysant les gaz, soumettant les substances à une pression, à une manipulation ; pédantisme, incapable de synthèse, et n'y croyant pas puisque la mobilité est la croyance de Sainte-Beuve : or une synthèse mobile, étant passagère, n'est qu'un phénomène plus conséquent avec lui-même, et le plus complet aussi dans son fatalisme de la matière ; car il ne se contente pas d'admettre une substance matérielle unique, mais il la comprend éternellement mobile et changeante ; elle est à la fois absolue par elle-même et relative dans ses transformations éternelles.

Cette théorie, servie d'ailleurs par une capacité d'intelligence très-fine, très-vaste et très-nerveuse, se prêtait à tout. Elle s'accordait, par le fatalisme qui en est le fond, avec tous les ménagements et arrangements politiques ; et surtout elle cédait sans peine et se pliait aux régimes brutaux qui représentent la force. Pourquoi résister si tout est nécessaire et inévitable ? S'il ne faut pas résister, pourquoi ne pas servir le despotisme ? Aussi Sainte-Beuve, qui ne s'était entendu ni avec Guizot ni avec les libéraux extrêmes, alla-t-il à l'Empire et d'apparence avec tous les partis. Il fut longtemps à se faire accueillir et accepter, parce qu'il avait trop d'esprit et qu'on ne voulait se servir que de la force. Enfin, après une longue quarantaine au *Moniteur officiel*, il fut sénateur !

La vie de ce singulier génie n'a été qu'une fuitè et une succession de fuites, à laquelle sa mort fugitive, échappant volontairement aux cérémonies populaires et aux coutumes religieuses, pose le dernier sceau ! Je le blâme seulement d'avoir dit : « Je veux, étant mort. »

PRÉVOST-PARADOL

C'était une vraie médiocrité que madame Paradol : grande, grasse, forte, osseuse, le nez rond et infiniment petit, les joues roses, le teint blanc, de beaux cheveux bruns, la plus petite bouche et une poitrine développée avec excès pour évaser et mieux accuser la finesse d'une taille qui jusqu'à trente ans resta fort souple et garda son élégance. De telles qualités ne manquèrent pas leur effet ; et plus tard un officier en retraite nommé Prévost en fit son affaire. Dans le commerce des femmes, l'officier qui arrange sa vie ne manque pas de trouver quelque caisse d'une veuve ou de femme arriérée. Elle n'avait aucun talent et disait comme une marchande de beurre les vers de Racine, déjà très-doux et qu'elle affadissait. Cette antithèse de Rachel déplut ! Madame Paradol, plus classique et plus musculeuse dans son embonpoint, plus solennelle dans sa grâce que l'alexandrin le plus cossu, ennuyait la foule. Un jeune juif, frère d'un grand compositeur, H....., écrivant avec moi dans le *Miroir*, dans l'*Opinion*, dans tous les journaux d'attaque, auteur de plusieurs tragédies et de traductions assez froides mais élégantes et de fables qui ne manquent pas de finesse, s'attacha à madame Paradol.

qui lui donna un fils, Prévost-Paradol. Elle était souvent sifflée; il la soutint autant qu'il put. Elle était souvent tolérée par les banquettes seules; Prévost l'épousa, le poëte se fit saint-simonien, et se remit à faire des fables. C'est un aimable garçon, bien élevé, ayant de bonnes relations, gracieux, mélancolique et de moyenne hauteur d'intelligence. Le fruit israélite prospéra. On aimait le père (pas Prévost) : on fraya la route au fils; celui-ci, esprit subtil, délicat, hardi dans la conception argumentative, ironique comme un enfant de Paris, retors comme un enfant de juif, fin comme un enfant d'actrice, recueilli et gâté de bonne heure comme un bâtard, devint le Benjamin du libéralisme; il plut aux de Broglie, et des genoux des femmes de ce monde orléaniste il passa vite aux bureaux des *Débats*. C'était un mérite réel. Une forme fénelonienne cachait des malices de chat et des arguties d'avoué. Il y avait là un petit mélange nouveau d'une saveur poivrée et dulcifiée, qui donna de vifs ennuis aux impérialistes; chaque page et chaque ligne de Paradol faisaient effet : une cuisson douloureuse s'emparait des ennemis. Les anti-impérialistes en jouissaient. Ils ne voyaient pas, les enfants, que ces épigrammes ravissantes et ces arguties détournées ne changeaient rien à la France, qui se meurt de raffinement cérébral dans les classes supérieures, et de brutalité avilie et servile dans les classes inférieures. Le jeune pharmacien littéraire, — délicat esprit qui offrait ce cataplasme émollient et cet élixir piquant aux blessures de l'orléanisme vaincu, — fut donc excessivement surfait; il fut introduit à l'Académie française, etc. Quand les gens de l'Empire lui ouvrirent leurs bras, il se laissa séduire. On le fit d'emblée ambassadeur aux États-Unis, en lui disant que l'Empire allait devenir libéral. Plaisanterie à peine reçue par le chef politique de ce pays d'outremer, plus saxon que l'Angleterre elle-même. Prévost-Paradol fut donc mal reçu des Américains ; cette tête fine, aimable, faible et surfaite perdit l'équilibre. Le factice de nos mœurs l'avait monté beaucoup trop haut pour sa vraie force. Il se suicida !

TAINE

HISTOIRE DE LA LITTÉRATURE ANGLAISE.

M. Taine contemple les choses, le monde, la vie et les lettres exactement du même point de vue que nos contemporains. Il ne les flatte pas. Il pense naturellement comme eux, et c'est une incomparable flatterie. Il a toutes les qualités que nous aimons aujourd'hui, et peut-être en a-t-il l'excès : la vigueur de l'analyse, la splendeur du coloris, l'autorité, l'esprit scientifique. Il saisit les problèmes qu'un sujet renferme, les aborde tous résolûment, et les discute avec une superbe éloquence. Il comprend les infiniment petits, et ne se rebute pas plus qu'un naturaliste exact des détails les plus rebutants. Il trace les grands horizons et comprend les masses qu'il divise et suppute comme un géomètre. Enfin poëte, savant et peintre, il met sa poésie et sa palette au service de sa science.

Je ne puis m'empêcher de le regarder comme le premier et le plus énergique des jeunes et nouveaux écrivains. Son talent est hors de doute. C'est sa méthode seule que l'on peut contester ou discuter.

Est-ce bien une histoire de la littérature anglaise qu'il a écrite ? Non. C'est plus et mieux.

Tout ce qui tient au sol, au ciel et au climat, à la civilisation et à ses influences, à la culture morale et intellectuelle du pays, les essences premières : les causes secondes ; les fusions et les annexions ; les développements du langage ; les évolutions des mœurs ; les phases politiques et sociales ; la genèse de chaque écrivain ; l'algèbre de chaque style ; l'anatomie de chaque création ; l'analyse géométrique des plans et des niveaux ; la topographie des routes et des sillons suivis par la pensée ; les nuances climatériques ; la nosologie même ; le bulletin des maladies et des fautes de goût ; la constatation officielle et statistique des races, des milieux, des teintes, des demi-teintes, des nuances, des demi-nuances, l'auteur a voulu tout noter. Dans cette tentative hardie qui confond l'histoire naturelle avec l'histoire de l'esprit ; dans ce tableau physiologique et anatomique de la société anglaise, considérée comme créatrice intellectuelle, on ne peut méconnaître l'œuvre d'une forte plume et d'un puissant esprit. C'est dommage que l'entreprise elle-même soit si vaste, si multiple, si profonde et tellement contraire à la nature des choses, que le plus ferme génie, armé des ressources d'une érudition infatigable et d'un style merveilleux, eût dû, en se chargeant d'une telle tâche, laisser quelques traits à désirer.

On doit douter en effet que l'analyse scientifique puisse s'appliquer avec une rigueur absolue aux éléments constitutifs de l'œuvre intellectuelle, au sentiment, à l'idée, à l'image, au rhythme, à la couleur, au goût, à la grâce, à la forme impalpable, à l'exquise beauté. L'expérimentateur qui se rend maître d'un millionième de vibration lumineuse ; celui qui dégage victorieusement du sein de la matière le plus subtil des gaz impondérables, réussira-t-il dans un travail identique ou du moins analogue, s'il s'agit d'un vers d'Homère, d'une scène de Molière ou d'un caractère de Shakespeare?

C'est la question.

Et supposez que l'expérimentateur réussisse une fois. Un des problèmes qui touchent à Virgile, Homère ou Shakespeare est résolu. Il reste encore dix, trente, mille, vingt mille problèmes à résoudre, dont la chaîne immense et infinie se joue de tous les efforts du philosophe. Le naturaliste ne résume pas. Il dissèque. Il ne conclut pas. Il expose. Il n'a jamais fini. Voici les nerfs, les muscles, les artères. Voici sur le marbre sanglant le poumon et le thorax, et le jeu des fibres, et les ressorts de l'organisme. Avec de l'adresse et des instruments à souhait, vous pouvez tout détailler, préciser, classifier, numéroter et cataloguer. L'œuvre savante occupera un volume pour une annélide, deux volumes pour le genre acarus; et personne ne s'en plaindra. Ce sera la perfection même. Mais si vous approchez de Shakespeare comme d'un insecte ou d'un mammifère, la loupe et le scalpel en main, vous voilà bien embarrassé. Par où commencer?

D'abord saisissons le principe originel, cherchons l'élément fondamental.

M. Taine n'y manque pas.

La qualité maîtresse, l'élément essentiel de l'âme intellectuelle chez William Shakespeare, quels sont-ils?

C'est un Anglo-Saxon, évidemment.

Et de quelle nature, cet Anglo-Saxon? de quelle race?

Si vous avez, comme notre auteur, le secret du

grand style, vous éclairez vivement une partie du sujet; on voit ressortir, en saillie brillante, la rude crudité, la sauvage intempérance de ce génie original. Mais avez-vous tout dit? Pourquoi Shakespeare, au commencement de sa carrière dramatique, trop délicat et raffiné, élève de Lilly et des mauvais poëtes italiens, abuse-t-il des vaines affectations et des arabesques puérils? César, Coriolàn, il change. D'où lui viennent ces lumières inattendues? Cet enthousiaste véhément, cet esprit sauvage atteignent la netteté impartiale des jugements et la froideur presque machiavélique de l'appréciation. Ce barbare crée Imogène, la pudeur idéale et la chasteté libre; — Desdémone, la douce Vénitienne amoureuse de l'héroïsme; — Juliette, un souffle trop vif du jeune printemps, soulevé et détruit par l'orage!

Expliquez-nous cela. Vous dites, en forme de réponse, que le poëte a été élevé à la campagne; sa vie a commencé par une idylle. Très-bien, mais le cercle de gens de cour qui l'entourait, Essex, Montgomery, Southampton, lady Rich, Pembroke, les oubliez-vous? Le voilà pénétré de mille influences passionnées, ardentes ou vicieuses qui laissent trace dans ses poésies fugitives. Cependant il garde sa pureté; platonique ici, et plus loin cynique. Je n'y vois rien de clair; je ne comprends rien. Que devient l'élément essentiel?

Vous avez écrit sur le tempérament sensuel de Shakespeare, trop enclin comme celui de Molière aux faiblesses amoureuses, d'admirables pages; cédant alors à votre propre génie et quittant la méthode algébrique, vous avez écouté votre inspiration naïve. O jeune maître éloquent, ne voyez-vous pas que, vous introduisant ainsi dans le domaine de la science, il vous faut rendre compte de tout ; que c'est là votre droit, et aussi votre devoir ; et qu'en essayant d'usurper l'autre domaine, le domaine voisin, votre science devenue impuissante constate et marque ses limites ? A propos du seul Shakespeare les questions naissent des questions ; les problèmes s'enchaînent aux problèmes : les inconnues enfantent les inconnues ; ce que les mathématiciens appellent quantités irréductibles, jaillit, s'accumule, surabonde et finit par obstruer la route.

Combien de Shakespeares dans le seul William !

Shakespeare est Jeoman ; il est fils de nobles ; il est fermier ; il est poëte ; son père est probablement catholique, le favori de la reine poursuit comme rebelle la famille de sa mère ; il appartient à une race antique, pauvre et déchue ; il s'est marié jeune, imprudemment, follement ; il aime sa famille ; il a vécu au milieu des amis d'Essex, mauvais sujets, membres de l'opposition, impudiques et fats : la reine l'a protégé : Jacques Ier le distingue ; Southampton presque conspirateur est son ami intime : accommodez tout cela ; réconciliez ces contrastes : sauvez ces dissonances. C'est fort difficile.

Conjecturez, je le veux bien. Mais de ce calcul de probabilités infinies, de nébuleuses à demi éclairées, après tout très-contestables, ne déduisez pas une équation. Ne la donnez pas pour définitivement prouvée ; n'y voyez pas un de ces dogmes scientifiques que Galilée, d'une main immortelle et tremblante, posait sur le piédestal de la vérité.

M. Taine a deux qualités contraires ou qui semblent se repousser : le sens scientifique d'une part ; et d'une autre le génie de l'artiste. La proéminence de ces deux facultés et leur valeur presque égale lui permettent d'user tour à tour de l'une et de l'autre. Si le compas lui fait défaut, il prend le pinceau. Si la vive couleur, la touche audacieuse, l'empâtement de ses toiles le fatiguent, il ressaisit le compas, et mesure. S'aperçoit-il que le nombre, l'anatomie, la chimie, l'expérimentation, l'observation mathématique, ne lui découvrent pas tous les mystères, il se rejette sur ses belles peintures.

Il s'en occupe quelque temps ; puis, il revient à ses instruments de précision ; il les sème de perles, les incruste d'or et de nacre ; ses cornues sont de vermeil et ses compas de diamant. Tout cela compose un ensemble extraordinaire, un peu lourd, éclatant, solide, singulier, plein d'érudition un peu neuve et de poésie un peu crue, mais d'un attrait et d'une puissance rares. Il arrive aussi parfois que le jeune maître échappe un moment à ces deux partis-pris, à sa double méthode, j'allais dire à ses deux maîtresses. C'est alors qu'il faut le voir et qu'il est charmant. Après avoir bien nettoyé ses pinceaux, régularisé son aéromètre, examiné son *flint-glass*, mis son chevalet en bon ordre, disposé sa lumière électrique et préparé sa palette, il lui prend une bonne envie de liberté franche et de pensée indépendante. Et le voici donc, oublieux du système, quittant la caverne, jetant de côté le bonnet de Rembrandt et l'attirail de l'alchimiste, qui, dégagé de ses fourrures et de ses lunettes, se met à respirer à pleins poumons la brise vivifiante de la poésie et de l'idéal. Ce sont les bons moments, les inspirations et les vives indépendances. C'est alors qu'il analyse Cowper, le poëte anglais, avec une grâce infinie.

S'il était resté fidèle à son double et malheureux système, il aurait pu calculer, à propos du poëte calviniste Cowper, sa race et son milieu, chercher laborieusement le secret de ses doctrines et de ses qualités ; puis le peindre à la flamande, dans sa solitude et son intérieur, entre deux bonnes femmes et trois lapins ; enfin se promenant en robe de chambre aux bords de l'Ouse. Combien j'aime mieux la littéraire et délicate appréciation qu'a donnée M. Taine ! On y voit Cowper tout entier, avec sa forme, sa pensée, son style et ses œuvres. Ce jugement aussi net que finement exprimé ne prétend ni à la définitive rigueur de la science, ni à la splendeur éblouissante du coloris.

Je veux le citer, ce petit chef-d'œuvre de critique philosophique :

« Cowper, dit M. Taine, écrit pour lui-même, et « non pour les autres..... Il n'a point l'air de songer « qu'on l'écoute, il ne se parle qu'à lui-même. Il « n'insiste pas sur ses idées, comme les classiques, « pour les mettre en relief et en saillie par des répé- « titions et des antithèses : il note sa sensation, et « puis c'est tout. Nous la suivons en lui à mesure « qu'elle naît, nous la voyons sortir d'une autre, « grandir, s'abaisser, puis remonter encore, comme « nous voyons la vapeur sortie d'une source s'élever « insensiblement, enrouler et développer ses for- « mes changeantes. La pensée, qui, chez les autres. « était figée et roidie, devient ici mobile et fluide ; « le vers rectiligne s'assouplit, le vocabulaire noble « élargit sa trame pour laisser entrer les mots vul- « gaires de la conversation et de la vie. Enfin la « poésie est redevenue vivante ; ce ne sont plus des

« mots qu'on écoute, mais des émotions qu'on res-
« sent ; ce n'est plus un auteur qui parle, c'est un
« homme. La vie est bien là sous ces lignes noires.
« tout entière, sans mensonge, ni apprêt ; tout son
« effort s'est employé à ôter l'apprêt et le men-
« songe. Quand il décrit sa petite rivière, sa chère
« Ouse, « qui tourne lentement dans la plaine unie
« parmi les spacieuses prairies çà et là tachées de
« bétail, » il la voit intérieurement, et chaque mot,
« chaque coupe, chaque son correspond à un chan-
« gement de cette vue intérieure. Il en est ainsi
« de tous ses vers ; ils sont gros d'émotions person-
« nelles, véritablement éprouvées, jamais altérées
« ni déguisées, tout au contraire exprimées avec
« leurs nuances et leurs ondulations fugitives, en
« un mot telles qu'elles sont, c'est-à-dire en train
« de se faire et de se défaire, non pas toutes faites.
« immobiles et fixes, comme l'ancien style les repré-
« sentait. En cela consiste la grande révolution du
« style moderne. L'esprit, dépassant les règles con-
« nues de la rhétorique et de l'éloquence, pénètre
« dans la psychologie profonde, et n'emploie plus les
« mots que pour chiffrer les émotions.

Si l'on excepte un ou deux accents un peu durs, quelques-uns de ces mots violents que le goût actuel préfère (enrouler... gros d'émotions) ; quelques nuances qui sortent trop vivement de la toile, on ne peut que goûter et admirer toute cette analyse. Le livre en contient beaucoup de cette valeur, ou d'une valeur presque égale. Que les amateurs y cherchent, par exemple, le portrait de Bunyan dans sa forge, ou celui de la cour galante d'Élisabeth ; ils seront bien récompensés de leur peine.

La critique des œuvres de Swift n'est pas moins puissante. C'est la manière de l'auteur de peindre par fortes « touches, » comme disent les artistes. Ici elles acquièrent une admirable énergie, bien que l'on puisse regretter en maint endroit la sobriété fine, adoucie, tempérée et exquise de la peinture précédente.

« Jamais d'épithètes chez Swift ; il laisse sa pen-« sée telle qu'elle est, l'estimant pour elle-même et « pour elle seule, n'ayant besoin ni d'ornements, ni « de préparation, ni d'allongements ; élevée au-des-« sus des procédés de métier, des conventions d'é-« cole, de la vanité de rimailleur, des difficultés de « l'art, maître de son sujet et de lui-même. Cette « simplicité, ce naturel étonne, ici comme ailleurs « son originalité est entière et son génie créateur ; « il dépasse son siècle classique et timide ; il s'as-« servit la forme, il la brise, il y ose tout dire, il ne « lui épargne aucune crudité. Reconnaissez la gran-« deur dans cette invention et dans cette audace ; « celui-là seul est un homme supérieur qui trouve « tout et ne copie rien...

« Ayant cette profondeur de désirs qui est le fond « de la race, cette énormité d'orgueil que l'habitude « de la liberté, du commandement et du succès a im-« primée dans la nation, cette solidité d'esprit positif « que la pratique des affaires a établie dans le pays ; « relégué hors du pouvoir et de l'action par ses pas-« sions déchaînées et sa superbe intraitable ; exclu de « la poésie et de la philosophie par la clairvoyance et « l'étroitesse de son bon sens ; privé de consolations « qu'offre la vie contemplative et de l'occupation que « fournit la vie pratique ; trop supérieur pour em-

« brasser de cœur une secte religieuse ou un parti « politique, trop limité pour se reposer dans les hau- « tes doctrines qui concilient toutes les croyances ou « dans les larges sympathies qui enveloppent tous les « partis ; condamné par sa nature et ses alentours à « combattre sans aimer une cause, à écrire sans s'é- « prendre de l'art, à penser sans atteindre un dogme ; « condottiere contre les partis, misanthrope contre « l'homme, sceptique contre la beauté et la vérité. « Mais ces mêmes alentours et cette même nature, « qui le chassaient hors du bonheur, de l'amour, du « pouvoir et de la science, l'ont élevé, dans cet âge « d'imitation française et de modération classique, à « une hauteur extraordinaire où, par l'originalité et « la puissance de son intervention, il se trouve l'égal « de Byron, de Milton, de Shakespeare, et l'esprit de « sa nation. La sensibilité, l'esprit positif et l'orgueil « lui ont forgé un style unique, d'une véhémence ter- « rible, d'un sang-froid accablant, d'une efficacité « pratique, trempé de mépris, de vérité et de haine, « poignard de vengeance et de guerre qui a fait crier « et mourir ses ennemis sous sa pointe et sous son « poison. Pamphlétaire contre l'opposition et le gou- « vernement, il a déchiré ou écrasé ses adversaires « par son ironie ou ses sentences, avec un ton de juge, « de souverain et de bourreau. Homme du monde « et poëte, il a inventé la plaisanterie atroce, le rire « funèbre, la gaieté convulsive des contrastes amers, « et, tout en traînant comme une guenille obligée le « harnais mythologique, il s'est fait une poésie per- « sonnelle par la peinture des détails crus de la vie « triviale, par l'énergie du grotesque douloureux, « par la révélation implacable des ordures que nous

« cachons. Philosophe contre toute philosophie, il a « créé l'épopée réaliste, parodie grave déduite comme « une géométrie, absurde comme rêve, croyable « comme un procès-verbal, attrayante comme un « conte, avilissante comme un torchon posé en guise « de couronne sur la tête d'un dieu. »

« Traîner, harnais, ordures, torchon, » sont des paroles excessives, de celles que Mathurin Regnier appelait « hargneuses, » quand il en découvrait de semblables chez Jodelle et Ronsard, et qui témoignent de ce besoin d'appuyer sur l'idée, de forcer le ton, de « trouer » la toile, qui appartient à l'esprit technique de notre temps bien plus qu'à M. Taine lui-même. Mais quelle vérité dans la verve ! quelle ardeur expressive de pinceau ! quelle abondance ! surtout quelle justesse ! — la plus rare qualité de l'esprit, — la justesse. Elle supplée à toutes les autres, et les vaut toutes.

Il y a bien ici une ou deux objections à soumettre au philosophe, surtout à l'homme de science. On l'a vu tout à l'heure expliquer par les nécessités fatales de la race, des milieux et des temps, les variétés et les éclosions du génie : par exemple, le génie du terrible doyen Swift.

Parlons donc de Swift, Anglo-Saxon, presque Scandinave ; ce *Berserker* de la prose et de la poésie anglaises est resté farouche comme ses aïeux ; sa pensée, hache d'abordage, lui a créé un style dont le tranchant et la trempe ressemblent à l'acier qui mutile les vaincus.

Il a été fabriqué ainsi par la race, le milieu et le moment.

Mais que nous parlez-vous de sa race? Swift est

Irlandais, et non Anglais; — il est Celtique par ses ancêtres.

Le milieu? Mais il a passé ses plus belles années parmi les gens de cour, entretenant avec des femmes délicates, bien élevées et intelligentes, des correspondances intimes qui nous sont restées; la même atmosphère qui enveloppait Pope et Dryden, Bolingbroke et de Foé était la sienne. Des mêmes éléments se nourrissaient donc et s'alimentaient le génie vulgaire et puritain qui dictait *Robinson Crusoé*, l'habileté de versification qui distingue Dryden, et la causticité polie d'Alexandre Pope?

Leurs doctrines ne se ressemblent pas plus que leurs mœurs. Le catholicisme de Pope, sans rigueur comme sans fanatisme, produit des hexamètres réguliers et va se perdre dans un déisme doux, assez vague; persécuté, appartenant à la fraction sociale la moins favorisée, il s'assied à la table des grands seigneurs et les amuse de ses épigrammes comme de ses madrigaux.

Le moment ? Mais c'est celui de Daniel de Foé, d'Alexandre Pope et d'Otway! De Foé, qui a connu Guillaume III et porté sa tête au pilori, Français de sang, Provençal comme Swift est Irlandais, se rapproche aussi peu de Pope que de Swift; ses contemporains élégants ne craignent pas de le nommer le romancier des écaillières. Voyez enfin, de nos jours, Chateaubriand voisin de de Maistre; madame Cottin coudoyant madame de Staël ; Béranger donnant à déjeuner à Lamennais; Victor Hugo rendant visite à M. Royer-Collard.

Que devient la théorie des milieux? J'ajoute que si l'on va au fond des choses et qu'on étudie curieusement l'histoire secrète des génies, on les verra, par leur force propre, résister aux milieux et non les subir; fils de la liberté, non de la nécessité; entourés d'influences qui pèsent sur eux et ne les abattent pas; tantôt contrariés par la fortune et pauvres; tantôt en lutte avec les puissants, secouant la misère, se dépêtrant des envieux et des méchants; soutenant le combat de leur mieux; peu estimés quand ils succombent, et perdant alors beaucoup de leur crédit, mais toujours vengés. La fatalité de Shakespeare eût été d'écrire brutalement et pédantesquement, comme son rival Ben Johnson; celle de Voltaire, fils du notaire Arouet et simple bourgeois, d'imiter Lagrange-Chancel ou Grécourt. Rien ne l'empêchait d'ailleurs de rester bourgeois et notaire. Même observation dans l'ordre moral. Vauban respire le même air que Louvois et ne lui ressemble aucunement. Fénelon récite les mêmes prières que M. Tartufe.

Ne vous seriez-vous pas engagé, philosophe, dans un système téméraire, servi par une méthode inexacte? En faveur de la nécessité n'auriez-vous pas oublié la liberté? Et si l'on vous pressait un peu, ne seriez-vous pas forcé de reconnaître, en dépit de votre talent et d'une intelligence rare, que ces langes, ces enveloppes du génie que vous avez prises pour la condition unique de son développement, doivent être rejetées par lui avec force, avec une héroïque et sublime colère? Sans cet effort, souvent plein d'angoisses, Bacon, Descartes, Molière, Shakespeare n'existeraient plus; tous se font jour par effraction; l'asservissement aux milieux donne les races nulles, boudhistes, mortes, ou endormies et impuissantes; même pour creuser des canaux, créer des routes, bâtir des navires, élever des villes, aussi bien que pour créer des épopées et fabriquer des drames, il faut non céder à la force extérieure, mais user virilement de la force intérieure et personnelle. Cette essence de l'âme est la liberté et la liberté c'est la vie. — O jeune et éloquent maître, que feriez-vous sans elle?

Cette erreur vous conduit, selon moi, à une autre erreur : au mépris de cette littérature de civilisation et d'amélioration que vous nommez, en haussant trop les épaules, littérature morale ; celle qui a pour but d'accroître la force personnelle de l'homme, la force collective des nations; celle qui chez nos voisins les gens du Nord vous paraît si ridicule. Vous ne ménagez pas ces romans à la Goldsmith, qui cependant vous touchent et vous émeuvent, doué de sensibilité morale comme vous l'êtes. Vous blâmez cette manière basse de considérer l'histoire comme devant aviver la conscience publique, éveiller la liberté régulière, donner au peuple des leçons de probité et de vertu politique : vous criblez de sarcasmes cette façon sermonaire et populaire, car l'esprit ne vous manque pas plus que l'éloquence et vous usez de l'une et de l'autre. C'est abandonner (dites-vous) la haute spéculation ; c'est sacrifier les sublimes intérêts de la vérité métaphysique ; c'est trop donner à l'intérêt de l'homme.

Mais, à mon modeste sens, la plus haute spéculation doit être humaine. La littérature tenant à la terre et à l'homme, c'est pour elle, de la vie humaine qu'il s'agit ; et je ne fais pas si bon marché de la pratique. A quoi donc s'appliquera la métaphysique ? A quoi servira la science, si ce n'est à l'homme ? qu'y a-t-il de plus intéressant au monde et de plus capable de mener le monde que lui ? Et, dans l'homme, que sa vie intime et morale? N'est-ce pas sa conscience, le sentiment du bien et du mal qui influent sur son esprit, et n'est-ce pas ce libre sentiment qui refait les civilisations et les continue? Est-ce que ses idées ne sont pas les directrices du monde? Est-ce que celles-ci ne sont purement que des idées? Est-ce qu'au fond et au-dessous des idées il n'y a pas autre chose; — le feu central, la faculté d'aimer, de haïr, de vouloir?

La liberté? Est-ce que vous avez le droit de détruire cette portion intime et motrice?

Ne placez donc pas sur le même niveau toutes choses et ne négligez pas les diversités de valeurs.

Demandez-vous quelle sera la conception de la vie que l'avenir adoptera. Sera-ce celle d'autrefois au temps de Périclès; celle de la beauté grecque? Ou les nations se soumettront-elles de nouveau à la force romaine? Ou la spéculation métaphysique des alexandrins absorbera-t-elle les races européennes et leur future action?

Quelle sera cette conception de la vie?

La plus nouvelle les dirigera; la plus parfaite : non pas la conception scientifique pure; mais la conception morale. Je suis bien tenté de croire que le nouvel idéal des peuples continuera et poursuivra les anciens progrès; — que rien ne s'opposera à l'amélioration du globe physique, à celle du monde des âmes, à celle du monde social. La littérature n'a d'autre but que de servir ce mouvement triple.

Toute société humaine renferme son vestige de barbarie, et nous n'en sommes pas exempts aujourd'hui même. Tour à tour chaque littérature, chaque poésie, chaque philosophie, élèvent d'un degré le niveau moral, intelligent, et même la condition matérielle des hommes ; ainsi elles donnent leur résultat et accomplissent leur œuvre :

> Emollit mores, nec sinit esse feros.

Comptez les nuances que Racine a idéalisées et raffinées ; les vices bourgeois que Molière a corrigés ou réformés ; les folies furieuses que Cervantes ou Shakespeare ont guéries ou apaisées. C'est la mission de toute littérature, c'est son œuvre, c'est son devoir. Rayez de l'histoire et balayez sans pitié les littératures, qui ne civilisent pas, n'améliorent pas et n'éclairent pas.

Notre jeune philosophe le sait bien, et il agit en conséquence. Son œuvre est utile.

Elle verse une forte clarté sur beaucoup de points de la civilisation anglaise et de sa littérature, sur leurs chaînons et leurs harmonies ; il prend donc une part héroïque à la grande croisade, celle dont le drapeau est le meilleur entre tous, la croisade du vrai.

Ainsi procèdent les esprits sérieux ; Corneille nous initie à l'Espagne de son siècle : Voltaire, à l'Angleterre de Swift et de Bolingbroke ; tous les grands hommes de la Renaissance font de même. On ne guide autrui que sous la condition de mieux comprendre autrui. Le plus vulgaire parmi les Romains civilisés sous Tibère était supérieur à un Allobroge ou à un Persan. Apicius, qui mangeait si bien, disparaissait devant Cicéron le philosophe, plus romain que lui. César, l'historien, l'homme de guerre et le voyageur, était plus civilisé, plus romain que Cicéron lui-même, auquel rien de la Grèce et de l'antique civilisation n'était étranger, mais qui comprenait et embrassait avec moins de netteté et de largeur le présent et l'avenir.

Les pages colorées et fortes de M. Taine assurent à son livre une durée égale à sa valeur. Quelles que soient nos réserves sur le fond et les idées, nous devons le féliciter de ce qu'il a tenté et accompli. Il a su ce que la mission littéraire impose et exige. Il a servi le pays et les contemporains en les éclairant et les enrichissant de mille notions, si ce n'est nouvelles, au moins indispensables aux civilisations nouvelles ; il les a aidées à comprendre ce que la plupart ignoraient. Ne pas comprendre c'est s'isoler, et qui s'isole se diminue.

Quant au livre sur l'Italie, M. Taine a été moins heureux ! je me réserve d'analyser l'ouvrage après mon retour de l'Italie. Il me semble que M. Taine n'a observé dans le pays des orangers, que

Toujours le nud, rien que le nud,
L'homme animal et bis-cornu !
C'est trop facile et trop connu,
Trop brutal et trop incongru.
Cher Taine, vous êtes trop cru,
Trop matériel et trop dru,
Trop athlétique et trop charnu.
Ah! Taine, pour être mieux vu,
Montrez un peu moins votre c . . !

NOTRE JUBILÉ

ET

LE CHAPELAIN MAITRE OFFICIEL DE LA LITTÉRATURE

Avez-vous jamais vu la capitale catholique, Rome, pendant le Jubilé ? Arméniens, Grecs, Slaves, Valaques, Espagnols, Portugais, chrétiens de l'Abyssinie, catholiques chinois accourent de tous les points du globe vers la ville éternelle : on y parle toutes les langues ; on y prie Dieu, le triple et l'unique, dans toutes les poésies et tous les idiomes; les yeux, les oreilles, tous les sens à la fois s'exaltent pour une même idée et célèbrent un seul triomphe. Il faut que l'humanité se donne de pareilles fêtes, qu'elle ait de ces grandes joies, qu'elle réunisse en gerbe toutes les voluptés, pour honorer une pensée triomphante et sublime qui s'empare d'elle.

Jubilé ! C'est le Jubilé ! c'est-à-dire : « chantons l'hymne de joie en l'honneur du spiritualisme victorieux, tel que l'a constitué la hiérarchie catholique. »

Voici donc les indulgences plénières. Semez à profusion les pardons sur ces têtes mortelles et coupables. On ne sera plus damné. Dansez, illuminez, chantez ! et que par toutes les portes de la grande cité de Romulus et de Grégoire le Grand, toutes les races et toutes les nations du monde, rayonnantes, joyeuses, et dans la variété infinie de leurs costumes se précipitent vers l'autel ! elles viennent fêter le triomphe éclatant de cette idée, qui a gouverné le monde depuis la chute des derniers empereurs romains ; et cette idée c'est l'abaissement de la chair, c'est l'anathème jeté sur la vie et les penchants terrestres : c'est l'idée divine, en un mot.

Tout ce que je viens de dire était bon pour le seizième et le dix-septième siècles.

Étrange révolution des choses humaines ! l'idée divine, ayant fait son œuvre, incomplète comme toujours, recule aujourd'hui sur les arrière-plans de l'histoire humaine et se cache, ayant l'air de s'ensevelir, pour reparaître plus tard.

C'est l'idée terrestre qui éclate et qui l'emporte ! C'est elle qui envahit l'espace et sert de lien aux races. On ne dit plus : « Macérons-nous, apportez des cilices, des haires et des disciplines. »

On a renvoyé aux vieilles lunes ascétisme, jeûnes et prières tombant avec les larmes du pénitent sur les dalles froides des caveaux lugubres. Tartufe est mort ; j'entends le Tartufe d'autrefois, dévotement fleuri et rubicond, avec un doux mysticisme et les joues grasses. Il y en a au contraire des Tartufes pâles et maigres, qui font semblant d'être viveurs.

La superstition de la matière a ses hypocrites.

Il fallait bien que le *positivisme* enfantât son fanatisme spécial.

Ainsi vous marchez, pauvre chère humanité, chancelant à droite dans l'ornière de *l'idée divine*, où le diacre Paris et ses convulsionnaires vous embourbent ; — puis chancelant à gauche dans l'autre ornière de la *superstition terrestre*, où vous rencontrez le spiritisme.

Qu'est-ce, je vous prie, que cette récente folie des tables tournantes et des spirites? c'est la vieille superstition retournée.

La matière est fière de son *jubilé*. C'est l'exposition universelle.

Voyez un peu ce tumulte, ces costumes, ces bacchanales. La religion des corps a ses milliers de petites chapelles, sous forme de restaurants russes, esquimaux, polonais, suédois, tunisiens et samoyèdes. De même que sous le règne de l'idée divine on habillait en enfant de chœur le premier petit paysan venu pour fournir aux cérémonies et en rehausser la splendeur ; de même les ordonnateurs des nouvelles pompes religieuses nous font des Autrichiennes, des Bohémiennes et des Orientales qu'ils offrent complaisamment à la dévotion du public. — Et si l'autorité suprême, cette conservatrice trigonométrique de la morale essentielle et de la rigoureuse décence, n'y veillait pas de très-près, que n'arriverait-il pas, bon Dieu ? Le nouveau jubilé aurait ses convulsionnaires, et des milliers de petits Sardanapales, sortis de nos faubourgs, célèbreraient jour et nuit les rites orgiaques de la piété nouvelle.

Vive le jubilé du corps, et vivent ces miracles, dont il est le théâtre! il annonce le nouveau mouvement des destinées. Autrefois le char du Romain vainqueur traînait après lui les rois barbares. Les échos des palais de marbre répétaient : *L'Io Pæan* que prononçaient les centurions et les soldats ; les fleurs jonchaient la route ; le sang des victimes coulait ; les matrones fières s'asseyaient sous les portiques, tressant des couronnes pour les triomphateurs du monde. Un siècle plus tôt, sous la voûte bleue du ciel de Grèce, près de la mer Egée, qui battait de son écume les rochers de marbre, l'élite de l'humanité civilisée assistait et prenait part à cette autre manifestation de la puissance et de la beauté humaine qu'on appelait : jeux olympiques, splendide et charmant spectacle! le plus doux, le plus majestueux, le plus complet peut-être dont la tradition ait laissé le souvenir.

C'était le Jubilé de la beauté adorée.

Heureux développement des forces humaines! Plus tard Rome donna au monde un nouveau spectacle, celui de la discipline et de l'orgueil triomphants. Ainsi à travers les phases que poursuit, assidu, laborieux et allègre, ce Juif-Errant dont parle Pascal, et qui est l'humanité même, il a besoin de s'arrêter de temps à autre, de s'entourer de ses trophées et de jouir à la fois des espérances et des désirs, des ambitions et des conquêtes, enfin de sa conception nouvelle de la vie. Il en change souvent, il en jouit toujours, il en souffre toujours.

D'étape en étape, comme les nuages colorés ou sombres s'accumulent dans le ciel, portant l'éclair, la foudre ou la pluie ; — ces grandes fêtes, ces concentrations de l'idée, de la passion et du pouvoir humain, s'organisent d'une façon imprévue, fatale et sublime.

Je les appelle des Jubilés.

Au moment même où j'écris, dans quelque pli de vallée profonde, au bruit des eaux éternellement jaillissantes, sous les arcades obscures de ces grands rochers rouges, qui semblent des cathédrales naturelles, une foule de demi-sauvages, vêtus de fracs et de pantalons européens, sont réunis ou plutôt rassemblés ; les uns, attablés et assis devant les planches brutes chargées de brocs et de bouteilles, les coudes sur la table et les yeux au ciel, prêtent l'oreille au nasillement d'un orateur; les autres pleurent amèrement, étendus sur la terre. Il y en a qui, les bras croisés immobiles comme des statues, ressemblent à des ascètes de pierre ; plus loin, sous les érables et sous les chênes, des rondes bizarres d'hommes et de femmes, réglées par de sourdes cantilènes, répétées ou plutôt murmurées par les danseurs, continuent pendant le sermon même, jusqu'à ce que les danseurs tombent épuisés. Cependant, sur la bifurcation d'un vieil arbre, debout, l'œil fauve et les bras étendus, le prédicateur poursuit son œuvre.

Sa voix éclate ou gémit. A ces quatre ou cinq cents personnes, dont les têtes confuses se laissent entrevoir dans l'obscurité de la nuit qui s'approche, il crie, il hurle, qu'elles sont damnées. Il leur montre les chaudières bouillantes de l'enfer; et les gémissements des femmes servent de basse continue à ses discours : c'est au milieu de cette joie du désespoir que la nuit tombe sur ce troupeau singulier qui cependant n'est composé ni de fous ni de malades, et le *Revival* américain est encore un jubilé, le jubilé du calvinisme. Ceux-là se réjouissent d'être damnés.

Les Grecs se réjouissaient d'être beaux et forts, musiciens et poëtes, agiles à la course, habiles à la lutte, subtils dans le discours et un peu menteurs.

Les Romains se réjouissaient de porter la lourde cuirasse, de bien former la cohorte, d'entrer dans le bataillon ennemi comme un coin dans une muraille, de supporter la faim et la soif, de mourir en braves gladiateurs et de dévorer le monde. Hélas! les Espagnols ont eu leur jubilé, avec les flammes rouges, le *San Benito*, les longues processions de misérables qu'on allait rôtir à la gloire de Dieu devant sa majesté, les infants et la cour. Et ils s'en réjouissaient. Ils honoraient ainsi la puissance divine ; — et (ainsi que le rapporte un ambassadeur français, homme d'esprit, qui fut témoin du dernier auto-da-fé de Séville), trente bourgeois de cette cité adressaient au premier ministre une pétition tendant à obtenir la permission de porter chacun un beau fagot au bûcher colossal préparé sur la grande place. Ce qui leur fut accordé. — *Jubilé!*

La vénération du pape, la grande autorité, la splendeur des arts, la beauté des femmes, leurs costumes élégants, quelquefois le luxe de leur sourire, l'éclat du commerce, la multitude des voyageurs, la hiérarchie cardinalesque se déployant dans toute sa grâce et sa majesté, la sublime bénédiction donnée *urbi et orbi* par le grand pontife de la catholicité, toutes les voluptés créées par l'homme, apportées en faisceau sur les degrés de l'autel de Saint-Pierre; la belle musique, les belles peintures, les nobles statues ; le pardon demandé solennellement à Dieu au nom de la famille humaine ; — peut-être aussi dans ce mouvement d'attraction extraordinaire bien des nuances, bien des fautes, bien des misères ; mais l'idée divine planant au-dessus. — Voilà le jubilé romain, et il faut convenir qu'il valait mieux que plusieurs autres.

J'ai dit plus haut quel est le jubilé calviniste. Des hommes intelligents, de laborieux ouvriers, d'excellents cultivateurs se réjouissent en pleurant de ce qu'ils seront damnés, — parce que Dieu est grand.

Et nous de quoi nous réjouissons-nous? Quel est notre Jubilé?

Voyez l'Exposition!

Allez visiter cette grande ville nomade qui occupe aujourd'hui notre Champ-de-Mars : vous y trouverez notre joie et nos espérances, notre confusion et nos ridicules. C'est horriblement mêlé, souvent artificiel et faux. Et cependant le triomphe moderne est là! Les races s'entendent et se comprennent même par leurs sottises : peut-être aussi par leurs vices. Les produits ne sont pas tous bons, tant s'en faut, et les grossièretés, les mensonges et les inanités ne manquent pas. Mais voyez ces sublimes machines! plus intelligentes que l'homme qui les a créées!

C'est là qu'est l'avenir. — La comparaison s'établit d'elle-même entre tous les procédés et toutes les formules. Il n'y a pas une amélioration qui n'appartienne à tous. C'est une grande éducation de sympathie. Éducation qui ne se fera qu'après un choc terrible entre le Nord et le Midi. Les machines, ces engins de la guerre, veulent se mesurer. Sous Richelieu c'était l'homme qui se battait contre l'homme; ce duel sanglant a duré trente ans. Sous Napoléon III ce sont les machines qui essaient leurs forces l'une contre l'autre. Un tel duel ne peut durer que trois mois!

Nous verrons bien!

Quant à l'intelligence, aux belles-lettres, et même à l'art proprement dit, il faut bien en prendre son parti, la matière subtilisée et travaillée l'emporte sur toute la ligne.

Mais la roue éternelle tourne, et le jubilé de l'esprit renaîtra.

Napoléon Ier a dit sur la littérature et les hommes de lettres plusieurs mots de génie :

1° Laissez-nous la république des lettres!

2° J'aime les genres tranchés!

3° Si Corneille avait vécu de mon temps, je l'aurais fait ministre.

Ce grand esprit avait raison à ces trois points de vue. Corneille avec son génie d'avocat et soumis à une volonté supérieure et dirigeante, aurait certes valu beaucoup mieux que l'officiel et officieux M. de Fontanes. *Magister iste maximus universitatis Parisiensis!* Vous dites que Corneille n'avait pas l'usage du monde ? On n'en a pas besoin pour faire de beaux rapports, libeller des arguments sublimes, se tenir debout dans une haie ou assis à un bureau; Corneille le Grand aurait très-bien vécu avec Louis le Grand. Il aurait obéi ainsi qu'un paysan normand obéit au propriétaire, et comme le maître aurait respecté sa dignité, les courtisans les plus bas et les valets les plus vils l'auraient respecté de même. Seulement, entre Corneille et le jeune Louis XIV, il y avait Chapelain qui se dressait comme le représentant officiel de la formule littéraire; Chapelain, le Brid'oison de la poésie et de la prose; Chapelain, le vertueux, l'économe, l'intrigant, le chaste, le contenu, le convenable, l'obséquieux, le favori; — Chapelain qui prouvait toujours la rigueur de son esprit par son silence, l'excellence de son âme par sa flatterie, et la supériorité de sa morale par son attention à ne desservir que les autres et à ne servir que soi-même.

Sous cette calotte de Chapelain, comme sous un dôme olympique, siégeait ce tribunal suprême auquel Louis XIV, et avant lui Richelieu, livrait le jugement des hommes de lettres contemporains, déception misérable! Vanité des arrangements sociaux! Niaiseries nées de la sociabilité crédule! Pauvre roi; pauvre ministre, forcés, avec les meilleures intentions du monde, de recevoir les nasardes de la postérité. Lisez dans Tallemant des Réaux et dans les papiers de Conrart, comment Chapelain Brid'oison traite les gens de lettres, ses rivaux, la plupart ses supérieurs!

Molière a quelque talent (Poquelin), et il arriverait à quelque chose s'il ne donnait dans le bouffon.

Et il aura une petite pension, le sieur Poquelin, mais il faudra auparavant qu'il suive les conseils du grand Chapelain, l'auteur de la Pucelle, et beaucoup de préfaces dans lesquelles il pose les règles définitives du bon goût.

Quant aux petits auteurs, les Saint-Amand, les Faret, les auteurs en prose cadencée et régulière, et spécialement les auteurs qui ne disent rien, ne veulent rien, ne vont à rien. Oh! ceux-là satisfont pleinement aux conditions de la perfection chapelaine. Ils auront de grosses pensions. Ils ne troublent pas l'État. Ils sont de diverses coteries qui les ont recommandés à Mons Chapelain.

Monseigneur l'évêque d'Avranches protége celui-ci et madame la duchesse de Chevreuse a recommandé celui-là. Passez! Passez! médiocrités vaines et creuses que le Mercure de l'Académie et de sa majesté Louis XIV, caducée en main, fait entrer pour un temps dans le royaume béni de la gloire dorée et des beaux écus officiels! Vous voyez d'ici notre grand homme, l'introducteur des célébrités et le distributeur des pensions, le front courbé comme il convient à un valet bien appris, les épaules rondes et l'échine respectueusement assouplie par un long exercice. La bouche ironique comme il convient à la dévotion austère, accueillant pour les ducs, à genoux devant les princes, ayant de la vénération pour les comtes, mais se redressant de toute sa hauteur en face des roturiers Corneille et Racine qui n'ont point de bénéfices. Vous le voyez distribuer insolemment aux uns la récompense officielle, bénignement aux autres les madrigaux et les sourires. Bonhomme, bonhomme vertueux! Il y a des cours étrangères où vous n'êtes pas mort!

Napoléon dont l'intelligence était la lumière même et qui a projeté sur la littérature et sur Corneille le Grand cet admirable rayon contenu dans une seule phrase, s'est bien gardé de tout dire, étant politique avant tout et meneur d'hommes. Il ne le pouvait pas. Oui certes, il aurait fait un ministre du sublime avocat Corneille, mais il aurait employé chez Corneille seulement une portion de génie, la portion argumentative, applicable, pratique.

« Laissez-nous la république des lettres, » a-t-il dit encore, et la glose de cette seconde maxime mérite bien d'être développée. Il avait vu, lui, l'antagonisme de l'esprit qui souffle où il veut : *Spiritus flat ubi vult*, et du bataillon qui marche où l'on veut. Il avait compris la nécessité de laisser l'intelligence, comme l'oxygène, remplir librement l'atmosphère.

Ne croyez pas que Napoléon n'aimât pas la liberté, mais il la comprenait trop pour la laisser libre!

Son système ne lui permettait pas d'accomplir les vues de son esprit.

En qualité de maître des choses il comprenait. En qualité de maître de la pensée il développait.

Quelles que soient la puissance et l'énergie d'une main mortelle, elles ne résistent pas à l'antagonisme de ces deux mouvements. La machine à laquelle il commandait ne pouvait agir et marcher que par un refoulement de la pensée ; et cette pensée qui était sa force propre, mais que sa destinée fatale a été de craindre, a éclaté contre le maître et l'a tué.

Aussi malgré la netteté de son point de vue, et quoiqu'il sentît bien que les lettres doivent rester république, Napoléon renouvela-t-il sans le vouloir et par la force même de la situation, plus forte que les plus grands hommes, la comédie phénoménale de Chapelain, maître des lettres sous Louis XIV.

La liste des pensions et la distribution des faveurs sous le premier Empire n'ont pas échappé aux malheurs qu'un tel système appelait fatalement.

N'en voulez pas à Napoléon.

Ne le blâmez pas, il fait ce qu'il peut. Il a ses Chapelains. Ne soyez pas sévères pour le sublime mécanicien, qui, hélas ! est attaché à sa machine souveraine. Il va donner des prix, faire des pensions ; c'est inévitable : vous feriez comme lui.

Nous avons encore les listes officielles dressées par les Chapelains du temps. Quel est le mieux traité ? Est-ce M. de Chateaubriand ? est-ce le poëte Delille, talent très-remarquable quoi qu'on dise ? Va-t-on chercher parmi les étrangers qui écrivent le français le sublime prosateur de Maistre ou son admirable frère, le fantaisiste Xavier ? ou de Bonald (dont je ne juge pas et n'adopte pas les doctrines assurément) ? ou le vrai grand homme de cette époque, madame de Staël ?

Non, non, non, Chapelain ne veut pas. Il est là sous

la forme solennelle du grand Fontanes (*faciunt asinos*) qui rend à l'avenir un très-risible compte de son choix. Les génies originaux, les esprits vifs, les plumes vertes et nettes, les inventions fortes, les données puissantes de l'esprit, dérangeraient la machine, déplaceraient les calculs, déplairaient au bonnet noir.

Il est vrai que tous ces mérites, tous ces rayons, toutes ces clartés, toutes ces puissances honoreraient la France, serviraient la civilisation, et feraient vivre l'empire ; mais ce bonnet noir officiel s'en effraie. Servez une grosse pension de six mille francs, et comblez de cordons et d'honneurs, non pas Chateaubriand, mais Ducray-Duminil, auteur de la *Chaumière dans les bois*. La *Chaumière dans les bois* et les soixante volumes de M. Ducray-Duminil ne nuiront pas à l'Etat. Après Ducray-Duminil, couronnez Radet, donnez-lui trois mille francs, ou six mille, je ne sais plus lequel. Après Radet, couronnez Desfontaines, même somme et la Légion d'honneur. Pourquoi ? c'est que Napoléon, dans une des perplexités et des péripéties de son glorieux drame assistant à un petit vaudeville, en fut content et s'écria : six mille francs de pension à l'auteur ! il avait raison. La petite misère dramatique servait le moment et le mouvement. On répondit à l'empereur avec timidité : « Mais, Sire, ils sont deux. » Et le maître répondit encore, non sans raison, de sa voix vibrante et tonnante : « Eh bien ! six mille francs à chacun d'eux ! » — Le Chapelain trempa sa plume dans l'écritoire, le ministre des finances contresigna, et Radet et Desfontaines, *Arcades ambo*, émargèrent ; hélas ! si au lieu de vous en tenir aux expédients du moment, et de voir ce qui va vous servir aujourd'hui et demain, vous vouliez bien, mes maîtres, vous inquiéter du lendemain, ces taches burlesques ne s'imprimeraient pas sur les plus grandes mémoires et les plus grandes nations. Chapelain ne trônerait pas sur le monde littéraire. Comment voulez-vous que Molière, le créateur de Tartufe et le rénovateur d'Harpagon, soit bien jugé par un Harpagon de l'intelligence et par un Tartufe de la probité? Chacune des lignes de Molière, de Pascal, de la Rochefoucauld, de madame de Sévigné, est une insulte à Chapelain. Ils sont libres; ils pensent, ils approfondissent, ils éclairent. C'est là un emploi multiple de leur intelligence que ne peut pas pardonner, encore moins apprécier Chapelain, qui aurait été bon procureur et bon tabellion, et qui a écrit cet admirable vers significatif et typique, expression vertueuse, arithmétique et complète de son exactitude et de sa beauté morale :

..... Elle saisit la pomme,
Délectable aux humains et que Calville on nomme......

Vers officiels!... alexandrins impeccables, rimes, rhythmes et pensées dont la netteté, la vérité et la beauté sont de la plus immaculée conception!

Bonhomme, bonhomme, vous n'êtes pas mort!

Il faut dire à l'honneur de Chapelain et de ceux qui l'imitent que ce troisième axiome de Napoléon : *J'aime les genres tranchés*, est respecté par eux et mis en pratique. Napoléon exprimait une pensée administrative, admirablement vraie quant à l'organisation officielle, classée, cadastrée, enrégimentée. L'intelligence nuirait, un bataillon n'a pas besoin d'intelligence. Elle se rencontre et réside dans la tête du général.

C'était à Gœthe, à propos de Shakespeare, que Napoléon déclarait sa préférence officielle pour les genres tranchés, c'est-à-dire pour la réglementation, la manutention exacte, algébrique des choses de l'esprit. L'ondoyant de la vie, la liberté de l'observation, le mélange du rire et des larmes, la bouffonnerie des choses solennelles, la majesté des choses humbles, c'est-à-dire la philosophie immortelle d'Aristophane, de Shakespeare, de la Rochefoucauld, de la Bruyère; celle qui se rattache à la sagacité des historiens et des moralistes, comme Saint-Simon, Bossuet, Thucydide, Fénelon; ce coup d'œil scrutateur et fidèle jeté dans les profondeurs de l'existence sociale n'a rien d'officiel et de tranché. Racine lui-même, dans les *Plaideurs*, a usé de la liberté du génie; Molière, auquel Chapelain reprochait d'être trop comique, et que Boileau tançait vertement pour avoir fait parler à ses paysans le langage de la campagne, se rapprochait de la tragédie, dans le *Misanthrope* et le *Tartufe*. Aussi Racine a-t-il fini par déplaire, et Molière, sans l'intelligente protection de Louis XIV, aurait-il succombé à la cabale. Ce n'était point par le respect du *tranché*, par *l'officiel*, mais par l'autre côté de leur génie, par la sympathie avec l'humanité même qu'ils étaient l'honneur de la France et des nations.

Cependant Chapelain, l'homme tranché et officiel, décidait et jubilait. Il était le maître. Sa tête vertueuse se découvrait devant tous les grands. Il insinuait que tel de ses rivaux manquait de mœurs, et que tel autre manquait de raison. On le croyait parce qu'il était vertueux, disait-il, et que lorsqu'il rentrait chez lui, dit Tallemant des Réaux, deux fragments de tison, qui avaient brûlé depuis la veille, étaient modestement rapprochés par l'économie de sa pincette de manière à ne chauffer personne et à ne pas ruiner Chapelain, qui était riche. Il rédigeait beaucoup de placets, demandait toujours, et il obtenait parfois.

Ce rôle de régent littéraire a existé de tout temps, par ce que les hommes sont toujours les mêmes ; qu'il y aura des flatteurs tant qu'il y aura des gens que la flatterie amuse, intéresse et enivre; qu'il y aura des sots chargés de juger les gens d'esprit et de talent, tant que les sots seront en majorité. Pendant que Cervantes mourait de faim, les Argensolas distribuaient les pensions comme Chapelain et ne donnaient pas un maravédis à l'auteur de *Don Quichotte*. Pendant que Shakespeare travaillait comme un beau diable pour nourrir sa famille et créer sa petite indépendance, John Lily, auteur du drame d'Endymion (la reine Élisabeth était Phœbé, bien entendu), avait tout pouvoir à la cour.

Pauvre humanité ! Il est immortel le juge Chapelain. Il s'appelait Bavius du temps de Virgile, Chapelain du temps de Corneille, Argensola du temps de Cervantes, John Lily du temps de Shakespeare et..... de notre temps ?

Vous le connaissez tous, et moi particulièrement.

POÈTES ET COMÉDIENS

Que se passait-il dans notre France au moment où Musset, le pauvre jeune inspiré, sentait sa verve émue qui lui dictait les beaux vers admirés par nous !!! Et l'Europe, que faisait-elle ? Le même souffle agitait toutes les âmes, comme dans une grande forêt les cimes des sapins noirs, leurs aiguilles tremblantes et les feuillages pâles des saules frissonnent et se penchent sous le même vent d'orage. En Amérique, en Australie, sur toute la face du globe, les dogmes fléchissaient. Tout tremblait, tout flottait. La demi-teinte et comme le crépuscule de cette poésie incertaine, balancée entre l'adoration et la négation, se représentaient, même aux États-Unis, chez Whittier par exemple et chez le Lamartine ou plutôt le Tennyson de ce pays, *Longfel ow*, auteur d'*Evangile*, de *Hyawata* et de ce poëme lyrique *Excelsior*, qui sert aujourd'hui de mot d'ordre à beaucoup d'âmes américaines. *Allons plus haut*, gravissons les pentes ardues ; que la taverne sur la route, un peu d'animation physique et de jouissances grossières ne nous attardent pas ! Qu'une activité matérielle, une dépense d'esprits animaux, une prodigalité de fluide nerveux, sacrifiés à des œuvres qui seront utiles à la vie des nations, chemins de fer, canaux, ne soient pas le but définitif et la couronne du poëte ! Voilà le cri de Longfellow. Comme Musset, comme Tennyson, comme Virgile, il avertit ceux qui l'écoutent. Aucune nation n'est privée de ces voix puissantes qu'on appelle les poëtes.

Le dernier en date, peut-être le plus extraordinaire qui ait paru en France, c'était : *Edestan du Méril !*

Edestan du Méril, qui se distinguait par son bouddhisme, c'est-à-dire par la certitude qu'il attachait à l'incertitude, avait en horreur le réalisme ; cœur noble et généreux, plein d'esprit et de profond savoir. O l'étrange savant ! Grand et très-maigre ; l'esprit riche et poétique, probe et bon, jaloux de la science sans fureur aucune.

Son histoire était aussi singulière et romantique que le style de ses meilleurs travaux. On peut la résumer par ces trois mois : science, souffrance et résignation. La science l'a tué ; il est mort à la tâche. Son meilleur livre, *Histoire de la Comédie*, est un chef-d'œuvre ; je ne sais si le théâtre déchoit, si le drame est en décadence, mais certes on n'a jamais plus activement joué la comédie, ni plus amoureusement qu'aujourd'hui.

Les gens de bonne maison s'y essayent ; les jeunes femmes et les jeunes personnes apprennent des rôles, étudient les proverbes de Musset, reçoivent des leçons de nos meilleures actrices et traversent d'un pied léger leur petite bohême dans ces coulisses qu'elles s'improvisent. Je viens de courir un peu, sinon l'Europe, du moins la France, ce qui m'a empêché d'être fidèle à mes devoirs, de feuilleter ou de lire cent et quelques volumes que voici devant mes yeux et qui s'élèvent contre moi comme des fantômes. Eh bien ! partout sur ma route récente, de l'Océan à la Méditerranée, de la Méditerranée à l'Océan, je n'ai trouvé que comédiens et comédiennes, acteurs et actrices, théâtres et costumes, poses et grimaces ; — et entendons-nous bien, je ne veux pas parler de ces « poses » de société et du monde : gloire, gravité, humanité, piété, bonté, génie, chasteté, esprit, débauche même, transformées en *poses*, que Georges Sand, et avec raison, prétend être le fond de la vie moderne ; — je me contente de signaler les vraies poses et les vrais costumes du vrai théâtre. Il n'y a pas de lieu si écarté où je n'aie vu des ballets et des comédies, des drames et des vaudevilles. Paris, au cœur de la civilisation, entretient des chiens savants qui se font applaudir sur la scène, chassant le daim avec propreté aux sons d'un orchestre effréné, à la grande satisfaction des bipèdes qui admirent ces bêtes. Il y a aussi les singes écuyers, comme du temps de Martial. Florence vient d'ouvrir un énorme cirque pour ses jeux. Les machines que l'industrieuse Italie inventa vers l'an 1450, n'ont pas dégénéré ; la pantomime anglaise, leur fille, enfante sans cesse des métamorphoses prodigieuses. Tout à côté de ces *trucs* victorieux nous avons de petits proverbes bien jolis, qui ressemblent aux moralistes antiques, mais dont la moralité est équivoque. C'est aujourd'hui, pour l'Europe, une fureur, une rage de se détacher de soi-même, d'assister à quelque chose, d'échapper au présent, de voir un spectacle ; et il y en a de révoltants. Un faiseur de culbutes marche la tête en bas pour divertir les spectateurs, qui tout à l'heure peut-être se retireront les habits souillés du sang de ce malheureux. Je m'émerveille de la diversité incroyable de ces exhibitions cyniques, puritaines, enfantines; dignes ou de madame de Genlis en prière ou de Gringoire en goguette ; les unes terribles par leur sagacité impitoyable, les autres vaporeuses, incompréhensibles et presque hindoustaniques.

Le *mystère* catholique du treizième siècle n'est même pas défunt. Il y a quelque six mois, non dans une région sauvage, mais près d'une ville florissante, j'ai assisté à la représentation d'un mystère provençal.

Elle a duré de huit heures du soir à minuit, et employé une soixantaine d'acteurs. La vierge Marie était fille d'un pêcheur de la Méditerranée, jolie comme un ange ; on y voyait des chasseurs, des pâtres, des vignerons, un propriétaire, les rois mages et le roi Hérode ; le plus beau rôle était réservé à certain ivrogne. La plupart des acteurs s'acquittaient, ma foi ! très-bien de leur tâche. Visages mâles, belles voix vibrantes, d'un timbre moins métallique que par delà les Pyrénées, moins suave que par delà les Alpes, mais d'une exquise justesse ; belles prestances, peu de méthode; des intentions fines, des nuances justes : aucune habitude de la scène, mais un entrain merveilleux....... et un tapage !

Comme dans les drames hindous et dans quelques œuvres de « l'Aveugle » italien « d'Adria », ou de « Torres Naharro » l'Espagnol, l'auteur ou les auteurs avaient mis en œuvre trois dialectes différents. Les anges et le bon Dieu, qui parlaient peu, parlaient *latin ;* le vulgaire des personnages s'exprimait en *provençal* et en petits vers de sept pieds :

> Viens, Matthieu, prends ton épieu,
> Et va-t-en en Galilée !

Le roi Hérode et les grands parlaient *français* et en

hexamètres. J'aimais surtout la petite pluie fine des petits vers provençaux dont le rhythme est si vif et si pressant. Matelots, calfats, ouvriers du port, gens de métier, filles de village, tous sérieux et pénétrés, n'applaudissaient qu'après avoir bien pleuré. Pas un claqueur ; et c'était un grand soulagement pour moi, dont la nature est, hélas ! mauvaise et remplie de déréglements.

Je me sentais attendri ; la chanson du « repasseur, » s'arrêtant pour affiler ses petits couteaux devant le petit Jésus endormi dans sa crèche, me ravissait et me touchait. Me voilà le plus heureux du monde de quitter 1863 ou 1864, — quelle ingratitude ! — et de revivre au milieu du règne de saint Louis.

Vers minuit et demi, la machine à vapeur m'arrachant à ces distractions du passé m'emportait vers l'avenir. Les hommes défont leurs dynasties, changent leurs dogmes, transforment leurs philosophies : ils gardent longtemps la forme de leurs anciens plaisirs. La vie est si courte ! l'humanité qui s'ennuie a besoin de se distraire ; elle brise ses trônes tout neufs et ne casse pas facilement ses vieux joujoux.

L'un des premiers livres que j'ouvris à mon retour fut le gros volume de M. du Méril sur « la comédie. » Je m'attendais à y trouver de l'érudition, et les dernières cryptes et les plus profondes fouillées par cet infatigable. J'espérais bien aussi que la philosophie des solitaires, celle qui ne cherche pas un but intéressé, actuel, présent, et à laquelle on peut se fier par conséquent, ne manquerait pas. J'avoue que mes deux espérances ont été surpassées et dépassées. Il n'y a guère de penseur et de philosophe, d'homme de lettres et d'historien, qui ne trouvât à profiter de l'ouvrage. Il n'y a guère de membre de l'Académie des inscriptions qui ne trouvât à y apprendre.

J'ajoute aussi qu'il n'y a pas d'homme du monde qui ne s'y amusât; *homme du monde*, quelle expression inexacte ! Je veux dire *tout le monde :* architecte, banquier, fonctionnaire, soldat, agent de change, sculpteur, coiffeur, agriculteur, danseur, auteur, colporteur ; tous ceux qui composent ce fouillis de notre société actuelle, tous ceux qui, de nos vieilles habitudes aristocratiques, démocratiques, révolutionnaires, routinières, s'efforcent de faire je ne sais quelle fausse société américaine, peuvent lire ce volume et s'en réjouir.

Les plus hostiles à l'esprit, ceux qui, adoptant la commode théorie d'après Sophocle ou Byron, seraient des « amuseurs de gens » au même titre que les *joueurs de vielle* du moyen âge, pardonneront à *M. du Méril* d'avoir des idées et d'être érudit.

Ils lui pardonneront en faveur de la distraction que peuvent leur offrir ses doctes pages hérissées de notes. C'est en effet chose intéressante pour tout le monde de savoir comment un théâtre chinois était bâti; ce qu'il était ; de s'asseoir avec les contemporains d'Aristophane pour assister à cette représentation des *Nuées*, où Socrate apparaissait comme un monstre ridicule ; enfin de voir se déployer et se dérouler les annales de cet air charmant, fils de l'imitation, né avec toutes les sociétés, qui a survécu à tous les empires, qui a pour premiers langes les draperies théocratiques; qui ne meurt jamais, qui se transforme en danses, en ballets, en pantomimes, en pyrotechnies, — puis en spectacles de cruauté quand les peuples n'ont plus que des sens ; — tantôt matériel, tantôt idéal, tantôt devenu féroce ou stupide, selon le cours des temps, le mélange des races et le génie des peuples.

M. du Méril n'a encore mené cette grande histoire qu'aux limites de la comédie grecque, telle que Ménandre et ses imitateurs l'ont comprise. Il traverse l'ère primitive et s'arrête assez longtemps chez les nations sauvages, qui miment leurs occupations favorites, la chasse, la moisson, surtout la guerre et le pillage, le bonheur de tuer son semblable ou de le voler.

Dans l'extrême Orient il marque le point où le drame a dû s'arrêter, étouffé sous les mêmes entraves qui surchargeaient la société et l'État. De là il passe en Grèce, et l'intérêt augmente. La Grèce, c'est la liberté. Le besoin de sentir la vie avec plus d'intensité fait éclore le drame du sein des fêtes dionysiaques. Voici la vendange : le pampre étincelle sur les coteaux grecs, la séve frémit, le jus divin rompt son enveloppe, le nectar jaillit, la joie éclate et la comédie éclot. Le bacchant des vases antiques, celui que vous vous rappelez, suivant le gros Silène à la piste, une jambe en l'air, l'autre élégamment chancelante, le front couronné de grappes mûres, la raison exaltée et déjà égarée par les vapeurs divines, est le vrai père et le fondateur de la comédie. Il faut lire toute cette portion de l'œuvre nouvelle.

Comment la belle race grecque, par une sorte d'alchimie supérieure, a épuré l'ivresse, l'injure, l'orgie, la bacchanale, institué le dialogue, coordonné la fable, remplacé le bacchant et ses acolytes par Thespis et ses compagnons, Thespis lui-même par Cratinus et Épicharme ; — donné l'essor à cette représentation animée des luttes sociales, des ridicules, des caractères, des vices, confondus en une même ironie : distillé la vieille grappe sauvage, et pressuré, pour le recueillir dans les coupes d'or, le nectar précieux ; comment le poétique bon sens de la Grèce a respecté dans son drame cette essence panthéiste, cette beauté des énergies créatrices, manifestées par la joie de l'ivresse et l'ivresse de l'esprit ; — tout cela compose une histoire adorable, extraordinaire, tissue de faits nouveaux et de pensées enchaînées ; très-nuancée et très-brillante ; une étude psychologique dont la nouveauté égale la profondeur.

Il est vrai qu'elle a un grand tort. On la lit sans peine, ou plutôt avec un grand plaisir. Souvent la vivacité du langage et l'originalité de l'expression emportent l'auteur plus loin que je ne voudrais, et prouvent qu'il écrit pour lui-même, ce qui est un mal évident, et qu'il avait auparavant pensé par lui-même ; crime irrémissible. Nous n'avons le droit, je le sais, que de penser au nom de la galerie ; plaire, mais bien ce qui peut socialement lui plaire, tout simplement. Nous ne devons écrire que comme parlent les Scapins de comédie, — *à la cantonade ;* c'est encore très-clair. On nous fait voir tous les jours que nous n'avons pas d'existence personnelle, distincte, et que nous sommes tout le monde, c'est-à-dire victimes du mauvais goût de la société byzantine.

Je le veux bien. Il y a déjà eu des littératures qui se sont réglées là-dessus ; comme elles plaisaient à tout le monde, elles n'ont rien appris à personne, et personne ne s'en souvient.

La littérature bouddhique, essayez de la lire. « Martianus Capella » plaisait à tout le monde ; c'était l'auteur favori, l'auteur à la mode.

Ses *Noces de la Philologie* ont fait autorité pendant à peu près un siècle. — Qu'est-il devenu?

Il y a dans le livre de M. du Méril, qui n'est qu'un premier volume et qui en appelle deux ou trois autres, une partie très-originale, celle qui concerne Aristophane. Le persécuteur de Socrate y est bien ce qu'il a dû être, un bonhomme marchant à la suite d'autrui, malgré son esprit; un défenseur ardent de l'Etat, du passé; ni calomniateur ni d'âme méchante; n'en voulant pas à Socrate, après tout; — très-attaché à la majorité, respirant par elle et conspirant pour elle; — censeur et juge en son nom, exécuteur lyrique et impitoyable des hautes œuvres du peuple; homme de génie par-dessus le marché.

Je ne le blâme pas. Je relis tous les ans ses belles comédies, ou plutôt ses fantaisies comiques, qui depuis trente siècles font les délices de tous les esprits élevés, ironiques, tendres et doués d'imagination. Mais je ne partage pas l'opinion de M. du Méril quant au bon droit d'Aristophane et aux démérites de Socrate. Quelque laid, absurde, étranger à la beauté attique et contraire aux usages du Pœcile que fût le maître de Xénophon et de Platon, quand je le mets dans la balance vis-à-vis du peuple athénien tout entier, c'est le plateau où est Socrate qui, à mon sens, pèse davantage. C'est que je suis très-arriéré. Je pense encore que justice, raison, vérité ont plus de poids et de valeur que toute une populace de drôles. Si je trouvais Fénelon au milieu de deux mille cannibales et que je pusse sauver Fénelon à leurs dépens, croyez-vous que je n'aimerais pas mieux noyer tous les cannibales?

Si fait vraiment!

Les Athéniens n'étaient point des cannibales, mais Socrate valait mieux qu'eux.

M. du Méril est entré avec trop de sagacité et de conscience dans la vieille âme athénienne pour pardonner à Socrate.

Il lui fallait expliquer Aristophane ; il devait éclairer le drame grec. Et comment mettre le lecteur au courant des iniquités, sans les comprendre ? Il a donc pensé et parlé comme aurait fait Aristophane lui-même. C'est un des charmes de ce livre érudit que l'assimilation délicate, profonde et absolue de l'auteur avec toutes les phases de l'histoire dramatique. Quand les Hindous commencent à farcir leur scène de nuages et d'hymnes métaphysiques, M. du Méril devient brahmane. Il est Chinois quand ces magots lettrés découpent avec un ingénieux labeur les silhouettes de leurs ombres chinoises dramatiques. Son volume ne renferme pas de meilleures pages que celles où la nécessité d'un certain drame, ressortant essentiellement d'un certain état social, est démontrée par l'étude rigoureuse des mœurs, des lois et surtout des doctrines. Chaque génie du peuple se dresse alors et se dessine en pied, bien ferme, bien net, bien complet, bien éclairé, *teres atque rotundus*, tout entier, — avec sa généalogie, ses antécédents et ses alliances.

D'une part on se rend compte des vertus, des faiblesses et comme de l'humeur spéciale de chaque peuple ; d'une autre, on comprend que le drame chez telle ou telle race a dû subir telle formule et se couler de lui-même dans tel moule.

Tous ces éloges bien sentis ; l'admiration réelle qu'inspire ce beau commencement d'une grande œuvre qui aura coûté plus de trente années à son auteur, n'empêchent pas que, pour le détail et pour l'ensemble, nous n'ayons en réserve bien des scrupules et des doutes. Nous y reviendrons.

Nous discuterons plusieurs points de son travail avec cette sincérité et cette sévérité sérieuses dont l'auteur est digne.

Par exemple, nous sommes loin d'adopter ses vues sur le drame grec; et notre opinion n'est pas la sienne, quant aux rapports de la Grèce et de l'Hindoustan.

S'il eût franchi d'un bond plus rapide l'époque sauvage, celle où la danse et la mimique usurpent toute la place, il aurait pu accorder plus d'espace à la critique du théâtre proprement dit.

L'histoire du drame oriental offre une lacune importante néanmoins. M. du Méril n'a traité que de deux théâtres, celui de l'Hindoustan et celui de la Chine; ces deux drames ne suffisent pas pour établir tous les échelons orientaux, pour constater la gradation philosophique d'un drame ébauché à un autre drame plus complet; gradation que l'auteur a cherchée et souvent réalisée ailleurs.

Il manque donc ici bien des chaînons obscurs et intermédiaires, dont les débris se trouveront un jour épars chez divers voyageurs.

Mais qu'on n'oublie pas que ceux qui écrivent l'histoire avec des documents, des lettres inédites et des notes secrètes, croient avoir beaucoup avancé l'histoire. Ils n'ont rien fait. Ceux qui commentent les événements et dissertent sur les causes des révolutions, imaginent être utiles. Il n'en est rien. Les diplomates et les ministres, qui ont nagé dans le courant orageux des faits, ne doutent pas de leur aptitude à les éclairer et à les montrer sous leur jour unique et absolu. Quelle erreur ! L'histoire n'est pas là. Elle est dans Tacite, qui savait voir ; elle est en du Méril, qui savait comprendre. La chambre obscure, où les personnages apparaissent avec leurs ombres, leurs lumières, leurs profondeurs, leurs secrets et toute leur réalité, appartient à Tacite, à Macaulay, à du Méril.

FLAUBERT

Flaubert est du Balzac réduit à la précision du trait ; du Rétif de la Bretonne scientifique. Le naturaliste et le chimiste ne s'étonnent de rien. De même Flaubert ne s'étonne pas qu'il y ait des âmes aussi vides et des esprits aussi secs dans des corps aussi délabrés. Il est clair aussi, mais M. Flaubert ne le dit pas, que le régime où ces choses vivaient, ne pouvait pas vivre. Voilà pourquoi le roman de l'*Éducation sentimentale* est déjà vieux et démodé. Il peint des avachissements d'autrefois. Les peuples ne meurent pas de leurs vices, mais de l'appauvrissement de la séve qui donne le vice et la vertu. Quand on moralise ces peintures, elles ont un intérêt; mais sans en tirer les conséquences, pas du tout. C'est laid, voilà tout. Le vilain monde! Quelle stérilité! Quelle vulgarité! Si les torchères reluisent, comme les intimités de l'homme sont obscures! Quelle saleté dans ces âmes, qui errent au milieu du luxe! Quelle pauvreté! Quel dégoût! et pourtant M. Flaubert est un génie, mais un génie du réalisme et de la démocratie moderne.

M. Flaubert est passé maître du français gaulois fini, délicat et surtout honnête ; ce qui veut beaucoup dire dans notre époque ! Selon moi il a fait la gageure de ne rien peindre d'idéal ou de sentimental, de ne rien prouver, de ne rien interpréter, de ne rien sentir. C'est une fausse conception de la vie. Elle fait de l'homme et des passions une nature morte, animée par le merveilleux français du maître. Le langage de Flaubert ressemble au tintement clair et harmonique d'une clochette d'argent. Malheureusement il ne voit que les détails de notre société delabrée ; ainsi. M. Flaubert ne voit pas un cadavre en décomposition. mais il compte les vers qui rongent le cadavre, il en dit la couleur, peint leur grosseur et se délecte dans la minutie de l'ordure. Il possède une riche forêt dans son esprit ; seulement elle a été élaguée par *madame Bovary* d'abord, c'étaient de hautes futaies ; ensuite par *Salammbo*, et enfin les baliveaux sentimentaux de M. Flaubert sont plutôt des verges sentimentales à l'usage de ceux qui admirent l'école Sainte-Beuve.

Balzac a été le plus fort de ces matérialistes panthéistes dont Rétif de la Bretonne est l'érotique et Mérimée le Callot; mais M. Flaubert a poussé la dessiccation à l'excès. Oui, la vérité est nécessaire dans le roman, et même la vérité physique, mais une chaise et un fauteuil ne doivent pas tenir la même place qu'un homme et un âne. Je permets à une philosophie sévère de juger, en les blâmant, nos malheurs et nos misères politiques. Je lui permets de les exposer et de les analyser sans pitié, mettant le doigt sur les plaies, comme le chirurgien sur les ulcères. Mais la froideur du romancier qui tire un parti pittoresque de ces chairs sanglantes qui sont les nôtres, et qui fait du cadavre une caricature, me révolte; c'est ici que l'insensibilité n'est pas permise. Sans doute il est vrai, cet affreux monde, M. Flaubert en a une connaissance hideuse et une expérience très-distinguée de certains coins de la vie parisienne. Mais est-ce là tout? Et si vous montrez seulement ces recoins, êtes-vous vrai ?

M. Flaubert est vrai. Certes, la vie moderne est parfaitement rendue dans ses cruels livres. — Mais, grand dieu ! quelle désolation ! Quelle dessiccation ! et quel avenir pour la France !

Il y a de Jean-Paul un curieux livre, *Levana*. L'auteur affirme qu'il n'y a d'*éducation* que par les milieux. C'est vrai. Mais c'est donc l'éducation d'un peuple qu'il faut chercher. Que deviendra-t-il le peuple qui ne se respecte pas et qui nourrit les monstres ?

Oui, moi aussi j'ai connu le Dambreuse tripotant des millions, roi des spéculations, apte à tous les gouvernements, souple comme du cuir verni, comme un harnais, dur et luisant, splendide et avare, inhumainement philanthrope. J'ai connu aussi le jeune héros de l'*Éducation sentimentale*, cœur vide, et avide, ayant des sensations et pas un sentiment, des désirs et pas une idée, des appétits et pas une attache, des velléités et pas une volonté, des lectures et pas une pensée. Cet être flottant qui n'est adhérent à rien, surtout pas à lui-même. Ce paquet de faiblesse en gants blancs, et de petites aspirations que le frottement social détermine par les allumettes chimiques et qui s'éteignent dans la vivacité même de leur inflammation. Et pourtant combien le génie de reproduction dans le récit est vrai et frappant chez M. Flaubert. Cet homme qui essaye de tout et que rien ne saisit est vraiment merveilleusement décrit.

Ah ! pourquoi l'auteur n'a-t-il pas donné d'étiquette à ce reptile ? On en recule d'horreur, comme devant *le triomphe* de la mort d'Orcagne ! on s'en va saisi de frayeur par l'épouvantable peinture réaliste, on y retourne pour la revoir encore.

Nul ne saurait contester que M. Flaubert a la grande faculté de voir finement et d'accuser juste. C'est de la philosophie bouddhiste ; le style de M. Flaubert appartient à l'école réaliste. En marquant chaque détail, elle rend identique toutes les portions du tableau, donne une valeur égale à tous les tons, anéantit la perspective et est menteuse comme un tableau chinois. Une écorce sur la route est aussi intéressante que la figure de l'amoureux. Le bouton de la culotte de celui-ci a autant de prix que ses sentiments les plus profonds. La société des rapins qui entoure le marchand de tableaux semble toute la France, et tout devient faux, injuste, inique, à force d'impartialité, à force de chercher la vérité. L'absence de l'idée entraîne la suppression des proportions, car la proportion elle-même est une idée. Les centres perpétuellement flottant, rien ne peut se constituer. L'absence totale des principes fait naître un effroyable ébranlement qui se résout dans un vide absolu : le beau résultat ! vous voulez peindre la vie, vous aboutissez à la mort, et l'idéal !

L'ABAISSEMENT MORAL

Que de peine pour atteindre un peu de vérité ! Personne n'en veut. Elle choque les passions. Quand Wycliffe et après lui Tyndale voulurent traduire et populariser la Bible, ils éprouvèrent autant d'ennuis et rencontrèrent autant d'obstacles que s'ils avaient conspiré contre le trône. C'est que la lecture de la Bible était favorable à la liberté et à l'enquête. Croirait-on que, pour avoir osé traduire cette Bible en anglais, le malheureux Tyndale a péri par la main du bourreau, à Vilvorde, après deux années d'emprisonnement? Lisez là-dessus l'histoire de la *Bible anglaise* par Westcott. Que l'on ferait un beau livre avec l'histoire des promoteurs de la tolérance et de la liberté !

Voilà pourquoi notre époque d'éclaircissement est excellente. Elle donne toutes les lumières ; elle nous apprend ce que c'était que Napoléon Ier, avec ses vols, ses rapines, ses massacres, ses mensonges, ses prétentions, son immense égoïsme, et sa cruauté déguisée sous la géométrie. Il y a deux espèces de juges de l'histoire humaine, les paralytiques de l'esprit et les épileptiques. Les premiers croient dévotement qu'il n'y a rien à changer à ce que l'on a cru et appris autrefois ; que tel patriarche a vécu six cents ans ;

que Romulus a été emporté dans une nuée et que Josué a arrêté le soleil. Je les appelle les paralytiques. Il y a aussi les épileptiques ; ce sont ceux qui exagèrent tout. Les lumières modernes nous apprendront à ne rien exagérer. Il faut renoncer à la fois à la vie antique, simple et aristocratique de Denys le Tyran et de Tibère, et à la vie inquisitoriale de Jeanne la Folle. Ce sont deux modes perdues. Mais quelle vie adopterons-nous? C'est la question. Tout ce que je peux dire, c'est qu'il faut que les peuples se fassent une conscience. C'est la conscience qui harmonise les choses, les couleurs et les lignes, parce qu'elle se rend compte de tout.

Les peuples qui agissent contre leur conscience, qui n'établissent pas d'harmonie entre leurs désirs et leurs institutions se suicident. Évidemment les races latines en sont là, surtout la France. Puisse cette grande enquête lui servir ! M. Le Play en fait une sur les ouvriers ; tous les jours les feuilles publiques en contiennent une, sur tous les points imaginables et possibles. L'analyse est immense et infinie.

Que de leçons ! Toute la vie espagnole et toute la vie italienne nous sont exhibées et dévoilées par l'anatomie et l'autopsie des enquêtes modernes. Liberté. et il y aura bien moins de fous. Pendant trois cents ans les palais des rois d'Espagne ont été remplis de fous. La plupart des empereurs romains devenaient fous dans leur autocratie. La destruction de la conscience chez les peuples produit le même effet que la destruction de la conscience chez les hommes individuellement pris. Dans le traitement des peuples fous il faut agir comme dans le traitement des hommes fous, user le moins possible de la compulsion. Grande question, celle de la *folie!* Les Flamands ont imaginé une manière libre de donner aux fous une indépendance comparative, moyen qui réussit très-bien. Pourquoi si peu d'inspecteurs? Pourquoi ne crée-t-on pas des maisons distinctes? l'une pour les fous avérés, l'autre pour les fous paisibles; et enfin pour les inculpés de folie! Mais l'humanité et la charité nous occupent trop peu.

Ce que j'étudie et suis, tant dans mes leçons du Collége de France que dans ma vie, c'est *le mouvement de l'Europe.* Elle s'en va. Ce n'est point par l'activité que les affaires actuelles brillent en 1869. On se regarde, on attend. Des armées presque innombrables restent l'arme au bras, se menaçant et se provoquant. De temps à autre, on entend un petit ébranlement lointain. C'est un trône qui tombe, ou, comme dit un contemporain, qui *s'effondre.* On n'y fait pas grande attention. Cependant l'immuable et éternelle nature suit son cours, continue sa vie, et demeure fidèle à ses lois. Au plus splendide été (1869) qui ait illuminé et embrasé l'Europe, succèdent, comme on pouvait s'y attendre, des déluges effroyables, qui abîment des régions entières, font disparaître des villages, ravagent et bouleversent les doubles pentes des Alpes, vers le Rhin, vers l'Adriatique et vers la Méditerranée. Allons, ingénieurs, marchez: vous êtes aujourd'hui les rois du monde; l'argent que vous emploierez pour remédier aux désastres et combattre les terribles forces de la nature inexorable, sera bien employé. Napoléon III et l'Empire nous le disent, et ils nous consolent. Mais ils ne nous disent pas tout.

La vérité est que le génie mécanique, utile et nécessaire devient dangereux pour le monde moral; on est plein de confiance en lui aujourd'hui, et l'on croit que les chemins réparés reconstruiront les âmes. Cela n'est pas vrai. Je quitte Paris pour l'Italie et ne rencontre sur ma route que servilités et conjurations. Aucune vérité. Les servilités sont sans conviction et les conspirateurs sans conscience. Le trône de Napoléon III est entouré de flagorneurs éhontés ; le peuple est assiégé de ces autres courtisans qui ne veulent que servir leur propre ambition. Qu'est-ce que Jules Favre ? Un rhéteur ébouriffé qui trouve des mots et accommode des phrases ; une sorte de Victor Cousin à la tribune. Qu'est-ce que la Guéronnière ? Un autre phraseur non moins vide, qui échafaude des impossibilités sur des sophismes. La France, depuis cinquante ans, est habituée à tous les paralogismes des partis vainqueurs et vaincus ; le vainqueur déclame ; le vaincu monte à l'échafaud et tout est dit. L'intolérance règne partout. Aux yeux des uns de Broglie passe pour jacobin ; aux yeux des autres Guizot passe pour aristocrate. Mentir, se grimer, est devenu d'une nécessité absolue. Il faut que Guizot mente ainsi que de Broglie ; il faut qu'ils disent aux blancs : « Je suis blanc, » et aux rouges : « Je suis avec vous. » Ainsi le faux triomphe tandis que le peuple se déprave.

Dernièrement, en allant à Chartres, j'ai passé par la commune de Mainvilliers, où je suis né, et par celle de Maintenon, où mes parents ont longtemps vécu, ainsi que par celle de Nogent-le-Rotrou, dans l'arrondissement de Dreux, dont mon père a été maire. C'est un joli pays, boisé, riant, sévère, ombreux, avec des chênes nains et de grands ormes, une végétation drue comme la population ; l'amour du travail et quelque chose dans le génie de la race qui ressemble à la végétation elle-même ; une séve vive, gauloise, énergique, pressée, se développant bien, mais dans des limites fines comme le vers de Mathurin Régnier ou celui de Molière, enfin toute française dans le sens keltique. On y est assez caustique. On arrange bien ses affaires ; mais si l'on avait le génie politique et pratique ! On ne réussirait pas. On tient à dominer. L'agriculteur abhorre le bourgeois ; il préférerait à celui-ci le duc et le seigneur ; il ne veut pas que son égal, un peu élevé, mais sans titre et sans aïeux, siége au conseil municipal. Quant au riche propriétaire, il méprise le laboureur et marie volontiers ses filles à des comtes. Libéral pour faire pièces aux nobles, bourgeois pour faire pièce aux pauvres. Tout cela aussi républicain que possible, sans rhétorique et sans emphase. Il y a encore de la fermeté dans cette province.

L'abaissement du niveau moral qui se manifestait sur tous les points et tous les jours, a donc abaissé le niveau littéraire. Le second courant dont j'ai à parler, le courant démocratique, a créé une autre littérature, vulgaire, ignoble, sans séve, sans durée, sans principes, sans grandeur. Celle-ci, jouant la prostituée et dansant le cancan, ne valait pas mieux que la littérature podagre et paralytique de S... et de Patin. L'une était plus stupide avec bon goût ; c'était un vieux marquis idiot. L'autre était plus honteuse avec effronterie ; c'était la fille des bals publics. Le sens moral leur manquait à tous. Disparu de la société, il avait disparu des deux camps. Plus de place pour un la Bruyère ou un Cervantès.

On prenait tout moraliste pour un satirique affreux. On taxait d'infamie quiconque osait dire vrai.

La confusion s'établissait définitivement entre la sévère appréciation et l'invective ignoble ; entre un examen libre et un outrage violent ; entre une critique juste et une hideuse diatribe. Le rigide Bossuet avait diffamé la cour ! Le moral la Bruyère avait diffamé son siècle ! — En voulant réduire la moralité à des faits prouvés, à des actes, à des proportions mathématiques, on était arrivé à détruire toute moralité. On s'en remettait aux géomètres, aux algébristes et aux naturalistes. Mais les légistes les plus savants, quand on les pousse à ces profondeurs, trouvent que, réduite aux faits, la moralité n'existe pas, puisque le fait en lui-même est immoral comme la nature. Il est un fait et ne prouve rien.

On ne pouvait plus sortir de ce cercle d'immoralité fondamentale, plus hypocrite chez les Legouvé, plus échevelée et choquante chez les G... et les Hugo. Si Vitet ennuyait plus, les P. Féval taquinaient, agaçaient et révoltaient davantage. D'une part comme de l'autre, on affectait une pose ; on mentait ; à tous, il manquait un seul point, la vérité. C'était affreux de voir combien les meilleurs prenaient aisément le parti du mal. Parmi mes amis ou mes proches cette horreur de la vérité m'épouvantait et m'affligeait.

LA LITTÉRATURE VÉNALE

Véron, puis Buloz saisirent le moment favorable. L'un et l'autre étaient des Hersite Napoléon, parodies de l'empereur, plagiaires minuscules et imitateurs atomes de ce modèle. Ils confisquèrent la littérature sans pudeur et sans droit, comme leur maître avait confisqué le trône.

La France de 1790 à 1815 était descendue jusqu'à la servitude complète. La vie politique avait été absorbée par la guerre. De même, on arriva par degrés successifs et par une pente inaperçue à ce point où la vie intellectuelle devait être étouffée par le capital. Il fallait du temps. En 1830, personne n'eût pensé encore à remettre un journal entre les mains d'un marchand de fer ou de melons, ni à évaluer une œuvre d'esprit par les centimes qu'elle rapporte. Cela était réservé à 1868. En trente-huit ans, quels progrès! Au bout de cette carrière, voici les maîtres financiers qui règnent sur le monde des lettres. B.... Mirès, Guéroult, tous sans lettres, gens aventureux de la Bourse, s'emparent d'un journal. C'est un bastion pour eux. Ils comprennent qu'un journal répandu est une force physique, matérielle, et qu'on groupe les hommes corrompus autour des forces, non des principes.

Voilà donc l'intelligence devenue matière brute, force matérielle. Or toute force matérielle est immorale, comme la nature. Toute force morale est immatérielle comme Dieu. Cette confusion de l'esprit et de la matière, grand crime de l'époque, n'a pas cessé de marcher; tout a concouru à l'œuvre, même Lamartine dans les honteuses et dernières années où il a fait de son écriture une sébile de mendiant. C'est là une des causes déterminantes et fécondes de la décadence absolue où l'intelligence est tombée. P. Féval gagnait cinquante mille francs avec sa cuisine romanesque, Ponson cent mille et Buloz deux cent mille, à côté de philosophes et de poëtes qui ne flattent pas la canaille et ne gagnent rien, pas un sou. Le génie égal à zéro de finance, le talent avec probité presque à zéro; le talent vénal évalué plus haut, et l'infamie sans talent, mais hardie, rusée et servile, prenant tout!

Dans les fentes de la nouvelle bâtisse, construite avec des baïonnettes et des phrases, A... B..., le chef du journal qui avait perdu la France de toute manière, intellectuellement par ses mauvais feuilletons et leur poison, moralement par sa vénalité, matériellement par sa lâcheté, se souvenait que Morny avait été son compagnon de plaisir, allait à lui d'un essor, se repliant sous cette protection et conservait ainsi son capital et son journal. S..., tremblant de terreur, sa calotte noire enfoncée sur ses yeux, donnait à sa plume ductile un nouveau détour qui la penchait vers l'autorité et vers l'Empire. D'ailleurs, il cultivait toutes ses vieilles connaissances, pliait le dos plus bas que jamais, visitait les plus aptes à le sauvegarder, affectait une grande simplicité de mœurs, flairait le vent et préparait de longue main son adhésion. Buloz, en rapport d'un côté avec les ministres, de l'autre avec les orléanistes, disait aux premiers : « Je vous réponds des libéraux, » et aux seconds : « Je suis votre rempart. » Sa forteresse de papier se tenait ainsi debout et conservait sa fortune. Le fier sophiste Guizot, plus noble, s'expliquait devant ses contemporains et leur démontrait par des arguments en forme qu'il n'aurait pas dû succomber, comme un joueur d'échecs prouve qu'il n'a point mérité d'être échec et mat. Sainte-Beuve, que les succès de Guizot avaient toujours empêché de dormir, revenait en hâte et se ralliait à l'Empire.

D'ailleurs on ne leur demande rien, si ce n'est de soulager l'oisiveté fatiguée d'elle-même, de faire oublier à chacun l'ennui des affaires, et de nous distraire une heure ou deux. Personne ne veut en tirer des exemples et des leçons, nul ne les place dans sa bibliothèque ; qu'un vaudeville sans esprit et sans invention nous apporte les gestes comiques, le nez colossal et la chevelure extravagante de l'Arlequin à la mode, c'est tout ce que nous voulons ; qu'un drame à grand spectacle amène ses trappes ouvertes, ses décorations miraculeuses, ses coups de poignard et ses péripéties innombrables ; à la bonne heure ! personne n'est dupe ; qui donc irait chercher l'étude et l'art au milieu de ces artifices vulgaires ? Mais les œuvres consacrées par l'estime des temps ou l'applaudissement de l'Europe méritent plus de respect. Les travestir, c'est nous tromper. C'est offrir à la curiosité de l'étude un enseignement perfide. On pourrait, sans trop de sévérité critique, regarder un Arioste sans grâce, un Shakespeare falsifié, un Tacite frelaté comme autant de crimes littéraires, là sont nos grands modèles: les intelligences studieuses aiment à se renfermer dans ce sanctuaire pour y trouver les règles générales du goût et la vérité des doctrines. De quel droit nous les livrerait-on mutilés et méconnaissables? prendre des habits de docteur et se dire médecin pour tuer les malades au chevet desquels on vient s'asseoir. Tromper le goût au moyen d'une manipulation grossière, qui ne se donne pas même la peine de reproduire exactement le sens de l'auteur étranglé! Bientôt il n'y aura plus ni admiration, ni critique, ni blâme, ni éloge, et le même dédain enveloppera toutes les productions de l'esprit, tous les styles et toutes les pensées, si l'on s'habitue à lire *Don Juan* et *Childe Harold* dans leur idiome barbare, si Byron parle le même langage que M. Touchard-Lafosse, ou l'Arioste que M. Paul de Kock! L'élévation, l'énergie, la concision, le coloris, toutes les grandes qualités littéraires, effacées; la logique, détruite par un mot à mot sans valeur ou par le luxe des contre-sens; l'usurpation du mensonge et de la négligence; une anarchie universelle, introduite et définitivement acclimatée dans l'art si délicat de penser et d'écrire : tout cela ne vous menace-t-il pas d'une véritable décadence, ou plutôt d'une barbarie complète et incurable?

Il est trop évident que ces publications récentes, parmi lesquelles nous comptons les traductions anglaises, sont les résultats hâtifs de je ne sais quelles spéculations mercantiles tout à fait étrangères à l'art.

Nous ne sommes point assez niais pour reprocher à l'industrie d'entrer dans le domaine littéraire et de l'exploiter : c'est son droit et son honneur, mais ce qui est certain, c'est que de tous les problèmes de la civilisation moderne, il n'en est pas de plus délicat que celui-ci : dans quelles proportions et de quelle manière doivent s'établir les rapports de l'industrie et de l'intelligence ?

Sans le secours de l'industrie et du commerce les créations de l'esprit languiraient et les pensées manqueraient de cette communication lumineuse, de ce magnétisme ardent qui fait leur force. L'histoire de l'industrie moderne n'a pas de plus beaux souvenirs que ceux des instruments et des ressources, mis par elle au service de l'intelligence ; cette dernière n'est après tout que l'âme, la vie, l'essence primitive ; il lui faut un corps, des organes et des moyens de transmission. Depuis l'invention de l'imprimerie ces moyens ne lui ont pas manqué. Rappellerons-nous ces beaux efforts de l'industrie au quinzième siècle pour propager le développement intellectuel ?

Rappellerons-nous cette époque où l'industrie des livres était la plus noble des industries ? où un Alde Manuce s'environnait des savants et des esprits supérieurs que lui envoyaient l'Allemagne, la France et l'Italie ? où le nom seul d'un éditeur honorable servait de garantie à toutes les publications qui portaient sa signature respective ? Rappellerons-nous les Estienne, puis les Blaen, les Bedouis, les Baskerville ? Il n'y a pas de nation en Europe qui ne conserve avec vénération ces souvenirs chers aux lettres. Au moment de la Renaissance, ce fut une mission vraiment glorieuse que celle dont les éditeurs s'acquittèrent. Le gain pouvait être le but ultérieur de leurs efforts ; et rien de plus juste, de plus légitime qu'une fortune due à des labeurs persévérants et à la savante étude des modèles. Il ne s'agissait pas alors d'imprimer vite et beaucoup, mais d'examiner soigneusement une œuvre et de la reproduire sous la forme la meilleure, la plus belle et la plus durable. Ainsi l'intelligence elle-même dirigeait l'industrie, qui à son tour propageait et servait l'intelligence. Cet ensemble de travaux auxquels prenaient part à la fin la pensée, l'érudition, le génie, l'activité commerciale, la sagacité industrielle et la spéculation financière, était dominé par une probité sévère qui s'exerçait sur le choix des auteurs, sur le mérite des œuvres, sur l'utilité des produits, et soumettait à un examen également scrupuleux la fabrication intellectuelle et la fabrication matérielle. C'est précisément ce scrupule intérieur, c'est ce sentiment du devoir qui nous fait faute. Le premier venu, sans avoir donné aucun gage d'intelligence, aucune garantie de capacité, se fait éditeur ; savoir lire n'est pas même nécessaire. Trouver un manuscrit qui ne coûte rien ou qui coûte peu, un imprimeur qui le transforme en livre, un journal qui l'annonce, un afficheur qui l'affiche, voilà tout. Avec un peu d'adresse, on s'initie bientôt aux secrets du métier, vous prenez un titre qui semble indiquer une intention, un but, une idée. Vous appelez l'œuvre : Bibliothèque chrétienne, classique, choisie, étrangère, d'élite, selon le caprice ou le vent qui souffle ; sous cette étiquette commune, vous placez ou plutôt vous jetez tout ce qui se présente au hasard, sans y regarder, sans rien lire, souvent sans rien comprendre. Avez-vous une concurrence à redouter, vous activez la fabrication ; quelques écrivains se prêtent à l'alimentation violente de la double manufacture ; c'est à qui fournira les plus rapides produits, à qui encombrera le marché ; Sterne a été déjà traduit ; on le retraduit à droite, on le retraduit à gauche, c'est à qui arrivera le premier. Cette course au clocher, cet entassement de parodies, s'opèrent avec une telle frénésie, avec une ardeur si empressée, qu'en moins de six mois, nous avons deux Arioste, deux Sterne, deux Dante, deux Tasse, trois Shakespeare, deux Camoëns, trois Walter Scott ; mais comment tout cela est-il exécuté ? Dans quelle déconsidération tombent et les éditeurs et les traducteurs, et, ce qui est pis, l'honneur antique de l'intelligence !

Un bon traducteur est un bienfaiteur. Il sert de conducteur électrique aux idées et aux faits, aux découvertes et aux acquisitions, aux variétés infinies du génie et de l'art. Il renouvelle le sol intellectuel de sa nation et de sa race. Rien du passé, rien du présent ne demeure étranger aux peuples, qui emploient vigoureusement le grand ressort d'éducation mutuelle ; par la même raison, les traductions mensongères, les grossières manipulations auxquelles les littératures étrangères sont aujourd'hui soumises par une cupidité mal entendue et une avidité étourdie, doivent être rejetées sans pitié, comme des calomnies littéraires ; telles sont presque toutes les traductions récentes contenues dans les collections improvisées dont nous parlons, et dont nous exceptons avec soin quelques travaux isolés : ainsi l'excellente traduction de *Faust* par M. Blaze, et les remarquables traductions de l'espagnol par MM. Damas-Hinard et

Delavigne. Il nous serait facile de démontrer aujourd'hui par quelques exemples, tirés des traductions de l'anglais, à quel point d'insouciance on est arrivé dans ce genre et combien nos plaintes sont légitimes.

SITUATION DE LA LITTÉRATURE

ENTRE 1815 ET 1870.

RÉSUMÉ

La littérature est devenue trop générale, elle s'est trop vulgarisée pour être excellente. Son essence est d'être humaine, non triviale ; populaire et non ignoble ; lumineuse, mais exquise et concise : malheureusement depuis que l'on fait des livres en France, le règne des mots et leur prédominance sur l'idée n'ont pas cessé de s'étendre et de s'affermir. Une petite pensée, maigre et chétive, se cache sous une draperie si redondante et si brillante, que tous les yeux sont éblouis. Ce n'est pas assez. Un autre écrivain reprend en sous-œuvre cette petite pensée et la couvre de nouveaux replis. Alors, épithètes, images, circonlocutions, allusions, archaïsmes, métaphores lointaines, deviennent l'unique ressource et le grand trésor du style ; nous ne sommes cependant pas encore tout à fait aussi habiles dans l'art de ne rien dire en parlant beaucoup, que la princesse Comnène, qui dépensait trois pages d'un beau style grec pour dire que son père se portait bien et qu'il avait la barbe blanche. Un homme sévère appellerait cette manie le radotage des littératures; il citerait l'exemple de ce Gaulois romain qui, après avoir décrit « la petite pointe, laquelle rattachait la petite boucle destinée à maintenir la ceinture à laquelle était suspendu le bouclier d'un guerrier, » ajoutait encore pour nourrir et compléter son tableau « que le bouclier avait des bossettes d'or et des bossettes d'argent; que les bossettes d'or étaient brunies, et que les bossettes d'argent, ne l'étant pas, reluisaient davantage. » Le même homme sévère dirait hautement que l'on ne gagne rien à ces procédés littéraires, si ce n'est beaucoup de pages et peu de pensées, et que nos bibliothèques sont assez riches de pages comparativement aux pensées; que ce déluge universel de phrases peintes à fresque, avec de très-mauvaises couleurs, est un fléau public; que l'on finira par ne plus vouloir rien lire, si ce n'est peut-être le cours de la Bourse et la mercuriale des blés: et que l'on doit considérer comme la dernière maladie des littératures éreintées ce babil sans idées et cet affaiblissement de l'esprit qui répète cent fois la même chose sous toutes les formes et avec un tapage confus de paroles ridicules. Il ajoutera enfin que l'on ne peut faire aucune estime de l'excessif détail et de l'excessive diffusion, comme on n'attribue aucune valeur aux substances lâches et molles; que la durée, la solidité, l'éclat véritable appartiennent à l'or, à l'argent, aux métaux condensés qui renferment beaucoup de parties dans un petit espace; et que la distance est incalculable d'un Montesquieu, d'un Tacite, d'un Montaigne, d'un la Bruyère, d'un Shakespeare, tous écrivains serrés et précis, à un Sidoine Apollinaire, à un Saint-Amant, à un Procope, à un Garasse, qui ne cessent pas de bavarder.

Homme de lettres ! Tout le monde désire, repousse et envie ce titre qui n'a rien de fixe et de précis ! Le « griffonner » est devenu aussi commun que « le boire et le manger ; » avoir imprimé des livres ne compte pas plus qu'avoir rimé un sonnet italien vers 1600, raclé une séguedille espagnole en 1700, ou déclamé sur les dieux, le juste et le beau, quand on était Grec au troisième siècle ! Et c'est là le danger. Il n'y a plus de lettres parce qu'il y a trop de lettrés.

La prétention étant universelle, la haine l'est aussi. Ah ! faire des vers, de la prose, le beau mérite ! Qui m'empêche donc d'être Voltaire ? Pourquoi ne serais-je pas Rabelais ou Dante ? Nous avons cinquante Démosthène et cent Balzac parmi nos amis.

Cette belle croyance égoïste au génie que chacun possède, ce droit au talent, cette effervescence qui a semé tant de folle avoine et de stériles pavots dans le sillon littéraire, ne sont point favorables au talent et à la pensée, tant s'en faut ; mais seulement à l'ignorance jalouse qui se venge : « Tous ces gens de plume sont ridicules, s'écrie l'envieux ! la culture des lettres est un abus ; détruisez cette renommée, brisez les reins à cette gloire, abîmez ceci, détruisez cela ; ce talent nous ennuie ; cet autre ira trop loin ! »

Mauvais système. Encourageons et relevons. Place aux laborieux, aux studieux, aux modestes, aux honnêtes. Réparons, — il y a bien à faire, — et n'abîmons plus, s'il vous plaît, ceux qui nous gênent.

Il y a six manières principales de rabaisser la littérature et de blesser le génie de la langue maternelle : — dénigrer les vieilles gloires ; — décourager les jeunes talents ; — admettre toutes les médiocrités ; — et pour l'idiome cultiver l'archaïsme, qui renouvelle les vocables perdus et les tournures insolites; cette maladie philologique s'adresse au passé; — aimer la recherche des mots, du jargon, des termes à la mode, des tournures et des expressions que le courant des mœurs favorise; celle-ci s'adresse au présent; — enfin l'affectation des vocables inconnus et la violence faite à l'idiome pour lui imposer des créations qui prétendent engager l'avenir. De ces trois formes de pédantisme madame de Sévigné n'a pas cédé à une seule. Ce qui m'étonne surtout, c'est qu'elle, si parfaitement femme suivant la mode, ait résisté à tous les ridicules de son temps, à l'espagnolisme, aux grandes phrases, aux engouements du style contemporain.

Rien n'est plus rare. Le moyen d'imaginer, surtout en France, que la mode n'est pas admirable! Essayez donc de faire comprendre à nos écrivains vivants que tant de *centres*, de *buts*, de *rayons*, de *spécialités*, de *bases*, de *points de vue* et de mots physiques et métaphysiques sont insupportables; — essayez de remontrer à nos femmes de 1873 que leurs robes lamées d'or semblent lamées de vieux cuivre; que les grappes d'argent, les oripeaux de similor, les pierres vraies et fausses, la métallurgie, la quincaillerie et la verroterie qui les étouffent et les écrasent, ne valent ni la dentelle légère qui coûte cent fois plus, ni la mousseline, la broderie, les fleurs, leurs vrais atours, le seul cadre fait pour elles; qu'elles pourraient rester jolies et même belles, faire dépenser bien davantage à leurs maris, ce qui a son bon côté, et ne pas ressembler à des bohémiennes ou à de vieilles châsses de Nuremberg. Osez dire ces choses qui sont évidentes, personne ne vous écoutera : l'engouement n'a pas d'oreilles.

En fait d'habillements, à la bonne heure : plus ils sont ridicules, plus l'humanité est dans son droit et plus le spectateur s'amuse. En fait de style, c'est autre chose ; le style ! l'expression d'un idéal cherché, que bien peu d'esprits réussissent à fixer, que les meilleurs esprits réalisent à peine au moyen d'instruments très-imparfaits et d'éléments très-incomplets ! L'engouement et la mode n'ont rien à y voir.

On pourrait composer un bon livre, et très-utile, sur les diverses *maladies du style en France!* Je serais heureux d'y essayer mes forces, si je n'avais entrepris une œuvre que je continue modestement et assidûment ; — œuvre que les plus superbes de mes contemporains daignent alimenter avec constance. Cette « *Cacographie illustre* ou ces *exemples de mauvais style* « *tirés des œuvres de nos grands hommes*, » dont j'ai déjà dit, je crois, un mot, me donne fort à faire, et le choix m'embarrasse. Les grands hommes qui *basent* leurs opinions, et qui ne tarderont pas sans doute à les *chapitonner* ou à les *archivolter*, sont devenus nombreux. Quand on parle d'une maison, l'on dit en général que *son* toit est pointu ; en parlant d'une femme, au contraire, on n'est plus amoureux d'ELLE : on EN est amoureux (*en*, d'une chose). Nos meilleurs écrivains aujourd'hui ne s'expriment guère autrement. *Près* de mourir, devient *prêt à mourir*, chose très-différente. Quand on a l'intention de rendre un service, on est près (voisin) de le rendre, ce qui n'est pas du tout le même sens. Pourquoi y regarder de si près, ou de *si prêt?* un *t*, un *s*, la précision est inutile. Un peu de vague fait grand bien !

Quant à la particule *y*, ses droits se sont étendus comme ceux de la particule *en* : des autorités très-considérables prouvent que l'on peut très-bien écrire : *Dans cette maison où l'on* Y *danse.* Je lisais récemment avec satisfaction cette phrase de M. Cousin, qui eût épouvanté Vaugelas, la Bruyère et Bossuet : « DANS ce portrait gravé on Y *sent* des yeux très-attendris. » « *Sentir* » des yeux ! Et « *sentir* des yeux attendris ! » Les « *sentir* DANS » et les « *sentir* Y ! » O Voltaire ! ô Bossuet ! ô Molière ! Je n'en dirai pas davantage ; je n'aime à chagriner personne, et je ne veux déranger ni les siéges tous faits, comme disait M. Vertot, ni les gloires acquises : celle de M. Cousin, par exemple.

Pourquoi madame de Sévigné a-t-elle écrit mieux que Cousin ? Elle est naturelle. Elle a mieux écrit sans y penser que le formaliste Chapelain, l'extravagant Cyrano, le prétentieux Voiture et l'Espagnol Balzac beaucoup trop vanté. Les principes éternels n'étaient pas ébranlés dans son esprit ; — elle avait gardé intacte cette originalité vive et personnelle que les Vadius traitent de caprice, les Trissotin de farouche humeur ; — cette libre, fière et naïve indépendance qui est à l'esprit ce que le sel est aux objets matériels et qui seule en conserve la séve, la vigueur et la vie.

Mais aujourd'hui tant de papier maculé menace la littérature. Ce torrent roulant, débordant, inondant le terrain, nous emporte bruyamment vers l'indifférence, non l'indifférence qui raille, mais celle qui dort. Préférer, admirer, s'étonner, aimer, haïr, s'attacher, observer, faiblesses ! Sublimes que nous sommes, ne nous émouvons plus de rien ! Nos pères qui ont fait la Révolution nous étaient évidemment très-inférieurs, quoique les Cuvier, les Napoléon, les Fulton et les Pitt fussent dans leurs rangs; mais comme ils exagéraient, eux, comme ils se passionnaient! ils dépassaient les bornes. Fi donc! suis-je sûr que j'admire, que j'aime et que je vis? Le mot de l'existence n'est pas si difficile que Hamlet et Pascal l'avaient cru; le voici: *Qu'est-ce que cela me fait?* Ce n'est pas long et c'est commode. Et l'on s'en va devant soi, le col flottant, les bras ballants, l'habit large, le nez au vent, le feu aux lèvres, le dégoût au front, l'air niaisement déniaisé, sûr de son ennui, ne relevant la tête qu'au bruit d'un écu qui tombe ou d'une prime qui voltige dans l'air; — très-peu occupé de savoir si M. Charton a fait un bon livre, et si le lieutenant Bellot est mort en héros; — enfin *bâillant* sa vie, comme M. de Chateaubriand le disait si bien.

Savez-vous à quoi les lettres et les lettrés sont excellemment utiles et bons? A modérer cette grande frénésie de repos, d'apathie, d'indifférence et de néant; à nous intéresser à quelque chose. O gens de lettres! n'attaquez plus les gens de lettres! Ce n'est pas le moment. Ce n'est pas de ce côté que doivent être tournées vos batteries! Mauvais artilleurs que vous êtes! Il y a une guerre que vous ne devez plus faire, la guerre contre les vôtres; il y a un mamelon à emporter, une tour Malakoff à détruire : c'est l'indifférence née de l'enchevêtrement abominable du gain industriel et de l'idée littéraire. L'un et l'autre sont bons, cela est vrai, mais diversement bons. Laissez les boutiques s'ouvrir et les ballots s'empiler; laissez les rudes engins mus par la vapeur achever leur œuvre. Faites votre œuvre. Si vous mariez l'industrie et la pensée littéraire, vous tuez la littérature, et les délicates antennes de l'abeille seront écrasées; elles le sont déjà. Vous êtes chose légère, aérienne, si ce n'est sublime ; sachez vous en souvenir. Ne brûlez pas vos ailes déjà un peu roussies ; n'anéantissez pas votre force déjà diminuée. Laissez la matière exploitée continuer sa route ; elle roule, brûlante, terre à terre ; continuez la vôtre : vous êtes perdus si vous devenez houille et vapeur.

Les meilleurs écrivains aujourd'hui, ce sont les femmes qui écrivent à leurs enfants ou à leurs amoureux ; elles ont encore le souffle, la vie, la création, la perception des nuances. Les Cousin, les S... et les Mignet, qui frisent la phrase, qui mettent des papillotes aux périphrases, et qui sont de vrais coiffeurs en fait de style, corrompent l'idiome par la servilité parée, tandis que les pédants rigides, dans le genre de Littré, Frank et quelques érudits, la dessèchent et la pétrifient. Les uns sont les thémistiens, les autres sont les *scoliastes* de notre second Empire.

LES FEMMES

LITTÉRATURE RELATIVE AUX FEMMES, A LEUR SITUATION, A LEURS TRAVAUX, A LEUR DESTINÉE.

Ceux qui disent: *la femme*, ressemblent à ceux qui disent le : peuple. Il faut leur demander : Quelle femme? Quel peuple ? Ne raisonnez donc pas en général sur la femme et sur le peuple. Ce n'est pas meilleur et plus pratique, ni plus utile et plus raisonnable que de bâtir une maison dans les nuages ou de prendre des lignes géométriques pour un dîner bien servi. Vous dites la femme abstraite, et le peuple abstrait. Sur quelle femme voulez-vous agir ? Sur la Provençale ou la Suédoise ? Sur une Walkyrie robuste ou sur une Asiatique frêle comme un papillon, nubile à dix ans, vieille à trente ans ? L'autre est femme seulement vers vingt-deux ans et reste féconde jusqu'à cinquante. L'une est élevée par les bramanes, l'autre est luthérienne ou calviniste. Vous voulez, dites-vous, changer ces conditions ? Il y a des moyens, comme pour l'horticulture. Avec l'éducation et les milieux vous pouvez en six générations créer une Parisienne, c'est-à-dire l'être le plus démesurément factice qui ait vécu jamais; ou une habitante de harem, une espèce de végétal qui fait des enfants. Étudiez donc d'abord et adaptez ensuite. Vous avez la plante, le sol, le ciel. Au lieu d'être des rhéteurs, soyez des hommes. Au lieu de supposer, observez. Bacon vous l'a dit, Galilée vous l'a dit, Newton vous l'a dit. Et même ceux que vous nommez poëtes ne sont que de grands et instinctifs observateurs, qui ont deviné l'harmonie universelle du son, des faits, des idées, des sentiments et des couleurs. Mais vous, gens d'hypothèse et de fiction, de phrase et d'apparence, vous vous contentez des images vraies ou fausses qui se formulent dans votre esprit. Voilà pourquoi l'on vous trompe si aisément. On vous fait un conte et vous le croyez. On vous paye d'une phrase et vous êtes payés. Regardez donc, jugez donc. Observez. Vous parlez d'émanciper la femme et le peuple. Encore une fois je vous demande : quelle femme? quel peuple? Si vous donnez la liberté à une folle, elle en abuse. Enfermez la folle, instruisez l'ignorante, délivrez l'esprit esclave et accroissez le nombre de celles qui veulent comprendre. L'émancipation du sexe mâle et de l'autre sexe est dans la formation de trois choses : de corps d'abord, ferme, souple, sain, robuste et beau, pour soutenir le poids de la vie morale; de l'esprit ensuite libre, accessible, apte à saisir, à retenir et à combiner ; enfin et surtout du caractère pur, convaincu de certains principes fixes et surtout vrais, ne tolérant pas le mensonge, et ne l'admettant en rien. Ces femmes-là sont émancipées.

Mais alors, pourquoi la plupart des livres spéciaux dont les auteurs se sont occupés de la destinée des femmes ont-ils manqué leur but? A peine l'oreille du public s'est-elle ouverte à la parole de ces écrivains qui semblaient devoir intéresser et flatter tous leurs auditeurs. Les littérateurs modernes comptent plus de trente ouvrages sur la destinée des femmes et qui, excepté l'admirable ouvrage de Jules Simon (1), sont tous inconnus aujourd'hui. Le sexe même qui se trouvait être l'objet des méditations philosophiques ou des descriptions contenues dans ces écrits, se montrait ingrat envers leurs auteurs et feuilletait avec distraction des pages qu'il aurait dû couvrir de son aile et protéger de son crédit.

D'où vient cela ? C'est que le point de vue de la plupart de ces livres était faux. Madame *Walkstonecraft* en Angleterre, M. de Ségur en France, et surtout M. Jules Simon, plusieurs grands écrivains en Allemagne, sans parler de Carmontelle et de tous ceux qui n'ont traité la matière qu'en plaisantant, ont fait des femmes une espèce de nation à part, de caste isolée, de peuple qui a son histoire ; ils ne se sont pas aperçus que la femme est un être de relation, de rapport sympathique et électrique avant tout, le point de communication entre les hommes et la nature, lien social par excellence, et que parler des femmes, abstraction faite de la société elle-même, ce serait les anéantir. Toute leur force est dans ce magnétisme qui s'empare d'elles et qu'elles répandent, qui les domine et par lequel elles dominent.

Tout ce qui s'est fait en littérature, depuis la dernière décade, jaillit de deux sources opposées et obéit à deux courants. — Les uns défendent et absolvent : les autres ruinent ou attaquent le génie romain, l'esprit romain, le monde antique. Les autres sont les apologistes et les propagateurs du génie nouveau, qui est l'esprit du Nord, qui a pour essence l'élément

(1) Jules Simon, *L'ouvrière.*

libre contraire au monde antique. Je n'ai pas besoin d'insister sur cet antagonisme. Il est au fond de tout ce qui nous embarrasse et de tous les problèmes des temps nouveaux. La Révolution française a été préparée par le protestantisme du Nord et par les communes d'Angleterre. La République libre des États-Unis a été fondée par les mêmes principes de libre vie. Le monde antique se défend et combat ces principes, au nom de l'autorité.

Ainsi, en face l'un de l'autre, deux géants contraires s'élèvent : latinisme d'ordre, teutonisme de liberté. On ne peut pas affirmer que l'un doive anéantir l'autre. Au contraire, le latinisme a été souverain ; mais le temps du teutonisme étant venu, le génie latin réduit au rôle d'opposition doit se maintenir et se maintient.

Qu'est-ce que le héros du génie latin? C'est Alexandre, César, Napoléon Ier. Vaincre, dominer les hommes, discipliner, conduire, imiter Zeus ou Mercure. Qu'est-ce que le héros du génie teutonique? C'est Washington, ou même Cromwell, ou encore Luther. Ne point s'arroger de suprématie, s'égaliser aux hommes, tantôt par la familiarité, comme Luther, tantôt par le fanatisme grossier, comme Cromwell, tantôt avec une simplicité absolue et divine, comme Washington. Le génie latin ou antique a besoin de pompe, d'art, d'élégance et d'apparence. Le génie teutonique s'en passe et réclame l'intensité, la réalité et la force. Un chef d'État qui voudrait, comme Lincoln ou Washington, se contenter de la *Maison blanche* pour palais et d'une chaise de paille pour trône, se ferait mépriser des siens. Et cependant nous ne pourrions pas tolérer que le plus puissant roi d'Europe se fît appeler Soleil et Lune, comme les Orientaux, et se couronnât de topazes en faisant couler le sang des esclaves.

Quand il s'agit de fonder la famille, le Teuton et le Romain diffèrent absolument. L'homme du Midi, du monde latin, du passé, a pour type le héros, le vainqueur, le géant d'adresse et de force. Il faut vaincre. La femme est donc pour lui, dès l'origine, non la compagne, mais une vaincue. Il n'est pas en cela mauvais ou cruel. Il suit son premier penchant barbare, ne choisit pas sa compagne, la surcharge de travaux, la tue au coin d'un bois, quand il a assez d'elle et ne s'aperçoit de son infamie en aucune manière. On a souvent développé cette thèse de l'infériorité de la femme chez les anciens et montré Hélène timide comme une faible esclave, ou Pénélope renvoyée par son fils, avec dureté, aux affaires et aux services de la maison. N'exagérez pas ce point de vue. Toutes les semences de l'humanité sont en germe dans les sociétés les plus embryonnaires.

Artémis la juste, Junon la fière, Diane la chaste prouvent que les Grecs, malgré l'infériorité où ils maintenaient la femme, n'étaient pas aveuglés sur sa capacité virtuelle. Euripide lui-même, si dur pour les femmes, prévoit qu'elles changeront de situation. « Un jour, dit une de ses héroïnes, nous serons mieux vues et mieux appréciées, on réhabilitera la nation des femmes. »

Τὰν δέμαν εὐκλείαν ἐχεὶν βροταὶ ἐφέφουσε φάμαι
Ἔρχεται τιμά γυναικείῳ γένι.

Le point de départ de l'Aryen, Grec ou Romain est

social. Celui de l'Aryen devenu Germain est solitaire. Pourquoi ? Nul ne peut le dire. Les monuments et les documents de l'Hindoustan primitif nous font voir des agrégations théocratiques considérables, des sacrifices éclatants, une hiérarchie de prêtres et de chantres. Les rapports entre les hommes sont fixes et nombreux. La femme, timide et voilée, s'entoure des replis pudiques dont elle se fait un ornement et une arme. Sakountala et les premières figures de femme qui apparaissent dans le nuage transparent et nacré de cette suave poésie, appartiennent à une sphère bien plus délicatement modeste et asservie que celle où respirent Hélène et Clytemnestre. C'est un idéal adorablement humble, tirant sa beauté de sa faiblesse.

L'héroïne germaine, teutonique ou scandinave, dès qu'on l'aperçoit dans la légende, combat, résiste et triomphe dans sa chasteté. Elle est de fer, d'acier et de diamant. La Walkyrie, personnification de la femme, est l'antagonisme le plus complet de la Ahaspara *hindoue*. Celle-ci n'a pas d'individualité ; la Walkyrie en a une terrible. Elle trône dans sa forteresse d'acier, assise sur les glaces éternelles ; c'est là qu'il faut la saisir et la vaincre, et sa vertu conservée la rend souveraine des éléments et du monde. Voilà une des plus belles créations de l'idéal humain. Même domptée, elle aide encore son ami, dont elle ne veut pas faire son tyran.

Cette femme germanique est d'accord avec l'esprit solitaire et le génie individuel de la race. Elle a trouvé sa dernière expression aux États-Unis, parce que les États-Unis représentent la persécutée se vengeant ; l'extrême liberté teutonique heurtant violemment l'extrême calvinisme. Ce sont les deux forces ennemies. Devant l'idée de Dieu l'homme se prosterne, damné nécessairement, c'est le calvinisme ; devant son propre génie et sa propre grandeur, l'homme se relève. Robinson Crusoé, dans son île déserte, symbole vrai du génie teuton, grandit, développe toutes ses puissances, s'arme de toutes ses ressources, et ose tout ce qu'un homme peut oser. Les variétés les plus excessives règnent donc aux États-Unis (1).

Sur cet énorme domaine où l'on pourrait découper cinq fois la France, le génie teutonique a établi comme un atelier et une forge gigantesque. Là les essais les plus librement fous se tentent incessamment dans la fumée et dans la flamme. L'esprit anglo-saxon, conservateur, prudent, religieux, préside à ce développement, et la femme elle-même aide vigoureusement l'homme.

Comme le but de la vie, dans ce monde social, est le travail et non le repos ; comme ce mouvement de croissance y rend beaucoup plus utiles les services de la femme, elle y prend de l'autorité. Comme sa vie casanière lui permet de lire, de méditer et de rêver, elle s'instruit et acquiert une supériorité morale. Comme enfin elle est comparativement en petit nombre, elle constitue une aristocratie féminine, lettrée, active et dirigeante. Voilà la situation des femmes d'Amérique. Tout les favorise. Elles doivent abuser, elles abusent. Elles ne veulent plus être mères. Souvent leur luxe dépasse toutes les bornes. Leurs journaux jacobins révoltent par leur absurdité frivole.

(1) Laboulaye, *Essai sur la condition des femmes en Amérique.*

Leurs assemblées législatives ont été décrites par Dixon, Dilke, Dickens, et ce jacobinisme féminin fait sourire. Des suites plus dangereuses se laissent apercevoir. La maternité, répudiée, entraîne les âmes débiles, criminelles ou mal faites à pratiquer l'avortement; cela a fini par constituer une effroyable science. Mais il faut dire aussi que dans la grande étendue du domaine américain, tout se trouve.

La femme qui a trop d'individualité règne chez les voyantes et les perfectionnistes, chez les femmes du congrès féminin et les disciples d'Élisabeth Denton. Mais la femme perd toute individualité chez les Mormons, lesquels ont institué une contre-Amérique et par conséquent contredit et contrarié toutes les bases sur lesquelles les États-Unis avaient fondé leur société.

Quel est le droit de la femme? Il vaut mieux demander : Qu'est-ce que son devoir? Faut-il émanciper la femme? Le mot *émanciper* me déplaît. Il suppose une servitude antérieure. Celui qui est émancipé sort *e mancipio*. Qu'est-ce que *mancipium*? *Manu capere* : tenir sous la main. La question d'émancipation n'est donc pas seulement une question juridique, mais politique, théologique, poétique, psychologique. Elle touche à tout. Les peuples qui auront le mieux résolu le problème social tout entier, auront le mieux administré les droits et servi les intérêts de la femme.

Tout ce qui sépare les deux sexes, tout ce qui les oppose l'un à l'autre est ridicule et non avenu. C'était bon pour le quatorzième et le quinzième siècle, où Jehan Merchinot, Guillaume Cretin, le chanoine Coquillart et vingt autres s'escrimaient pour et contre ce qui sépare l'un et l'autre. Il est temps d'oublier ces puérilités et de les passer sous silence. Que veut dire tout cela ? Il faut que la capacité morale et la supériorité réelle l'emportent. Une époque arriva, par exemple, où les citoyens les plus riches et les puissants de Rome épousèrent des Syriennes qui avaient plus de force morale et plus d'idéal que les femmes romaines déchues et dégradées. Elles prirent sur les affaires une influence décisive. Elles avaient plus de pitié, de tolérance, de charité ; elles protégèrent le christianisme et répandirent la nouvelle idée d'une indulgence inconnue auparavant pour les diverses opinions. D'admirables épouses, de vaillantes sœurs se formèrent sous les auspices des Julia Mammæa, des Julia Soemia. Les *castissimæ*, les *univiræ* n'étaient pas rares. Ce sont elles qui ont sauvé le monde, en propageant le christianisme.

Mais ont-elles pour cela perdu ou abdiqué leur nature de femme ? Jamais. Quand l'homme est devenu trop débile, elles ont pris le pouvoir. Mettez une Anglaise armée de son individualité propre, de sa conscience religieuse, de ses opinions, mettez-la au milieu d'une population mâle, mais inférieure par l'intelligence et l'éducation de l'âme. Elle dominera tout ce qui l'entoure. Que des vainqueurs tartares, des sauvages, des Huns, s'emparent d'une contrée civilisée et l'asservissent ; ils épouseront des femmes nécessairement mieux élevées qu'eux, et ce seront elles qui apprendront la langue maternelle à leurs enfants. Ce seront elles qui conserveront les mœurs nationales, et répéteront près du berceau les légendes de la patrie. Ainsi les Anglo-Saxonnes, moins barbares que les Normands, ont conservé intacte la nationalité britannique.

Aussi l'éducation de la femme anglaise a-t-elle toujours été excellente; dès les anciens temps, elle a pris part aux travaux de l'homme et s'est tenue aussi éloignée que possible de la basse et servile condition du harem. De même que l'homme destiné à être navigateur, voyageur ou marchand, apprend à surveiller ses propres intérêts, de même la femme, à peine adolescente, s'accoutume à prendre la pleine responsabilité d'elle-même. Tout est là. Le *Self*, la personnalité, non pas usurpatrice, mais en pleine possession de soi, règlent la vie de l'homme, comme celle de la femme. Alors l'homme ne se vend pas, ni la femme non plus, ou bien celui et celle qui se vendent sont déshonorés. Ennoblie et relevée, la femme ennoblit et relève l'homme, elle ne le fait pas comme dans ces stupides et fades romans modernes où la supériorité d'une petite fille fait sortir l'homme de la déchéance: c'est tout altérer et tout transformer; il faut que la femme soit maîtresse de ses droits et de ses actions, mais non des droits et des actions de l'homme, et c'est cette noble et douce indépendance qui assure le bonheur de tous deux, c'est là qu'est la véritable morale, ni servitude de l'homme par sa débilité d'âme, ni servitude de la femme par sa faiblesse physique. Il faut donc que l'homme abdique la tyrannie de la force matérielle et que la femme abdique la tyrannie de ses voluptés et de ses finesses Dans l'ancien monde romain, c'était de cela que se composait la galanterie; ruse d'une part, d'une autre part double ruse. La galanterie, concession virile, mais intéressée, aux despotismes féminins est passée de mode. Il faut arriver à autre chose.

Le principe du *Self-Respect* et du *Self-Government*

si puissant en Angleterre a dû nécessairement influer sur la femme, et depuis la fin du dix-huitième siècle, depuis l'époque de Miss Walkstonecraft, jusqu'à la nôtre, la liberté féminine a été revendiquée, mais seulement du côté des droits et des droits réels. En dernier lieu elles ont réclamé le droit d'élection.

En France les intuitions et les prétentions ont été plus poétiques, plus lyriques, moins précises. Le grand initiateur de ces vues a été M. Michelet, qui ne s'en est pas tenu à l'adoration, mais qui a été jusqu'à l'apothéose. A sa nature féminine et de pythonisse se sont opposées deux viriles pensées, celle de Proudhon et celle de Leroux, dont on fera bien plus de cas dans l'avenir qu'aujourd'hui. Il a demandé que l'amour, avec ses entraînements et ses dangers, ne fût pas une philosophie. Proudhon ne ménage pas ses termes. La femme pour lui est un demi-animal. Ce jugement tient au tempérament de Proudhon. Personne n'était moins féminin que lui. Cette robuste et subtile intelligence renonçait à tout ce qui est fin, délicat et féminin, elle y répugnait et devenait plus que païenne. Il ne fait que revenir à la doctrine de Périclès, selon lequel la femme n'était bonne que pour pleurer et avoir des enfants ; à celle de Cicéron qui, pour toucher une nouvelle dot, répudiait sa femme, et à celle de Sénèque qui disait : Vil comme une femme, et qui cependant avait une si noble épouse. La femme que décrit Proudhon est la femme des Peaux-Rouges, la femme incivilisée ; la servitude enlaidit et détruit tout. Il faut lire dans les voyageurs la description des femmes sauvages, types de la laideur et de l'ennui, et les comparer à la femme cultivée d'Europe et d'Amérique.

Certes la femme est apparence et forme ; mais l'idéal qu'elle fait entrevoir diffère ou plutôt se révèle même par le costume. La beauté ou la grâce, la convenance du moins et l'heureuse disposition des vêtements, du ménage et de l'intérieur, la manifestent et la font connaître. Il y aura toujours certainement beaucoup moins de femmes disposées à porter les armes qu'à bien élever les enfants. C'est donc cette dernière aptitude qu'il faut développer. Elles chiffrent bien, donnez-leur des chiffres à poser. Elles classent bien, donnez-leur des inventaires à faire. Elles manipulent avec talent et avec soin les drogues pharmaceutiques, chargez-les de ce travail. On se plaint de voir tant de malheureuses femmes tomber dans le gouffre de la prostitution. Mariez-les et qu'elles travaillent.

En Angleterre, il y a longtemps que la femme, sans réclamer de droits, a une bien meilleure situation. Et, ce qui est étrange, c'est que c'est contre les lois qu'elle a marché. Les Normands faisaient les lois dont ils avaient mêlé la barbarie normande et latine à la vieille barbarie saxonne. Mais les femmes faisaient les mœurs, parce qu'elles avaient le *Self* et que l'indépendance de l'individu était la loi générale. Au contraire, chez les Chinois, le faible est sacrifié. Aussi la femme y est-elle inférieure. Quant à la Parisienne, sa vertu d'aujourd'hui ne me fait que rire. Quelque chose de strictement judaïque s'introduit ainsi dans les mœurs et les idées. Par exemple une actrice, courtisane publique, tient son livre en partie double ! Tant pour la nuit, tant pour le jour. On la diffame dans un journal ! Et le juge apprécie sa vertu *cinq francs* juste. Voilà la morale.

LETTRE A M. DAUBAN

Lettre adressée à M. Dauban à propos de la réimpression du *Journal* ou *Diurnal* de Beaulieu le royaliste, où mon père, blessé à la bataille de Hondskoote, est accusé d'avoir été un lâche et d'avoir fui.

Meudon, 1er septembre 1870.

Vous avez très-bien fait, mon cher monsieur, de réimprimer le *Diurnal* de Beaulieu; tous les diurnaux ou journaux, écrits sur place, ont une valeur historique qui s'accroît de l'intensité de leur sottise et prouve d'autant mieux la frénésie humaine qu'une passion plus folle les a dictés. Je voudrais lire le journal d'un thug. Celui du greffier de Louis XI et celui de Marais, qui n'est pas un aigle, ont de l'importance. Permettez-moi d'ajouter que les notes rectificatrices écrites par un bon esprit comme le vôtre sont nécessaires à de telles publications ; et je reproche non pas à vous, mais à toute notre époque l'absence de ce *criterium* moral, que Sainte-Beuve, le roi de l'immense et nouvelle école documentaire, nous a trop appris à négliger ou à mettre de côté. Cela se rapporte, je le sais, à la grande théorie de Feuerbach, fusion du *oui* et du *non*, de la vérité et du mensonge, du bien et du mal. *Rien* n'est plus. *Tout* est toujours. *Tout* est l'équation de *rien*. Mon père, par exemple, repoussant les Autrichiens à Hondskoote et blessé à la tête de sa colonne, sera *brave*, si l'on veut, et *lâche* si l'on veut. Car il peut avoir été blessé en fuyant, et cela l'établit *lâche*. C'est ce que l'écrivain du *Diurnal*, M. Beaulieu, affirme. Mon père a été blessé d'un obus ou d'un éclat d'obus au tibia de la jambe droite ; et entre le *tibia* et le *talon* il y a si peu de distance, qu'un brillant sophiste, bien appris, peut bien dire qu'un homme blessé au *tibia* a été blessé au talon. Ainsi a fait Beaulieu, qui d'ailleurs est classique comme tous les sophistes et parle de mon père classiquement comme d'un Achille blessé au talon. Le fait réel est celui-ci. L'imprudent républicain, mon père, se mettant à la tête d'une colonne de Français et renversé de cheval par un éclat d'obus, refusa de se laisser emporter du champ de bataille tant que la redoute ne serait pas enlevée. Les uns diront que c'est un acte héroïque. Les autres, voyant le panache et l'écharpe du républicain par terre, dans la poussière, diront que c'est *burlesque*. C'est l'avis de Beaulieu, parce que le légitimiste Beaulieu est du parti contraire. Je pense, moi, que le cromwellien mourant emphatiquement pour son Jéhovah n'est pas burlesque, et que mon père blessé, écrivant emphatiquement à la Convention qu'il est « fier d'être le premier conventionnel blessé par les Autrichiens, » est plus historique que « *burlesque*. » Les sophistes de parti ont de ces couleurs pour barbouiller l'ennemi, et c'est à l'éditeur honnête et sensé tel que vous, mon cher monsieur, de dénoncer ces mensonges des rhéteurs byzantins et de passer l'éponge de la juste critique sur les barbouillages de l'intérêt et des partis.

PHILARÈTE CHASLES.

LE PLÉBISCITE

Les points sur lesquels les Français s'entendent entre eux, et secrètement, par une communauté d'éducation et de tradition, sont ceux à propos desquels je diffère d'eux. Certains dogmes me répugnent. certaines habitudes révoltent mon sens moral et je ne peux les souffrir. Le premier point est capital. Je veux parler de cette maxime secrète, de ce fanatisme, vraie religion pour les Français : « Suivez le courant. » Je réponds que ce courant est servile. Ils répliquent que cela est *humain*. — Je réplique que c'est humain, mais sauvage ; ils disent que c'est *social;* mais cette société primitive et d'aggrégation, celle des moutons et des brebis, doit être changée. — C'est défendu, il ne faut rien changer ! — Quoi, jamais de liberté ? — Attendez et résignez-vous ! — C'est de la barbarie ! — Agenouillez-vous ! — Mais ce n'est pas viril ! — Vous êtes indisciplinable ! — Et vous serviles ! — Là-dessus on se sépare. La sociabilité française suit son cours, moi le mien.

De telles coutumes et de telles idées, ayant circulé dans les veines même et avec le sang de la nation, ont abouti au *suffrage universel*, c'est-à-dire à la toute-puissance de la foule appelée à mener les minorités et à régler la destinée générale. La majorité est-elle raisonnable ? C'est la question. L'a-t-on dressée ? L'a-t-on éclairée ? L'a-t-on élevée ? S'est-elle éclairée ou disciplinée elle-même ? Non. Mais la France aime la logique. Ardemment dévouée à la sociabilité, elle est devenue socialiste ; vouée au suffrage universel, exprimant la sociabilité suprême, une fois qu'elle l'a conquis, elle ne l'a plus quitté. Aussi, quel spectacle a donné ce pays, quand la société française, deux fois convoquée, en 1850 d'abord, puis en 1870, a dit ce qu'elle était et ce qu'elle voulait ! Je le savais bien, ce qu'elle était ; on voyait alors avec une hardiesse sans pareille se dessiner les scènes immorales du plébiscite ; beaucoup de gens honnêtes approuvant l'Empire, disant *oui* et subissant avec douleur un pis-aller déplorable ; une minorité folle ; quelques sots ambitieux essayant de renverser ce qu'ils étaient incapables de remplacer ; enfin, dans l'apathie stupide des aveugles et des ignorantes masses, six ou sept millions de machines humaines poussées par un ressort supérieur, répétant avec ennui, avec dédain et par acquit de conscience, le mot d'ordre qu'on leur avait passé.

Que pouvait alors faire le sage ? Pleurer, se taire, croiser ses bras et assister à la justice de Dieu, punissant les vieilles servilités.

TABLE DES MATIÈRES

DU DEUXIÈME VOLUME.

FIN DE LA TABLE DU TOME DEUXIÈME.

1217-76. — CORBEIL. — Impr. CRÉTÉ.

BIBLIOTHÈQUE-CHARPENTIER

13, RUE DE GRENELLE-SAINT-GERMAIN, 13, PARIS

EXTRAIT DU CATALOGUE GÉNÉRAL

LETTRES, MÉMOIRES, CORRESPONDANCES, ETC.

vol.

AISSÉ (Mlle)
Lettres *suivies* de Lettres portugaises (Éd. Eugène Asse)............... 1

ALFIERI
Mémoires, *traduction* A. de Latour..... 1

BARBIER
Journal de Barbier.................. 8

CHASLES (PHILARÈTE)
Mémoires (tomes I et II).

DU CAMP (MAXIME)
L'attentat Fieschi................... 1

ÉPINAY (Mme D')
Mémoires.......................... 2

FOUQUET
Mémoires sur sa vie................ 2

FRÉRON
Les Confessions de Fréron (Éd. Ch. Barthélemy)....................... 1

GŒTHE
Mémoires, traduction de la baronne de Carlowitz....................... 2
Conversations entre Gœthe et Schiller.. 2
Correspondance entre Gœthe et Schiller, traduction de la baronne de Carlowitz. 1

HAMILTON
Mémoires du chevalier de Grammont..... 2

LESPINASSE (Mlle DE)
Lettres (Éd. Eugène Asse)........... 1

vol.

MARGUERITE DE VALOIS
Mémoires (Éd. Caboche)............. 1

MIGNET
Mémoires historiques................. 1

MONTPENSIER (Mlle DE)
Mémoires......................... [illegible]

MOTTEVILLE (Mme DE)
Mémoires sur Anne d'Autriche et sa Cour. 4

MUSSET (PAUL DE)
Mémoires de Charles Gozzi............ 1

NODIER (CHARLES)
Souvenirs de la Révolution et de l'Empire. 2

OBERKIRCH (BARONNE D')
Mémoires sur la Cour de Louis XVI..... 1

ORLÉANS (DUCHESSE D')
Correspondance complète............. 2

REGNAULT (HENRI)
Correspondance, annotée par Duparc... 1

RETZ (CARDINAL DE)
Mémoires.......................... 4

SATYRE MENIPPÉE
De la vertu du catholicon d'Espagne.... [illegible]

STAEL (Mme DE)
Mémoires (dix années d'exil).......... 1

VIGÉE LE BRUN (Mme)
Souvenirs......................... 2

VOITURE
Lettres et Poésies................... 2

Prix de chaque volume. . . . . . 3 fr. 50 c.

ENVOI FRANCO CONTRE LE PRIX EN MANDAT-POSTE

Paris. — Impr. E. Capiomont et V. Renault, rue des Poitevins, 6.

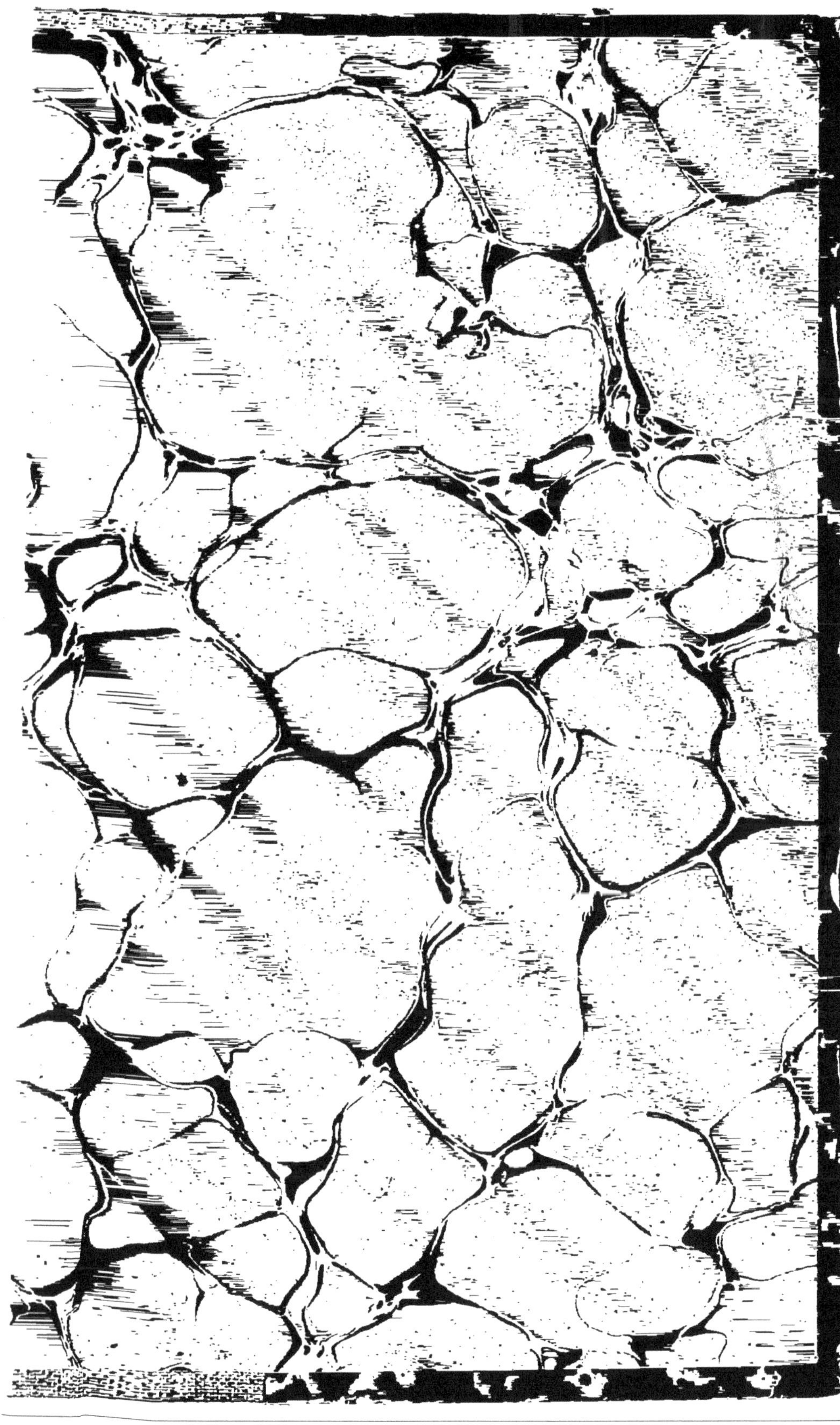

www.ingramcontent.com/pod-product-compliance
Ingram Content Group UK Ltd.
Pitfield, Milton Keynes, MK11 3LW, UK
UKHW021104290826
14628UKWH00014B/330

9 782011 918772